アメリカ大統領と政策革新

連邦制と三権分立制の間で

梅川葉菜——著

東京大学出版会

FEDERALISM AND THE SEPARATION OF POWERS
Waiver Authority and the Growth of
Presidential Power in the United States
Hana UMEKAWA
University of Tokyo Press, 2018
ISBN978-4-13-036269-6

目　次

序　論　大統領による政策革新と連邦制―――――――――――――――　1
　　本書の目的 (2)
　　本書の構成 (11)

第1章　特区認可権とは何か――――――――――――――――――――　15
　第1節　大統領単独の新たな政策変更手段　15
　第2節　連邦制の新たな機能　19
　おわりに　25

第2章　連邦政府の権限拡大と特区認可権の導入―――――――――――　27
　第1節　社会福祉政策の発展　27
　　1. フランクリン・ローズヴェルト政権のニューディール政策 (27)
　　2. ジョンソン政権の「偉大な社会」政策 (33)
　第2節　特区認可権の導入意図と運用　36
　　1. 民主主義の実験場と社会工学的発想 (36)
　　2. ケネディ政権の導入意図 (37)
　　3. 導入当初の運用 (40)
　おわりに　43

第3章　レーガン政権期の福祉政策における制度変容――――――――　45
　第1節　特区認可権を取り巻く環境の変化　45
　　1. カリフォルニア州での特区事業 (45)
　　2. 裁判所の抑制的な判断 (48)
　　3. 州知事の権力強化と連邦政治への影響力増大 (52)
　　4. その他の要因 (54)

目次

第2節　運用の目的の変更に至る道　55

1. レーガン政権一期目の方針と残された課題 (55)
2. 『依存からの脱却』と二期目の政策方針 (56)
3. 立法の失敗と運用目的の変更 (60)

第3節　新たな運用の始まり　62

1. 利便性向上のための制度整備 (62)
2. 州政府の歓迎 (65)
3. 特区事業の展開 (68)
4. 議会の抵抗の欠如 (70)

おわりに　73

第4章　G. H. W. ブッシュ政権以降の継受と発展————75

第1節　G. H. W. ブッシュ政権による継受と更なる進展　75

1. 大規模化，審査基準の緩和，州政府との協調 (75)
2. 複合化・大規模化する特区事業 (79)
3. 裁判所からの圧力 (82)

第2節　クリントン政権による継受と全米規模化　85

1. 政策革新のための二つの手段：継受か立法か (85)
2. 特区事業の利用促進 (88)
3. 全米で実施される特区事業 (95)
4. 議会による懸念の表明 (98)

第3節　1996年福祉改革法成立とその影響　103

1. 法改正による政策革新の追求と議会の追認 (103)
2. クリントン政権による特区認可権の運用の減少 (108)
3. G. W. ブッシュ政権による特区事業の即時廃止の訴え (110)

おわりに　112

第5章　クリントン政権以降の医療保険政策への波及————115

第1節　クリントン政権発足前までの公的医療保険　115

1. メディケイド支出の増大 (115)
2. 特区認可権の消極的な運用 (117)

目　次　　　　　　　　　　　　　iii

第 2 節　医療保険制度改革の失敗と特区認可権の活用　　119

　1.　立法による大規模な医療保険制度改革の失敗 (119)

　2.　立法による小規模な医療保険制度改革の成功 (122)

　3.　特区認可権を用いた政策革新の始まり (125)

　4.　支出抑制と無保険者削減のための特区事業 (134)

　5.　議会の黙認 (136)

第 3 節　G. W. ブッシュ政権による継受と拡大　　139

　1.　運用の継受と特区事業構想 (139)

　2.　会計検査院の調査と議会の抗議 (147)

　3.　立法による医療保険制度改革の失敗 (153)

第 4 節　オバマ政権期における運用の停滞とオバマケア　　154

　1.　特区事業活用の誘因の低下 (154)

　2.　議会による追認の結果としてのオバマケア (158)

　3.　特区事業による政策アイデアの波及 (164)

おわりに　　165

第 6 章　オバマ政権期における教育政策への波及————167

第 1 節　教育政策への特区認可権導入の経緯と意図　　168

　1.　G. H. W. ブッシュ政権による導入の試みと失敗 (168)

　2.　クリントン政権による導入の成功 (172)

第 2 節　G. W. ブッシュ政権までの導入意図通りの運用　　183

　1.　クリントン政権による導入意図通りの運用 (183)

　2.　G. W. ブッシュ政権期における落ちこぼれ防止法の成立 (186)

　3.　G. W. ブッシュ政権による導入意図通りの運用 (190)

第 3 節　オバマ政権による運用目的の変更　　191

　1.　落ちこぼれ防止法が残した課題と議会の機能不全 (191)

　2.　特区認可権を用いた政策革新の開始 (195)

　3.　共和党の反発，議会としての抵抗の不発 (200)

　4.　特区事業の急速な広がり (204)

　5.　議会による追認の結果としての教育改革法 (206)

おわりに　　208

iv 目 次

第7章 特区認可権の射程————————————————211

第1節 特区認可権による政策革新の成否を分ける要因　211
1. 運用目的の変更が試みられなかった事例 (211)
2. 運用目的の変更に失敗した事例 (214)

第2節 トランプ政権と特区認可権　222
1. オバマケアに導入された新たな特区認可権 (222)
2. トランプ政権と新たな特区認可権 (224)
3. トランプ政権と従来の特区認可権 (226)

おわりに　228

結 論 三権分立制に作用する連邦制————————————231

連邦制と三権分立制の結びつき (233)
新たな政策決定過程の類型 (235)
特区認可権の制度変容 (238)
結びに代えて (240)

参考文献　243
あとがき　259
索引（人名・事項）　265

序 論　大統領による政策革新と連邦制

「私はここのところしばらく，議会に超党派的な解決策を生み出すよう働き
かけていた．しかしながら，議会は，それを成し遂げることができなかっ
た．故に，私が成し遂げねばならない．当然ながら，我々の子どもが適切
な教育を受ける機会は，一度しかない．まさに，待ったなしの状況にある
といえよう．議会が務めを果たすことができないならば，私が果たさなけ
ればならない．」[1]

　この力強い声明は，2011 年 9 月 23 日にバラク・オバマ大統領が教育改革に
ついて発したものである．興味深いことに，この後に大統領が実施した教育改
革は，議会の法改正によらないものであった．当時，連邦政府の教育政策は，
2002 年の初等中等教育法の改正法である，「落ちこぼれを作らないための初等
中等教育法（No Child Left Behind Act of 2002）」（以下，落ちこぼれ防止法）
によって定められていた．この法律は州政府に，公教育における児童及び生徒
が達成すべき習熟水準の設定と，その達成を義務付けていた．
　オバマ政権は，同法が州政府の教育課程についての自由裁量を制限している
ことや，州独自に設定した習熟水準を達成できない場合の罰則が重いために各
州が低い習熟水準を設定していることなどを問題視した．そのため，オバマ政
権は，現状よりも高い全米統一の新たな習熟水準の設定と，適切な評価制度の
導入を目指していた[2]．オバマ大統領は，議会に法改正を強く訴え，党派を問
わず議員たちと会合を重ねたが，議会の鋭い党派対立を克服することはできず，

---

1)　Barack Obama, "Remarks on the No Child Left Behind Act," September 23, 2011,
　　Public Papers of the Presidents of the United States, 2011, pp. 1118–21.

2)　Becky Brittain, "Obama Calls for Congress to Pass Education Reforms," CNN,
　　March 14, 2011.

法案は成立しなかった．しかしながら，オバマ政権は教育改革を諦めなかった．オバマ政権は，本書で焦点を当てる「政策改革特例区域認可権（waiver author-ity）」（以下，特区認可権）の利用によって，その実現を目指したのだった．

こうした大統領の行為に対して，議会から批判の声が出た．ミネソタ州選出の共和党下院議員で下院教育労働委員会委員長のジョン・クラインは，「オバマ大統領は大統領が本来は持ち得ないはずの権限と権力を行使している」，「これは執政府の越権行為である」[3]，などと批判した．また，フロリダ州選出の共和党上院議員のマルコ・ルビオは「この行為は制定法を侵害しており，権限の逸脱であり，合衆国憲法上の三権分立制を侵すものである」[4] と強く抗議した．

ところが，議会の抵抗もむなしく，2014 年 4 月までに 44 もの州で現行法の義務や罰則が取り除かれる一方で，それらの州政府は，全米統一の新たな習熟水準の設定と，その達成の有無について評価するための適切な評価制度の導入を義務付けられることになった．すなわち，オバマ大統領は，議会との協力が困難な状況下にありながらも，全米規模での教育改革を実現したのであった．

本書の目的

上記の事例は，アメリカ政治の骨子となっている三権分立制の枠組みで理解できるだろうか．アメリカの三権分立制は，連邦政府内の権限を司法，立法，執政[5]の三つに分け，それらをそれぞれ裁判所，議会，大統領に委ね，さらに，三者のいずれかが突出しないように相互に抑制し合わせる政治制度である（斎藤 1995, 270）．アメリカの三権分立制の下では，日本の内閣とは異なり，大統領は立法過程から厳格に切り離されている．大統領は，立法権を有さないのは言うまでもないが，法案提出権，予算編成権，議会出席権すら与えられていない．

---

3) Sam Dillon, "Obama Turns Some Powers of Education Back to States," *New York Times*, September 23, 2011.

4) Letter, Marco Rubio to Arne Duncan, "Senator Rubio to Secretary Duncan: Cajoling States to Adopt Obama Education Reforms Unconstitutional," September 12, 2011, http://www.rubio.senate.gov/public/index.cfm/press-releases?ID=8aab 326e-4051-4545-9ae2-76ca29434eb8.

5) 本書では，"executive power" の訳語として「執政権」を充てる．その理由については後述する．

大統領が憲法上，立法行為に関与できるのは，教書などを通じて解決すべき政策課題を議会に示すか，上下両院を通過した法案への署名の拒否（いわゆる拒否権の行使）に限られている[6]．

ところが，先の事例においてオバマ大統領は，独自に既存法の義務や罰則を取り除き，新たな制度を導入することで，議会による新法の制定によらずに，事実上の政策革新に成功してしまったのである．三権分立制の枠内に収まりきらない現象といえよう．

こうした新法の制定によらない大統領による政策変更の事例は，上記のオバマ政権の教育政策に限らない．実は，特区認可権による政策革新は，ロナルド・レーガン政権，ジョージ・H. W. ブッシュ政権，ビル・クリントン政権，ジョージ・W. ブッシュ政権にも見られる．政策領域も教育政策に限らず，福祉政策や医療保険政策にも及んでいる．近年のアメリカ大統領の政策実現能力は，特区認可権を通じて強化されているのかもしれない．

それでは，一体，「特区認可権」とは何なのか．多くの日本の研究者は，"waiver authority" を「ウェイバー」と表記している（高梨 2002；根岸 2006；加藤 2013）が，本書では，「特区認可権」と訳すことにしたい．一般に，アメリカ法で「ウェイバー（waiver）」というとき，例外規定を意味する場合が多く，それは本書で扱う "waiver authority" とは意味が異なる．例外規定としてのウェイバーは，例えば自然災害等により法律の義務の履行が難しい場合に，義務の免除を認めるものである[7]．

それに対して，本書で扱う教育政策，福祉政策，医療保険政策における特区認可権は，単に連邦法の義務の免除を認めるだけのものではない．特区認可権は，福祉政策，医療保険政策などについて定めた社会保障法の第 1115 条，第 1915 条や，教育政策について定めた初等中等教育法の第 9401 条に規定されて

---

6) 大統領権限の歴史的な変遷を，大統領の選出方法の変化から説明している研究として，梅川健（2018a, 2018b）が挙げられる．

7) こうした例外規定の「ウェイバー」や，本書で扱う特区認可権を含め，現代における「ウェイバー」の運用について法的な観点から論じたものとして，Barron and Rakoff（2013）が挙げられる．

いる[8]. 特区認可権は，連邦法に従って州政府が実施している政策に関して，州政府が従来の連邦法の下では実施できない，その連邦法の目的を実現するためのより良い方法だと見込まれる新しい事業，いわゆる特区事業を州内の特定の地域，期間内[9]で特別に執行できるよう認める，執政府に与えられた権限である．執政府は，連邦法の義務や規則が州政府の実施する特区事業を妨げると判断した場合，その義務や規則を免除することができる[10]. 州政府は，執政府の承認の下で，州政府に課されている特定の連邦法の義務が免除され，特定の領域で新事業の実施が可能になる．すなわち，特区認可権は，単に連邦法の義務の免除を認めるだけでなく，州政府の新事業の実施を認める権限も伴うものなのである[11]. なお，特区認可権が免除できる具体的な義務や規則については特区認可権を規定する条文に明記されており，条文に示されていない義務や規則を免除することはできない．

　図1は，特区事業の審査過程を簡単に示したものである．まず特区事業を希望する州政府が，具体的な特区事業の目的，方法，費用，対象地域，実施期間，評価方法などを明記し，執政府に申請する．次に執政府はその特区事業案を審査し，一定の基準を満たしていると判断した場合，事業の実施の認可を与え，

---

8) 参考に，最初に連邦法に導入された特区認可権である，1962年導入当初の社会保障法第1115条の一部を示す．「(a) 州における何らかの実験的，先駆的，または実証的プロジェクトが，本法…(中略)…の目的の促進に資するだろうと長官が判断する場合，長官は，第2条，402条，1002条，1402条，1602条の定める要件のいずれかにつき，州がそうしたプロジェクトを実行するのに必要だと考える程度及び期間で，遵守を免除することができる．」

9) 特区事業の対象範囲は，最小で1カウンティから，最大で州全土である．対象期間は，最短で1年，最長で5年，ただし延長可である．こうした特区事業の規模については，レーガン政権以降の執政府の努力により，拡大していった．詳細は第3章以降で述べる．

10) こうした特区認可権の特徴から，特区認可権が軍事政策や外交政策分野に導入されることはないことがわかる．なぜならこれらの政策領域は，合衆国憲法上，州政府に留保されていない政策領域だからである．

11) 特区認可権の導入意図の違いに着目し，さらに二種類に整理する研究者もいる．一つは，革新的なアイデアに基づく事業を実施して，その効果を検証することを目的としている実験特区認可権 (demonstration waiver authority) である．もう一つの特区認可権は，実証的な側面を持たない，既存事業の代替事業の実施を目的としている代替特区認可権 (programmatic waiver authority) である (Dobson, Moran, and Young 1992; Andersen 1994).

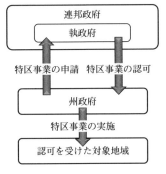

図1 特区事業の審査過程

そうでない場合，認可を与えず差し戻す．最後に，執政府から認可を受けた州政府は，対象地域でその特区事業を実施する．

　ここまで簡単に特区認可権について説明してきたが，次のような疑問を抱いた人もいるかもしれない．先ほど，特区認可権は，社会保障法や初等中等教育法といった連邦法に規定されていると述べた．だとするならば，そもそも，特区認可権は，議会が立法を通じて執政府に授権した権限であるから，執政府の長として大統領が，それを政策変更手段として用いるのは，あくまで三権分立制の枠内ではないだろうか，という疑問である．

　特区認可権について言及する研究の多くも，福祉政策 (Teles 1996; Weaver 2000; 西山 2008)，医療保険政策 (Schneider 1997; Smith and Moore 2007; Thompson and Burke 2007; Thompson 2013; Rose 2013)，教育政策（Superfine 2005; Shelly 2012, 2013) などの政策分野において生じた政策変更を考える上で，特区認可権が重要な役割を果たしていると指摘するものの，三権分立制の問題として位置づけることはない．特区認可権を，各州の政策に対して大きな変化を促し，ひいては全米規模の政策変更をもたらすための大統領の手段だと指摘する研究もまた，三権分立制について論じることはない (Gais and Fossett 2005)．

　しかしながら，これから紐解く歴史を通じて明らかになるように，特区認可権は，議会が大統領に政策変更手段を与えるために導入した制度ではない．本来，特区認可権は，あくまで特区認可権の規定されている連邦法の目的を実現するための「より良い執行方法」を可能とするために，現行法の一部を免除す

る権限を執政府に与えるものとして導入され，運用されていたのである．決して，導入当初から，執政府の長である大統領に，議会を迂回した政策の実現を許すものではなかった．

もちろん，合衆国憲法上，大統領に，法を恣意的に解釈し，議会の意図から大きく外れて執行する権限が与えられているわけではないことにも注意が必要である．大統領の執政権（executive power）については，合衆国憲法第 2 条に定められており，その第 3 節には，大統領の職務の一部として，「大統領は法が誠実に執行されることに責任を負う（he shall take Care that the Laws be faithfully executed）」と規定されている．

それでは，なぜ大統領は，立法権を有さないにもかかわらず，独自に既存法の義務や罰則を取り除き，その代わりに新たな制度を導入するという，事実上，既存法を覆すような政策変更手段を獲得したのか．また，なぜ大統領は，本来，議会から授権されていないにもかかわらず，議会が想定していなかった新たな目的のために特区認可権を利用できるようになったのか．

上記の二つの疑問は，次のように端的にまとめられる．すなわち，なぜ大統領は，三権分立制の抑制均衡の下にありながらも，それを脅かすような手段を獲得し得たのだろうか．これが，本書の問いである[12]．

この問いに答えるには，いくつかの小さな謎を解明しなければならない．すなわち，どのように大統領は，特区認可権の運用目的の変更を成し遂げたのか．どのように大統領は，特区認可権を利用した政策革新を推し進めたのか．議会や裁判所は，大統領の振る舞いを抑制しようと試みなかったのか．もし試みたのならば，なぜ失敗したのか．

これらの疑問点を解消する手がかりは，一見すると無関係にも思える連邦制にある．アメリカの連邦制は，中央政府である連邦政府と中央政府より下位の

---

12) 本書の射程から大きく外れるため，本書では扱わないが，法学的関心から特区認可権の在り方の変化を論じた研究も存在する．例えばジョナサン・ボルトンは，2001 年以降の G. W. ブッシュ政権によるメディケイドにおける特区認可権の利用の在り方を法学的関心から論じている（Bolton 2003）．またルーシー・ウィリアムズは，1996 年福祉改革の前までの特区認可権の在り方を法学的観点から論じている（Williams 1994）．邦語では，高梨（2002）が参考になる．

政府である各州政府の間の権力分立を目的とした制度であり，垂直的な権力分立のためのものだとも言われている．それに対比されるのが，既に説明した三権分立制である．アメリカの三権分立制は，連邦政府内の権力分立を目指すもので，しばしば水平的な権力分立のための制度とも言われる．アメリカの連邦制は，人民から委ねられた権限を連邦政府と各州政府に分割し，連邦政府の権限を合衆国憲法に列挙された事柄に限定する一方で，その他の権限を州政府に委ねている（斎藤 1995, 270）．したがって，連邦政府内の権力分立の動揺について論じる際に，連邦制を持ち出すのは筋違いであるようにみえる．

しかしながら，特区認可権の性質を正しく把握すれば，むしろ連邦制と三権分立制を結びつけて考えることが必要であるのはもちろん，本書の問いに答える重要な手がかりとなることがわかる．先ほどの図 1 から読み取れるように，大統領が特区認可権によって政策革新を実現するには，まず，多数の州政府が大統領の望む改革の方針を支持し，そうした方針に沿った特区事業案を執政府に提出して認可を得なければならない．その後，それぞれの州政府が特区事業を実施することで，ようやく改革が実現する．すなわち，大統領が特区認可権を用いて政策革新を成功させるには，連邦制によって分割された権限の一方を担う州政府の協力が不可欠となる．実際，上述のオバマ大統領による教育改革においても，大統領と多数の州政府の間には非常に緊密な協力関係が構築されていた．連邦制を分析の視野に入れることが必要な所以である．

それでは，特区認可権を介した連邦制と三権分立制の結びつきは，どのようなものとして理解しうるのだろうか．政策変更手段としての特区認可権は，本来は大統領が持ちえないはずの，議会を迂回した政策変更能力を大統領に付与するという，大統領と議会の間の権力分立に働きかける機能を有しているとは考えられないだろうか．そしてその働きかけに深く関与するのが，まさに連邦制によって分割された権限の一方を担う州政府である可能性があるのではないか．そうであるならば，特区認可権は，連邦制を三権分立制に作用させる制度だといえるだろう．そこで本書は，三権分立制の抑制均衡の下で，大統領がそれを脅かすような手段を獲得し得た理由を，連邦制と三権分立制に注目することで明らかにしていく．またその中で，連邦制が三権分立制に作用する，ということも示したい．

実は，連邦制が三権分立制に作用する，という視点は，これらの制度について関心の高い大統領制研究や連邦制研究においてもほとんど見られないどころか，アメリカ政治研究全般でもあまり見られない．その理由は，19世紀初頭にアメリカを訪れたフランスの政治思想家アレクシ・ド・トクヴィルの，連邦制に関する次のような指摘に集約されている．

「合衆国は複雑な構成をしている．それは二つの異なる社会の結合に見える．あるいは，こういう表現が可能ならば，そこでは一つの社会がもう一つの社会の中に組み込まれている．二つの政府がまったく別々に存在し，相互にほとんど独立している．一方は通常の一般的政府であり，社会の日常的必要に対応し，他方は例外的，限定的な政府であり，いくつかの全国的利害にしか関わらない．一言でいえば，24の小さな主権国家が全体で一大連邦国家を形成しているのである．」（トクヴィル 2005–2008，第1巻（上），95）

ここでトクヴィルが述べている二つの相互に独立した政府とは，連邦政府と各州政府であり，トクヴィルはこうした政府間関係を定める政治制度を連邦制と捉えている．したがって，トクヴィルの視座に立てば，連邦政府内の権力の抑制均衡のための制度である三権分立制を論じる際に，わざわざ連邦政府から独立した存在である州政府を視野に含める必要はなく，その意味において，連邦制を考慮する必要もない，ということになる．多くのアメリカ政治研究者もまた，トクヴィルと同様，三権分立制を論じる際に連邦制を持ち出すことはほとんどなかった．

ところが，建国当初は妥当していた見方は，徐々にアメリカ政治を説明できなくなっていった．その理由としては，まず，南北戦争以降，政治的，社会経済的要請により，連邦政府の権限の拡大が求められるようになった結果，1930年代前半までに，建国以来の連邦政府と州政府の相互独立の関係性が大きく変化したことが指摘できる．

次に，20世紀後半からの，多くの州での州知事の州政治における権力強化を背景にした，州知事の連邦政治への影響力の増大も，従来の連邦制についての

序 論 大統領による政策革新と連邦制 9

理解に限界をもたらした重要な要因である．これらの南北戦争から現代までの
変化は，連邦制を三権分立制から切り離された存在であるとみなすことを難し
くしている．

　ただし，本書が提示しようと試みる，連邦制が三権分立制に作用するという
アイデアは，決して突飛なものではない．むしろ，アメリカの建国の父祖たち
の考えを下敷きにしたものであり，連邦制と三権分立制が設計された意図に沿っ
ているといえる．下記は，アメリカ政治の最も重要な古典の一つとされる『ザ・
フェデラリスト』の第51篇「抑制均衡の理論」の一部である[13]．

　　「アメリカのように複合的な共和国にあっては，人民によって委譲された権
　　力は，まず二つの異なった政府［中央政府と地方政府］に分割される．その
　　うえで，各政府に分割された権力が，さらに明確に区別された政府各部門
　　に分割される．したがって，人民の権利に対しては，二重の保障が設けら
　　れているわけである．異なった政府がそれぞれ相手方を制御しつつ，同時
　　にその各政府が内部的に自分自身によって制御されるようになっているわ
　　けである．」（ハミルトン・ジェイ・マディソン 1999, 241）[14]

　第51篇は，マディソンによって執筆されており，いかに連邦制と三権分立
制が人民にとって必要な制度であるかが論じられている．マディソンによれば，
人民から委譲された権力はまず，憲法典に列挙された権限のみを有する中央政
府（連邦政府）と，それ以外の全ての権限を有する地方政府（ここでは州政府を
指す）に分割される．次に，中央政府に与えられた権力は，権力集中と権力濫
用の抑制のため，三つの異なる権限（執政権，立法権，司法権）に分割され，異
なる機関にそれぞれ与えられ相互に監視される．

　要するに，マディソンらは，連邦制と三権分立制の双方を，人民から委譲さ
れた権力を抑制するための権力分立の装置として位置づけていたのである．そ
のため，これまでアメリカ政治学でほとんど注目されてこなかった，連邦制と

　13）『ザ・フェデラリスト』は，合衆国憲法案の批准を世論に訴えるため，アレクサンダー・
　　ハミルトン，ジョン・ジェイ，そしてジェームズ・マディソンによって執筆された．
　14）　括弧内は筆者加筆．

三権分立制の関係性に光をあてるという本書の視点は，決して突飛なものではなく，むしろ，制度設計者たちの意図に即した，より良いアメリカ政治理解にもつながることが期待できる．

　以上のような視点に立ち，本書は大別して，大統領府，議会，裁判所，州政府の四つの分析対象のそれぞれについて，後述する資料を用いて特区認可権に関与した政治的主体を抽出し，歴史的分析手法によって特区認可権の制度発展を明らかにすることで，連邦制が三権分立制に作用するに至る過程を描きたい．

　具体的な政策分野は，特区認可権の運用目的の変更が生じた福祉政策，医療保険政策，教育政策である[15]．

　本書は，主としてレーガン政権期からオバマ政権期までを扱い，ジョン・F.ケネディ政権期を補足的に扱う．本論で詳述するように，特区認可権が初めて導入されるのはケネディ政権期であり，その制度変容が始まるのはレーガン政権期であり，それ以降の政権は，変容した制度を継受するだけでなく，さらに制度変容を進展させていくからである．対象とする特区認可権は，福祉政策と医療保険政策については社会保障法第 1115 条であり，教育政策については初等中等教育法第 9401 条である．

　本書では，次のような資料を用いる．大統領府については，ケネディ大統領図書館，レーガン大統領図書館，G. H. W. ブッシュ大統領図書館，クリントン大統領図書館，アメリカ国立公文書館において収集した政権内部の一次資料や，大統領の演説，連邦官報，その他の公的文書，新聞などを用いる．議会については，連邦議会議事録，公聴会の議事録，週刊・年刊の議会情報誌，新聞を用いる．裁判所については，裁判所の判決と新聞を主に用いる．州政府については，連邦政府との窓口としての役割を果たしていた全米知事協会に着目し，同協会の一次資料や新聞を用いる．

　なお，本書では，"executive power" の訳語として「執政権」を充てる．「行政権」や「執行権」と訳す場合もあるが，以下の二つの理由から「執政権」が妥当である．第一に，アメリカ政治固有の文脈から切り離さないために，「行政

---

15)　他にも特区認可権が導入されている政策分野は存在するものの，そうした政策分野では運用目的の変更は生じなかった．そうした違いについての考察は，第 7 章で行う．

権」という訳語は用いない．憲法には，大統領に "executive power" なるもの
を与える旨が示されているものの，その内容を明確には定義していない．また，
憲法には "administrative power" が明示されていない．そのため，"executive
power" や "administrative power" がどういったものなのか，後者は前者に
含まれるのか，後者は憲法から導かれる権限なのか，などについて，研究者の
間で論争が続いている（Calabresi and Prakash 1994; Sunstein and Lessig 1994;
Hamburger 2014）．いずれの主張が正しいにせよ，アメリカ政治においては
"executive power" と "administrative power" は峻別されるべきものとされ
ている．そのため，"executive power" の訳語には，"administrative power"
との混同を招きかねない「行政権」を充てない方が望ましい．

　第二に，"executive power" に対して誤った印象を与える可能性を排除する
ため，「執行権」ではなく「執政権」を用いる．合衆国憲法第2条第1節には，
大統領に "executive power" を与えると定められている．同条第2節と第3節
には，その具体的な内容が記されている．同条第2節第1項には，軍の最高指
揮官であることなどが定められている．同節第2項には，上院の助言と承認の
下での条約の締結権や，政府高官（大使や最高裁判所の裁判官やその他の官吏）
の指名及び任命の権限を有することなどが定められている．同節第3項は，上
院の閉会中に生じた公職の欠員の補充の権限を規定している．同条第3節では，
議会に対して必要だと考える施策について審議するよう勧告できること，非常
時に議会を招集できること，大使その他の外交使節を接受すること，法が誠実
に執行されることに責任を負うことなどが示されている．このように，"exec-
utive power" には，法の「執行」に関わる役割以外にも，「政府の運営」につ
いての多くの権限が定められている．また，"executive power" の法の執行に
関わる役割についても，正確には法を「執行する」役割ではなく，法が「誠実
に執行されることに責任を負う」役割だということにも注意が必要である．こ
れらを考慮すれば，"executive power" の訳語に「執行権」ではなく「執政権」
を充てた方が，誤解を招きにくく適当だといえよう．

本書の構成

　本書は，次のような構成に従って議論を進める．第1章では，先行研究を整

理しながら特区認可権の特徴を浮き彫りにし，本書の位置づけを明確にする．具体的には，特区認可権が既存の大統領の政策変更手段とどのように異なるのかや，本書の解明したい「三権分立制に作用する」という連邦制の機能が，従来理解されてきたものと比べてどのように特徴づけられるのかについて明らかにする．

　第2章では，議会が初めて執政府に授権した社会保障法の特区認可権が，どのような意図及び経緯によって導入されたのかを解明する．実は，19世紀末から1970年代まで，連邦政府は社会経済的変化に伴い権限を拡大していき，公共政策への介入を強めてきた．こうした連邦政府の権限拡大に伴う公共政策の発展が続く中，1962年，連邦政府から州政府に権限を委譲するような特区認可権という制度が導入されたのだった．なぜ，連邦政府の権限拡大の傾向とは逆行するような制度が導入されたのだろうか．

　第3章では，なぜ特区認可権が福祉政策の政策変更手段として用いられるようになったのかを，レーガン政権に着目して解明する．福祉縮減と州政府への権限委譲を目指していたレーガン政権は，立法による改革には失敗した後に，特区認可権に頼ることになる．

　第4章では，なぜ，そしてどのように，レーガン政権の新たな運用がG. W. ブッシュ政権とクリントン政権にも引き継がれ，制度整備が進展していったのかを解明する．また，この章では，特区認可権の運用が，その後の1996年福祉改革法に対してどういった影響を及ぼしたのかについても検討する．

　第5章では，政策変更手段としての特区認可権の運用が，なぜ，医療保険政策，特にメディケイドにまで及んでいったのかを明らかにする．メディケイド支出削減と無保険者削減という医療保険制度改革を，議会での法改正によって実現させることが困難な状況にあって，クリントン政権は，特区認可権に活路を見出していく．また，この章では，特区認可権を介したメディケイド改革が，その後のオバマ政権期の医療保険制度改革，いわゆるオバマケアに与えた影響についても論じる．

　第6章では，なぜ，教育政策においても特区認可権の政策変更手段としての利用が進んだのかを明らかにする．教育政策においても，立法による教育改革を実現できないオバマ政権が，特区認可権の利用を突破口にしていく．また，

この章では，特区認可権の利用がその後の 2015 年の教育改革法にどういった役割を果たしたのかについても述べる．

　適宜，大統領による特区認可権の政策変更手段としての利用に対する，議会や裁判所の対応も論じる．大統領の行動は，議会の立法や，裁判所の判決によって阻止されうる．果たして，これらの機関は大統領の行動を阻止したのだろうか．阻止できなかったのならば，それはなぜか．

　第 7 章では，特区認可権の射程を探る．まず，特区認可権の制度変容が生じなかった事例をいくつか取り上げ，前章までで明らかにされる，特区認可権の制度変容に必要な要素を異なる視点から検討する．次に，トランプ政権一期目の特区認可権との関わりを示し，オバマ後の大統領も同様に，特区認可権を用いて政策実現を目指し，それに成功するのかについて考察する．

　以上の議論を通じて，本書では，大統領が，三権分立制の抑制均衡の下にありながらも，それを脅かすような手段を州政府との協力の下で獲得していった過程を明らかにしたい．

第1章　特区認可権とは何か

特区認可権には，大きく分けて二つの特徴がある．一つは，大統領による政策変更手段という側面である．レーガン大統領以来，大統領は特区認可権を利用し，議会による立法によらず，事実上の政策変更を実現してきた．

もう一つは，連邦制に重要な機能を付与しうる制度でもあるということである．特区認可権は，大統領が，議会の立法による政策実現の困難さに直面した際に，その代わりに州政府と協力することで，議会を迂回して政策変更を実現できるようにする手段である．すなわち，特区認可権を通じて，連邦制は，三権分立制に影響を及ぼしていると推察できる．

そこで本章では，この二つの特徴を浮き彫りにしながら，それぞれに関連する先行研究を参考にし，本書の位置づけを明確にする．

第1節　大統領単独の新たな政策変更手段

政策変更には様々な経路があり，最も代表的なのは立法である．しかし，憲法上，アメリカの大統領は，立法行為にほとんど関与することができない．大統領には，立法権や予算編成権がないだけでなく，いわゆる法案提出権や議会出席権も与えられていない．法案を提出したい場合は，親しい議員に頼むしかない．

憲法上，立法に関して大統領に認められている行為は，主に二つある．一つは，教書などを通じて解決すべき政策課題を議会に示すことであるが，議会には，教書に従う義務はない．もう一つは，上下両院を通過した法案への署名もしくは拒否（拒否権の行使）である．大統領の拒否権に対しては，上下両院それぞれが3分の2以上の特別多数で再び採択すれば，その法案は成立する．

このように，大統領が立法に大きな影響を与える憲法上の手段は限られてい

る．立法過程において大統領が直接的かつ重大な影響を与えることができるのは，拒否権行使ぐらいである．大統領研究者のチャールズ・キャメロンは，大統領が，議会の通過させた法案に拒否権を行使することでその法案の成立を阻止するか，もしくは議会に拒否権の行使を示唆することで，議会の通過させる法案の内容に影響を与えて自身の望む政策を叶える戦略をとるとして，そうした戦略を拒否権交渉戦略（veto bargaining）と名付けているほどである（Cameron 2000）．

憲法によって明示的に与えられた手段以外に目を向ければ，拒否権のほかにも，大統領は立法に影響を与える手段を持つ．リチャード・ニュースタットは，大統領の「非公式な権力（informal power）」という概念を提示した．「非公式な権力」とは，大統領の交渉能力，連邦政治の中心であるワシントンでの評判，世間一般における名声に由来する権力だという．大統領は，「非公式な権力」を用いて他者を説得することで，政策実現を目指す．ここでの他者としては，議会とそれを構成する上下両院の議員たちに加え，他の政府機関とそこに所属する高官たちも想定されている（Neustadt 1960, 1990）．

大統領は，世論に訴えかけることで間接的に議会の立法を促している，と主張したのが，サミュエル・カーネルである．カーネルによれば，1970年代以降，予備選挙の発達などにより政党が求心力を失い，多くの利益団体が台頭したことで，政策決定過程に関わる重要なアクターが増えた結果，大統領は議会を説得して政策を実現することが困難になったという．他方，テレビ等の発達により，大統領はメディアを活用し，民衆に直接訴えることで，間接的に議会に圧力をかけ，立法過程に効果的に影響力を及ぼせるようになった．そのため，大統領は世論動員戦略（going public）を積極的に用いるようになったという（Kernell 1997）．

議会や世論の選好を変えようとする手段に頼らずとも，大統領は，立法によって政策を実現できているという指摘もある．ジョージ・C. エドワーズ3世は，多くの大統領が，実は議会や世論の選好を変化させていないことを明らかにしている．むしろ，大統領は，政策変更のための立法が期待できる好機を見極め，その実現を促すべく，潜在的支持者の掘り起こしや支持者たちの結束を働きかける，いわば「世話役（facilitator）」のような役割を果たしていることを示し

ている (Edwards 2009, 2014).

　これまで述べてきた，拒否権交渉戦略，他者の説得，世論動員戦略，世話役といった手段は，いずれも，議会の立法を最終的な目標としていた[1]．それに対して，近年，立法によらない，大統領単独での政策実現を目指す戦略についても，研究者の関心が集まるようになった．現代アメリカ政治を特徴づける分極化の進展により，大統領は，議会と協力関係を構築することが難しくなってきているため，議会を介さない単独での政策実現に力点を置くようになったのである[2]．以下では，代表的な手段である，行政命令 (executive order)，大統領覚書 (presidential memorandum)，署名時声明 (signing statement) について触れたい[3]．

　憲法上，執政権は大統領に帰属している．執政権の下，行政組織に対して具体的な法の執行方法について下す大統領の指示が，行政命令や大統領覚書である．一般に，議会は，法執行にある程度の裁量を認める形で法を定める．なぜなら，もし議会が法の執行方法について事細かく定めた場合，法の柔軟な執行が難しくなるためである．

　大統領は，このようにして与えられた裁量を利用する．大統領の望む形で法が執行されるように，具体的な執行方法を指示するという形式をとりつつ，行政命令や大統領覚書といった命令を下し，実質的な政策変更を試みることがある (Howell 2003; Lowande 2014).

　例えば，2017年1月23日，ドナルド・トランプ大統領は，環太平洋パートナーシップ協定 (TPP) からの離脱と，その代わりに二国間交渉を目指すことを指示した大統領覚書[4]に署名し，日本を含む関係諸国を大きく揺るがした．同

---

1)　他にも多くの研究が存在する．近年の邦語の研究としては，松本 (2017) が挙げられる．同書は，近年の分極化した政治状況下において，どのように大統領が自身の望む立法を実現しうるのかについて論じている．

2)　梅川健 (2018b) は，この時期の大統領制の変容をもたらした要因として，分極化に加え，大統領の選出方式の変化も指摘している．

3)　大統領による議会を迂回した外交政策変更手段として，行政協定 (executive agreement) も重要である (Howell 2003). また，杉野 (2017) は，温室効果ガス排出規制政策に着目し，大統領が，議会や司法を迂回する形で行政手続きへの統制を強める手段として，規制審査を利用していることを明らかにしている．

4)　Donald J. Trump, "Presidential Memorandum regarding Withdrawal of the United

月 27 日には，イラン，イラク，リビア，ソマリア，スーダン，シリア，イエメンの 7 か国の国籍を持つ人々と，全ての難民の入国の一時禁止措置等を命じた行政命令 13769 号[5]に署名し，移民・難民政策に多大な影響を与えた[6].

署名時声明は，大統領が法案に署名する際に付与する文書である．その中で大統領は，しばしば，成立した法の意義や，法案成立過程において貢献した議員らへの感謝を伝える．ところが近年，大統領は法案への署名の際に，法案の特定の条文が違憲だと主張し，その執行を留保することがある．それにより，大統領は法案の意味内容を変更し，事実上の政策変更を実現しているという (梅川健 2011, 2015).

本書の着目する特区認可権に目を向ければ，行政命令，大統領覚書，署名時声明などと同様に，立法によらずに単独で政策実現を目指す大統領の戦略の一つとして位置づけることができる．大統領は，特区認可権により，既存法の下では実施できないような政策を州政府に実施させることができる．そのため，事実上，大統領は議会を迂回して立法によらない政策変更を単独で実現できるのである．

他方で，特区認可権は，上述した大統領の政策変更手段のいずれとも異なる特徴を有している．拒否権交渉戦略，他者の説得，世論動員戦略，世話役といった手段はもちろんのこと，行政命令，大統領覚書，署名時声明などの手段は，世論を別にすれば，いずれも，連邦政府内で政治過程が完結する手段である．これらの手法とは異なり，特区認可権は，連邦政府の外側にも目を向けねばならない手段である．なぜなら，特区認可権の利用によって政策革新を実現する

States from the Trans-Pacific Partnership Negotiations and Agreement," January 23, 2017, https://www.whitehouse.gov/the-press-office/2017/01/23/presidential-mem orandum-regarding-withdrawal-united-states-trans-pacific.

5) Donald J. Trump, February 1, 2017, "Executive Order 13769 of January 27, 2017: Protecting the Nation from Foreign Terrorist Entry into the United States," Federal Register, Vol. 82, No. 20, 8977–82.

6) ちなみに，行政命令と大統領覚書の違いは，前者が連邦官報に記載され，また根拠法を明示することが求められるのに対して，後者は大統領が必要だと認めた場合のみ連邦官報に記載され，また根拠法を明示する必要がない点である (梅川健 2016, 31–2). ただし，近年，行政命令であっても根拠法を明示しない事例が増えてきているとの指摘もある (Belco and Rottinghaus 2017).

には，州政府の協力を必要とするからである．

　序論でも述べたように，特区認可権は，州政府が大統領の望む政策革新の方針を支持し，その方針に沿った特区事業案を執政府に提出して認可を得た上で特区事業を実施して，ようやく政策革新が実現する手段である．そのため，特区認可権は，連邦政府内のみならず，連邦制にも目を向ける必要があるという点で，大統領の他の政策変更手段と区別する必要がある．

第2節　連邦制の新たな機能

　次に考えたいのは，本書の解明したい「三権分立制に作用する」という連邦制の機能が，どのように特徴づけられるのかである．

　その準備作業として簡単に，本書が「連邦制」という訳を充てている "federalism" について整理する．"federalism" は，「連邦制」だけでなく，「連邦主義」とも訳されることがある．西山隆行も指摘するように，一般に，"federalism" の制度的な側面を論じる際には「連邦制」という訳語が，思想的・概念的側面を論じる際には「連邦主義」[7] の訳が充てられることが多い（西山 2006,

---

7)　「連邦主義」の代表例としては，リンドン・ジョンソン大統領が掲げた「創造的連邦主義 (creative federalism)」や，リチャード・ニクソン大統領とレーガン大統領がそれぞれ主張した「新連邦主義 (new federalism)」が挙げられる．創造的連邦主義は，連邦政府は単に州政府に資金を提供するのではなく，州政府と協力して共通の目標の達成に努めなければならないとするアイデアであった (Lyndon B. Johnson, "Memorandum on the Need for 'Creative Federalism' through Cooperation with State and Local Officials," November 11, 1966, *Public Papers of the Presidents of the United States, 1966*, pp. 1366–7)．新連邦主義については，1969 年 8 月 8 日，ニクソン大統領が，国内政策についての演説の中で，「権力が人民と州政府から連邦政府へと移ってから約 30 年たち，今ようやく，新連邦主義の時代がやってきた．新連邦主義とは，権力，資金，そして政策を担うべき責任が連邦政府から州政府と人民へと移った連邦制のことである」(Richard Nixon, "Address to the Nation on Domestic Programs," August 8, 1969, *Public Papers of the Presidents of the United States, 1969*, p. 638) と述べている．この考えの下，ニクソン大統領は複雑化した連邦政府と州政府の関係と，膨れ上がった連邦補助金を見直し，合理化を図った．レーガン大統領もまた，「新連邦主義」の名の下で州政府への権限委譲を進めた．ニクソン大統領とレーガン大統領の新連邦主義の差異については，ティモシー・コンランの研究が詳しい (Conlan 1988, 1998)．コンランは，ニクソン大統領の新連邦主義の意図は連邦政府と州政府の役割と責任の再構築を通じた政府間システムの

131–2). そのため，本書では主に "federalism" を「連邦制」と訳している.

　それでは，これまで連邦制は，どういった制度として考えられてきたのだろうか. 1950 年代まで，連邦制研究は法制度研究であった. そこでは，連邦制を連邦政府と州政府の権限を定める制度とみなし，合衆国憲法に定められた権限配分の様態がどのように変化してきたのかが問われていた. 代表的な研究は，南北戦争前までの連邦政府と州政府の関係を「二元的連邦制 (dual federalism)」と呼んだ，エドワード・コーウィンの研究である.

　コーウィンによれば，南北戦争前までのアメリカの連邦制は，連邦政府と州政府に，別々の異なる政策領域についての権力を認め，また，両者に各自の領域でのみ権限を最大化させることを許した. コーウィンは，そうした政府間関係を「二元的連邦制」と呼んだ. さらにコーウィンは，南北戦争以降，政治的，社会経済的要請により，連邦政府の権限の拡大が求められるようになった結果，連邦政府が公民権や社会経済的諸問題において重要な役割を果たすようになり，二元的連邦制という政府間関係が 1930 年代前半までに大きく変化したと論じている (Corwin 1934)[8].

　その後コーウィンは，二元的連邦制の終焉を深い悲しみとともに宣告し，連邦制を構成する州が，今後も有用な目的のために存続しうるのかと疑問を投げかけた. すなわちコーウィンにとって，二つの政府の間に線を引くことにこそ，連邦制の中心的な存在意義があったのであり，連邦政府が州政府の権限を飲み込んでいく過程を目にし，連邦制そのものの価値を疑ったのである (Corwin 1950).

　以後の連邦制研究は，こうしたコーウィンの連邦制観を乗り越え，連邦制が果たしている機能を新たに見出すことを課題とした. そのために，合衆国憲法や最高裁判所の判例を重視するこれまでの法学的アプローチから離れ，政治過

　　合理化にあったと論じ，それゆえ，ニクソン大統領は連邦政府の影響力が増大するような財政政策，規制政策であっても支持したと指摘する. 他方でレーガン大統領は，軍事政策を除き，連邦政府の影響力が減少するような財政，規制政策を目指したと指摘している.
8) 他方で，ハロルド・ラスキは，資本主義の発展により生じる諸問題に対処するためには連邦政府の権力拡大は不可欠だが，権力が分散したアメリカの連邦制ではそれが行えず諸問題に対して適切に対処できないとして，連邦政府の役割が強化される可能性を否定している (Laski 1939).

程に目を向けるようになった．連邦制研究は，主に二つの立場からこの課題に取り組んだ．

一つは，コーウィンの理解とは異なる形で，連邦制が政府間の関係を規定していると主張する研究である．モートン・グロッジンスは，二元的連邦制論を，異なる別々の政府が交わることなく存在しているレイヤー・ケーキのように捉えたもので不正確だと指摘した．その上で，むしろ，建国期以来，連邦政府と州政府はいわばマーブル・ケーキのように混ざりあってきたと捉えるべきだと主張する．建国期から，連邦政府が教育機関の設置，陸海の交通網の整備，土地の開墾や開発，障碍者や退役軍人支援機関の設置などのための土地の無償払い下げといった現物支給型の支援政策を実施し，州政府に資源やサービスを提供して協調的な関係を築いてきた点を，グロッジンスは強調する．そのような政府間関係を「協調的連邦制（cooperative federalism）」[9] と呼んだ．連邦政府が協力的であった理由は，20世紀半ば頃まで，全米レベルでの政党リーダーが不在で，かつ，有権者が政党の公認候補を選ぶ予備選挙が未だに定着しておらず，大統領も上下両院の議員たちも，自身の再選のためには州や地方の政党リーダーたちからの支持が不可欠であったことにある．アメリカは建国当初から，州政府への支援政策という点で，連邦政府と州政府の間に協力関係があったとグロッジンスは指摘する（Grodzins 1960, 1966）[10]．

協調的連邦制を否定し，連邦政府と州政府の間の異なる関係性を指摘する研究も台頭した．その立場によると，協調的連邦制論は，連邦政府と州政府との間の対等な関係性を当然視しているが，実際のところ，連邦政府が州政府より上位の存在であり，連邦政府が州政府に影響力を及ぼしている点を重視すべき

---

9) 協調的連邦制については，ドワイト・アイゼンハワー政権にその起源を求めることができるという考え方もある．1955年アイゼンハワー政権下の政府間関係委員会（The Commission on Intergovernmental Relations, 後の政府間関係諮問委員会 Advisory Commission on Intergovernmental Relations）が大統領に提出した報告書に，「連邦政府と州政府は，権限を争う競争相手とみなすのではなく，互いの増大する需要を満たすために協力し補完し合う二つの次元の政府とみなすべきである」（The Commission on Intergovernmental Relations, "A Report to the President for Transmittal to the Congress," June 28, 1955）との記述がある．

10) 協調的連邦制についての他の代表的な研究としては，Carey (1938), Elazar (1962, 1972), Leach (1970) などが挙げられる．

だという.

　例えば，連邦制が「寛大な連邦制（permissive federalism）」とも呼べる政府間関係をもたらしていると主張するマイケル・レーガンは，連邦議会の立法によって州政府に配分される連邦補助金が，あくまで連邦政府の目的の下で与えられる点を強調する．マイケル・レーガンは，権力と権限を連邦政府と州政府が共有しながらも，州への連邦補助金の配分については，あくまで連邦政府の許可と寛大さに基づいているとして，1970年前後からそうした連邦制の側面が政治的に重要性を増してきていると指摘している（Reagan 1972）.

　マイケル・レーガンの枠組みを1980年代から1990年代前半までの州の次元での福祉改革の分析に適用したのが，シェリー・アーセノルトである．アーセノルトは，州の次元で進展した福祉改革に連邦政府の果たした役割はほとんどないとする既存の理解に対して，連邦政府こそが州政府による福祉改革の進展にお墨付きを与え，州政府の福祉改革を先導する役割を果たしていたと論じ，州政府を導く連邦政府の姿を描いた（Arsneault 2000）.

　ジョン・キンケイドは，1980年代からは連邦法に基づいて，連邦政府が州政府を強制的に従わせるという，「強制的連邦制（coercive federalism）」が台頭してきたと指摘する．キンケイドによれば，協調的連邦制は市場の失敗，戦後の繁栄，人種主義，都市の貧困，環境主義，個人の権利といった課題に対応したものだった．ところが，1970年代に社会的，経済的状況が変わり，専占（preemptions）を定める連邦法の数と，財源付与なしの執行命令（mandates）の数が増加したという．連邦法の専占とは，連邦法と相容れない州法について，合衆国憲法第6条第2節の規定により，連邦法が優先されることを指す．財源付与なしの執行命令とは，州政府に連邦補助金を与えることなく連邦政府の望む規制を強制的に実施させるものである（Kincaid 1990）．ポール・ポズナーによれば，こうした強制的連邦制は少なくともG. W. ブッシュ政権期までみられる（Posner 2007）.

　グロッジンスに続く一連の連邦制研究は，いずれも，連邦政府と州政府の間の垂直的な政府間関係を規定する存在として連邦制を位置づけている．それに対して，州政府間の水平的な政府間関係を規定する存在として連邦制を位置づけるアプローチも存在する．その代表的な研究が，ポール・ピーターソンとマー

ク・ロムが提示する「競争的連邦制（competitive federalism）」である．

　ピーターソンとロムは，連邦制が，連邦政府，州政府，州政府より下位の地方政府などといった政府間での財やサービスの競争を生み出していると指摘し，連邦制が規定するそうした政府間関係を「競争的連邦制」と呼んだ．ピーターソンとロムによれば，州政府は社会福祉支出を減らす誘因を有しているという．州政府は，貧困者が，よりよい社会福祉サービスを提供する州へと移住するかもしれないと考える．「福祉磁石論（welfare magnet）」と呼ばれるこの考え方では，州政府は，他州からの貧困者，すなわち潜在的な福祉受給者の流入を防止するべく，社会福祉サービスを減らそうとするという．その結果，各州政府は「底辺への競争（race to the bottom）」を行うことになる，というのがピーターソンとロムの主張である（Peterson and Rom 1990）[11]．

　もう一つの立場は，連邦制が政策にもたらす影響に着目して，コーウィンの連邦制観を乗り越えようとするものである．連邦制の比較研究で有名なウィリアム・ライカーは，南部諸州の人種差別政策が継続した理由として，連邦政府による介入が困難なほど強い権限を州政府に認めてきた連邦制の在り方を指摘している（Riker 1964）．スザンヌ・メトラーは，ニューディール期に導入された社会保障や社会福祉事業が，本来の意図と異なり，性別や人種に基づく差別的な事業となってしまった理由の一つとして，事業を運営する州政府に幅広い裁量を認める連邦制の在り方を挙げている（Mettler 1998）．ディヴィッド・ブライアン・ロバートソンは，建国以来，人種，教育，社会福祉，犯罪，環境，中絶，企業への規制といった政策課題について，州政府が担うか，連邦政府か担うかで政治アクターたちが争ってきたことを示し，連邦制の機能を強調している（Robertson 2011）．

　ピーターソンは，連邦制が，連邦政府と州政府それぞれの担う政策分野と政

11）　ピーターソンとロムの分析は不適切であり，「底辺への競争」は生じていないと主張する研究もある．クレイグ・ヴォルデンは，物価の変動を考慮すれば先行研究が指摘する「底辺への競争」の効果は消滅すると指摘している（Volden 2002）．ウィリアム・ベリー，エヴァン・リングクイスト，リチャード・フォーディングの研究は，「底辺への競争」の効果よりも，非熟練労働者への高賃金や低失業率といった要因の効果の方が強いことを示している（Berry, Ringquist, and Fording 2003）．

策の効率性に差異をもたらしていると論じている．ピーターソンによれば，それぞれの政府が経済発展政策と再配分政策のどちらを重視するのかや，効率的に実施できるのかが異なるという．州政府は，ヒトや資本の移動に制限をかけることができないので，州内の企業が州外へと移転したり，富裕な州民が州外へと移住したりしないように，彼らにとって快適な環境をできる限り効果的に提供することに腐心する．そのため，州政府は再配分政策を疎かにする一方で，経済発展政策を効率的に実施することに熱心になるという．それに対して，連邦政府はヒトの国外からの流入を阻止し，また資本の移動に制限をかけることができるので，州政府よりも再配分政策を効率的に実施できる．また，連邦政府の政策は幅広い層の支持を得る必要があるので，特定の地域や企業の経済発展にとって真に必要な政策が実施されにくく，効率的に経済発展政策が実施されない (Peterson 1995)．

　このように，これまでの連邦制研究は，政府間の関係や政策に対して連邦制が果たしている機能という観点から研究を進めてきた．しかしながら，こうした研究は，連邦制が政治の根底を支える統治構造そのものにも影響を与えうる，という点を見落としている[12]．統治構造とは，権力分立のための制度である連邦制や三権分立制はもちろんのこと，大統領制，官僚制，政党制，議会，裁判所，行政組織といった，国家を統治する仕組みを指す．統治構造は，従来の連邦制研究が説明しようとしてきた政府間の関係や政策の土台をなすものであるから，統治構造が変化すれば，政府間の関係や政策にも大きな影響を与えうる．したがって連邦制は，直接，政府間の関係や政策に影響を与えるだけでなく，

---

12)　例外としては，連邦制が官僚制と大統領及び議会の権力関係に影響を与えていることを指摘したテリー・サンフォードやデイル・ライトの研究がある．彼らによれば，専門性を有する官僚たちは，連邦政府所属であれ州政府所属であれ共通した学歴や見識を有しているので，自身の所属の垣根を越えて強い協力関係を築くという．その結果，連邦政府及び州政府の専門性を有する官僚たちが，政治家たちを押しのけて専門の政策分野に対して強いリーダーシップを発揮するという．彼らは，こうした連邦制を "picket-fence federalism" と呼んでいる (Sanford 1967; Wright 1978)．他方，彼らの見方が1960年代に限って妥当するものだとする指摘もある．ディヴィッド・ウォーカーは，1970年代以降，連邦政府と州政府それぞれの専門性を有する官僚たちが，連邦補助金の運用について政治的影響を強く受けるようになったと指摘し，こうした連邦制を "bamboo-fence federalism" と呼んでいる (Walker 1995)．

他の統治構造に影響を与え，その統治構造の変化によっても間接的に政府間の関係や政策に影響を与えうる．それにもかかわらず，従来の研究は，連邦制が政府間の関係や政策に直接的に影響を与える経路ばかりを重視していた．

そこで本書は，連邦制が統治構造の一部をなす三権分立制にどういった影響を与えるのかを考察し，さらに，三権分立制の変化が政策にどういった影響をもたらすのかについて考察を進める．これらを通じて，連邦制が統治構造に及ぼす影響を分析の視座に含めることの重要性を指摘し，既存の連邦制研究の見直しを促すとともに，今後の研究の発展にも寄与したい[13]．

おわりに

特区認可権は，大統領による政策変更手段であると同時に，三権分立制に影響を及ぼす機能を連邦制に付与しうる制度でもある．本章では，こうした特区認可権の特徴から，本書が，大統領制研究と連邦制研究の研究分野それぞれについて，どのように位置づけられるのかを示した上で，既存研究に対してどういった貢献を目指しているのかを示した．

まず，従来の大統領制研究は，連邦政府内で政治過程が完結する手段にばかり目を向けていたが，それでは特区認可権を捉えることができない．なぜなら，大統領が特区認可権の利用によって政策革新を実現するには，多くの州政府の協力を必要とするため，連邦政府の外側にある連邦制にも注意を払う必要があるからである．本書を通じて，大統領制研究が連邦政府内の政治過程以外にも視野を広げる必要性を指摘し，大統領制研究の新たな地平を切り拓きたい．

次に，既存の連邦制研究は，連邦制が政府間の関係や政策に対して果たしている機能に着目し，研究を蓄積してきた．ところが，連邦制が，政府間の関係や政策に留まらず，政治の根底を支える統治構造そのものにまで影響を及ぼしうるという点にまで分析視角を広げた研究は乏しかった．また，連邦制が統治構造に影響を与えて変化をもたらし，その統治構造の変化を受けて間接的に政

---

13) 統治構造の変化を分析対象に含めるアプローチは，しばしば，「アメリカ政治発展論（american political development）」と呼ばれる．アメリカ政治発展論については，Valelly, Mettler, and Lieberman eds. (2016) が詳しい．

策が変更されるという経路も考えられてこなかった．それに対して本書では，連邦制が三権分立制に与える影響や，さらにそれを受けて政策がどのような影響を受けるのかを解明する．それにより，連邦制が統治構造に対して果たしてきた役割にも着目する必要性を指摘し，連邦制研究の更なる進展にも貢献したい．

　こうした問題関心の下，次章からは具体的な分析を行う．

第2章　連邦政府の権限拡大と特区認可権の導入

　序論で述べたように，本書の課題は，なぜ大統領が，特区認可権を制度の趣旨とは異なり，議会を迂回する政策変更手段として用いることができるようになったのかを明らかにすることである．ここではまず，立法府が初めて執政府に特区認可権を授権した際の，本来の運用目的と設計思想を示そう．

　19世紀末から1970年代にかけて，連邦政府は社会経済的変化に伴い権限を拡大していき，公共政策へ介入していった．こうした連邦政府の権限拡大が続く中，1962年，社会保障法に特区認可権という制度が導入された．特区認可権は，州政府が，既存の社会保障法の義務の免除を受けて，社会保障法の定める連邦画一の事業に代わり，独自の事業を実施できるようにするという意味で，連邦政府から州政府へ権限を委譲するものであった．なぜ，連邦政府の権限拡大の傾向と逆行するような制度が導入されたのだろうか．

　もちろん，州政府が特区事業を実施するには，執政府の認可を得る必要があるので，必ずしも州政府が自由に政策を決定できるわけではない．また，あくまで特区認可権を定める法の範囲内でしか政策を実施できないという制約は存在する．しかし，そうした制約を考慮しても，特区認可権の導入は，連邦政府の権限拡大の時代にあって，異質なもののようにみえる．

第1節　社会福祉政策の発展

1. フランクリン・ローズヴェルト政権のニューディール政策

　特区認可権が規定されているのは，福祉政策，教育政策，医療保険政策などの公共政策を定める連邦法である．アメリカにおいてこうした公共政策の領域は，そもそも連邦政府ではなく州政府と地方政府に留保された権限であった．

しかしながら，社会経済的な変化に伴い，州政府と地方政府だけでは対応できない諸問題が浮上し，連邦政府はその解決に乗り出すという形で公共政策領域への関与を強めてきた．実は，このような歴史的経緯が，その後に導入される特区認可権の位置づけを特徴づけることになる．そこで以下では，こうしたアメリカの連邦制に基づく分権的な政治制度と，それを土台とした連邦政府の公共政策領域における権限の強化について明らかにする．

　合衆国憲法第1条第8節第1項から第18項には，連邦法の制定に関する立法府の権限が列挙されている．そこでは，福祉政策，教育政策，医療保険政策などには触れられていない．1791年に成立した憲法修正第10条「州及び人民が留保する権限」には，「この憲法により，合衆国に委任されず，または州が行使することが禁じられていない権限は，各州または人民に留保される」と定められている．つまり建国当初，上述した公共政策に関する権限は州政府に留保されており，連邦政府の権限は非常に限定されていた．下記は，『ザ・フェデラリスト』においてハミルトンが記した第27篇「内政における連邦政府の役割」の一部である．

　　「連邦の法律は，列挙された正当な管轄対象については，国の最高法規となり，各州の立法，行政，司法をそれぞれ担当する公務員は，神聖なる宣誓によりそれを遵守することが義務づけられることになる．そうして，各州の立法部，司法部，行政部は，中央政府の正当な憲法上の権威がおよぶ範囲については，中央政府の活動のもとに組み込まれ，連邦の法律の実施にあたっては，補助機関となるであろう．」(ハミルトン・ジェイ・マディソン 1999, 129–30)

　ここに記されている「列挙された正当な管轄対象」というのが，合衆国憲法第1条第8節第1項から第18項を指している．実際，州と州との間の通商に関わる政策を除いては，建国以来長らく，州政府や地方政府，さらには教会や地域コミュニティなどが，多くの公共政策を担う主体であった．連邦政府が州政府の管轄する領域に対して権限の拡大を試みたこともあったが，司法府がそれに対して否定的な判決を繰り返した (Walker 1995, 66–7)．そのため，連邦政

第 1 節　社会福祉政策の発展　　29

府の権限は狭い領域に限定されたままであった.

　ところが, 19 世紀末頃から連邦政府と州政府の関係は大きく転換していく.
南北戦争後, 南部州での奴隷制問題や, 州を越えた経済活動の活発化など, 州
政府単独では対処できない社会経済的諸問題が浮上し, 連邦政府の役割の強化
が進展した. 例えば, 奴隷制を禁じて元奴隷の権利を保障するための合衆国憲
法修正第 13 条 (1865 年), 14 条 (1868 年), 15 条 (1870 年) の成立が挙げら
れる. また, 社会経済的諸問題に対処するために, 州際通商法 (Interstate
Commerce Act of 1887), 反トラスト法 (Sherman Antitrust Act of 1890)
などが制定された. このような変化によって, 次第に連邦政府の権限が拡大し
ていった (Corwin 1934).

　19 世紀末以降の連邦政府と州政府の関係は, 連邦政府が州政府に連邦補助金
を支給する額を増大させ, 協調関係を発展させていったことによって特徴づけ
られる. 合衆国憲法修正第 16 条 (1913 年) により, 連邦政府は所得税の課税
が可能になった. これを財源にして連邦補助金を州政府に支給し始め, 支援関
係が発展していった (Grodzins 1960). 1933 年から 1938 年のニューディール
期には, 司法府が憲法第 1 条第 8 節第 3 項の州際通商条項と修正第 5 条及び修
正第 14 条のデュープロセス条項の憲法解釈を変更し, 連邦政府の権限の拡大
に寄与した. これまでは, 州際通商に直接影響を与えない経済活動に対して連
邦政府は規制できないと州際通商条項は解釈されていたが, この解釈が変更さ
れ, 当該経済活動が州際通商に相当程度の影響を与えるものならば, 連邦政府
は規制できるとされた. また, これまではデュープロセス条項に基づいて, 生
命, 自由, 財産の中にはたとえ適切な手続きを経ても政府が奪うことのできな
いものがあるとして, 裁判所は積極的に財産権などを保護していたが, そうし
た保護を控えるようになった (阿川 2013, 294–6, 362–8).

　州政府と地方政府が主体となった公共政策の運営という状況が大きく変わっ
たのは, こうした連邦政府の権限が拡大されていった時期のことである. フラ
ンクリン・ローズヴェルト大統領は, 大恐慌の混乱を立て直すためのニュー
ディール政策の一環として, 1935 年社会保障法 (Social Secuurity Act of 1935)
により, 年金, 福祉, 失業保険といった一連の社会福祉制度を整備した[1]. こ
こで重要なのは, 1935 年社会保障法の根拠となる合衆国憲法の解釈である.

第 2 章　連邦政府の権限拡大と特区認可権の導入

ローズヴェルト大統領は，この立法が合憲である根拠として，合衆国憲法前文
及び第 1 条第 8 節第 1 項で言及されている「一般の福祉（general welfare）」[2]
に着目したのだった．合衆国憲法には，それぞれ次のように書かれている．

　　「われら合衆国の人民は，より完全な連邦を形成し，正義を樹立し，国内の
　　静穏を保障し，共同の防衛に備え，一般の福祉を増進し，われらとわれら
　　の子孫の上に自由の祝福のつづくことを確保する目的をもって，アメリカ
　　合衆国のために，この憲法を制定する．」[3]

　　「連邦議会は左［以下］の権限を有する．合衆国の国債の支払，共同の防衛
　　および一般の福祉の目的のために租税，関税，輸入税，消費税を賦課徴収
　　すること，ただし，すべての関税，輸入税，消費税は，合衆国を通じて画
　　一なることを要する．」[4]

　ローズヴェルト大統領はこれら合衆国憲法の文言を念頭に，「憲法によれば，
連邦政府は様々な目的はもちろん，『一般の福祉の増進のため（to promote the
general welfare）』に創設されたものでもあるから，そうした福祉に属する社
会保障を提供することは，我らの明白な義務である」[5] と述べ，一般の福祉の増
進のための社会福祉政策の実施は連邦政府の権限だという考えを示したのだっ
た．
　ただし，ローズヴェルト大統領の「一般の福祉」に対する広い解釈は，彼独
自のものではなく，建国の父祖にまで遡ることができる．ローズヴェルト大統

---

　1)　シーダ・スコッチポルは，南北戦争従事者年金がアメリカでの連邦政府による社会保障
　　の始まりだとしている（Skocpol 1992）．彼女によれば，1910 年までには，連邦政府は
　　北部に住む高齢男性の 3 分の 1 以上と，多くの未亡人や孤児，そして一部の南部高齢男性
　　に対して老齢年金や障碍年金を与えていたという．
　2)　「一般の福祉」の解釈の歴史的発展に関しては，Sky (2008) が詳しい．
　3)　合衆国憲法前文．訳は以下より（斎藤眞訳）．宮沢編 (1983, 33–56)．
　4)　合衆国憲法第 1 条第 8 節第 1 項．訳は同上より（括弧内は筆者加筆）．
　5)　Franklin D. Roosevelt, "Message to Congress Reviewing the Broad Objectives
　　and Accomplishments of the Administration," June 8, 1934, *Public Papers of the
　　Presidents of the United States, 1934*, p. 291.

第 1 節　社会福祉政策の発展

領より前の「一般の福祉」に対する狭い解釈は，建国の立役者であったマディ
ソンとトマス・ジェファソンらに由来するものである一方で，ローズヴェルト
大統領による広い解釈は，ハミルトンに由来するものであった (Sky 2008).

　実際，ハミルトンは 1791 年，『製造業に関する報告書』の中で，「一般の福
祉」という言葉が指し示すものは，合衆国憲法に列挙されている連邦政府の権
限の範囲内に限定するべきではなく，議会の解釈に委ねなければならないと述
べ，また「一般の福祉」にあたる具体例として，教育，農業，製造業，商業な
どを挙げている[6].

　ローズヴェルト大統領による「一般の福祉」の広い解釈は，司法府にも受け
入れられた．1936 年に最高裁は，合衆国対バトラー事件判決において，議会
には合衆国憲法第 1 条第 8 節第 1 項のいわゆる課税権条項により，「一般の福
祉」のために租税を賦課，徴収することが認められているとの判断を下した[7].
さらに，最高裁は 1937 年，議会には「一般の福祉」に適うように合衆国全体
に及ぼすことができる立法権が与えられているとみるべきであり，また議会が
合衆国憲法第 1 条第 8 節第 1 項の「一般の福祉」のために税収を使用すること
ができるとした[8].

　以上から，「一般の福祉」の解釈の変更が，連邦政府の公共政策への介入，具
体的には社会福祉領域への進出の契機となったことがわかる．ただし，ここで
注意しなければならないのは，「一般の福祉」の解釈変更により連邦政府が国内
の社会福祉の全てを担う主体となったわけではなく，多くの責任と権限は依然
として州政府に委ねられていたということである．確かに，連邦政府は州政府
と比べると潤沢な予算を背景に，州政府に連邦補助金を給付する代わりにその
用途を厳格に指定することで，連邦政府の望む特定の事業の実施を州政府に義
務付けることが可能となった．しかしながら，先ほど引用した『ザ・フェデラ

---

6) Alexander Hamilton, "Report on Manufactures," December 5, 1791, http://www.
loc.gov/rr/ program/bib/hamilton/memory.html.

7) United States v. Butler, 297 U.S. 1, 1936. この裁判では，1933 年農業調整法
（Agricultural Adjustment Act）が規定する加工税について，「租税」ではなく農業生産
の規制に当たるので，憲法修正第 10 条の「州権限の留保条項」により州の権限として留
保されているものだとし，違憲判決が下されている．

8) Helvering v. Davis, 301 U.S. 619, 1937.

リスト』第 27 篇の抜粋の中に，州政府は「中央政府の活動のもとに組み込まれ，連邦の法律の実施にあたっては，補助機関となる」とあるように，実際に事業を運営する主体はあくまで連邦政府ではなく州政府であった．そのため，州政府[9]には，多くの責任と権限が残されていた．

まず，本書が扱う福祉政策の歴史を簡単に振り返りながら，この点を確認する．1935 年社会保障法が創設した福祉事業は，「要扶養児童扶助（Aid to Dependent Children: ADC）」と呼ばれるものだった．これは，親の死亡，家庭における継続的な不在，身体的・精神的障碍の理由によって，親による扶養を受けられない 16 歳未満の児童に対して行われた現金給付事業であった．1950 年の社会保障法の改正（Social Security Act Amendments of 1950）では被扶養児童と同居する母親や親族も給付対象となり，1962 年の公的福祉修正法（Public Welfare Amendments of 1962）では社会保障法が修正され，要扶養児童扶助の名称が「要扶養児童家庭扶助（Aid to Families with Dependent Children: AFDC）」へと変更された．

実は当初，この事業は，父親のいる家庭や非白人の家庭の受給を基本的に制限していた．その理由は，要扶養児童扶助が成立するまでに各州で実施されてきた公的扶助が，白人社会において道徳的，倫理的に「救済に値する」とみなされた者への扶助であったことにある．当時，「救済に値する」と想定されていたのは，主に夫と死別した白人の寡婦であり，各州は，彼女たちが家庭で児童を養育できるようにするために公的扶助を実施していた（Skocpol 1992）．

特に南部州は，「救済に値するか否か」に関する独自の規則を設けることで，黒人の福祉受給を妨げていた．州政府が設けた独自の規則とは，適格家庭要件（suitable home rule），居住要件（residency requirement），同居男性規則（man in the house rule）などといったものである．適格家庭要件とは，私生児を持った親は不道徳であるから公的扶助対象に相応しくないとして扶助を認

---

9) 本書は，分析の焦点を明確にするため，連邦政府より下位の政府として州政府のみを想定している．しかし実際には，州政府より下位の地方政府もまた福祉政策を考察する上で重要な政治的主体である．地方政府の一つである都市が実施する福祉政治も重要だとの立場から，ニューヨークの都市政治の発展及び連邦での 1996 年の福祉改革の成立過程について論じたものとして，西山（2008）がある．

めない規則である．居住要件とは，一つの州または地方に定められた期間居住することを受給条件とする規定である．最後の同居男性規則とは，福祉を受給する母子家庭に扶養能力が見込まれる男性が同居している場合，保護資格を認めないという規定である（Mettler 1998）．以上からは，州政府が事実上，受給資格の決定権等の大きな自由裁量を有していたことがよくわかる．

また，教育政策や医療保険政策という，本書で扱う他の公共政策分野に関しても，連邦政府はほとんど権限を有していなかった．教育政策のうち初等中等教育政策，いわゆる公教育政策は，1965 年初等中等教育法（Elementary and Secondary Education Act of 1965）成立まで，ほぼ完全に州政府の権限とされていた．実際に教育政策を運営しているのは，州政府から教育行政について自治権が与えられている学校区（school district）であった．学校区は，州内を単一もしくは複数の市やカウンティ単位で分割した行政区分である．

各学校区では，住民により選出された教育委員会が教育政策を実施していた．各学校区の運営資金は，主に居住者の支払う固定資産税を財源としていた．そのため，富裕層の多く集まる学校区と貧困層の多く集まる学校区では財政に大きな格差が生じ，それが公教育に大きなばらつきを生むと考えられていた．州政府は，連邦政府からの補助金により格差是正を果たしうるが，「教育政策は地域住民により決定されるべき」という公教育の原則を背景にした市民や州議会の反対により，そのような機能を果たしていなかった（McGuinn and Hess 2005）．また，「分離すれども平等」というプレッシー対ファーガソン事件判決[10]の原則の下，多くの州で教育における人種差別が横行していた．

医療保険政策については，民間の私的な医療保険は充実していった一方で，連邦政府による公的な医療保険政策は，1965 年の社会保障法の改正（Social Security Amendments of 1965）まで存在していなかった（Hacker 2002）．

2. ジョンソン政権の「偉大な社会」政策

1960 年代に入り，州政府に対する連邦政府の権限を拡大したのがジョンソン大統領であった．ジョンソン大統領は，連邦政府による州政府への支援が単

---

10) Plessy v. Ferguson, 163 U.S. 537, 1896.

なる資金提供だけでは不十分だと考え，州政府とより強い協力関係を構築する必要があるとし，そうした考えを「創造的連邦主義」と呼称した．ジョンソン大統領の掲げた「偉大な社会」政策の下，連邦政府は多くの政策領域に影響力を拡大させていった．

福祉政策については，公民権運動の高まりの中，黒人を「一般の福祉」の対象から排除しようとしてきた州政府の政策に対して，連邦政府は介入することに成功した．連邦政府は数々の立法に成功し，また違憲判決を勝ち取ったのである．1961年の社会保障法の改正（Social Security Amendments of 1961）により，要扶養児童家庭扶助において州政府が独自に適格家庭要件を設けることを妨げ，さらに，要扶養児童家庭扶助の新たな事業として，親の適切な庇護下にない子どもに対する里親制度（foster care）の実施を定めた．同居男性規則は1968年に最高裁で連邦法に反するという判決[11]が下された．居住要件については1969年に最高裁でその妥当性が明確に否定された[12]．

連邦議会による立法と裁判所の判決が，福祉給付の基準を「救済に値するか否か」から，「貧困か否か」へと切り替えた．それにより，福祉政策における受給資格の決定権は州政府から連邦政府へと移り，州政府の権限は大幅に縮小した．結果として，それまでの抑制的な福祉政策に転換が生じ，福祉受給者数，受給総額はともに大幅に増大していった．

医療保険政策は，1965年の社会保障法の改正が連邦政府の関与する重要な契機となった．新たに社会保障法に加わった第19編は貧困者に対する医療支援事業を定めており，それはメディケイド（Medicaid）と呼ばれるものであった[13]．メディケイドの基本的な意図は，連邦政府もしくは州政府のどちらか一方が貧困者に対して医療支援を実施するよりも，連邦政府と州政府が連携した方が支援の利便性や質が高いだろうという考えの下，連邦政府と州政府が協力して貧困者向けの医療支援政策に取り組むというものであった．そのため，メディケイドについての費用は，連邦政府と州政府が一定の割合ずつ負担すると

---

11) King v. Smith, 392 U.S. 309, 1968.

12) Shapiro v. Thompson, 394 U.S. 618, 1969.

13) 医療保険政策において，この改正でもう一つ重要なのが，高齢者に対する公的医療保険制度のメディケア（Medicare）である．

された．州政府の費用負担の割合は，その州の州民の貧困の程度を考慮して
50％（最も裕福な州）から15％（最も貧しい州）の間に定められ，残りを連邦
政府が州政府への補助金として支給するとされた．

　メディケイドを実施する主体は州政府であり，州政府自らがメディケイドを
運営し，どのような医療を提供するかを決定すると定められた．ただし，州政
府は，連邦政府の定める基準や枠組みに従ってメディケイドを実施することが
課せられたので，その裁量は限られていた．例えば，メディケイド対象者へと
提供される医療は，その額，期間，範囲の点で他の一般の市民へと提供される
それに劣るものであってはならないという条件や，メディケイド対象者はいず
れの医療機関でも医療を適切に受けられるという条件が設定されている．これ
らの条件は，医療費の高騰に伴い，連邦政府と州政府のメディケイド支出の大
幅な拡大をもたらすこととなった．連邦政府と州政府のメディケイド支出は，
1980年代から顕著な政治争点として注目されるようになるのである．

　公教育については，まず，1964年の公民権法により，公教育での人種差別
を禁じ，人種共学などのための連邦政府の支援が定められた[14]．そして，1965
年には，初等中等教育法が成立した．初等中等教育法の柱である第1編は，貧
困な児童や生徒に対する教育上の支援を連邦政府が行うと定め，連邦政府が公
教育に関与する契機となった．また，連邦補助金の給付要件として人種差別の
禁止の証明が定められた．

　ただし，連邦政府の関与はあくまで貧困地域や貧困者に対する財政的支援に
限られており，公教育そのものに対して関与するようになったわけではなかっ
た．すなわち，教育内容，教育水準，教育期間などの大部分について定める権
限は依然として州政府に残されたままであり，全米統一の学力基準はもちろん，
統一的なカリキュラムすら存在しなかったため，公教育の内容は地域によって
大幅に異なっていた．

　以上から，連邦政府の公共政策領域への介入が，州政府に留保されていた権

　14）　時期は少し遡るが，連邦政府による公教育への介入に関しては，1954年のブラウン事
　　　件判決（Brown v. Board of Education of Topeka, 347 U.S. 483, 1954）もまた重要で
　　　ある．この裁判では，公立学校の人種別学を定める州法に対して，分離された教育施設は
　　　本質的に不平等だとして違憲判決が下された．

限の連邦政府による獲得という形で進展したことがわかる．翻って，1962年
公的福祉修正法によって社会保障法に導入された特区認可権は，こうした連邦
政府の権限強化が進展していった時代に導入されたにもかかわらず，連邦政府
が憲法解釈によって州政府から獲得したはずの権限を再び州政府に委譲する側
面もあった．なぜ，どのような理由で特区認可権は導入されたのだろうか．

第2節　特区認可権の導入意図と運用

1. 民主主義の実験場と社会工学的発想

　社会保障法に特区認可権が導入された背景には，二つの重要な考えがあった．
一つは，州を実験場と見立て，そこで得た知見を連邦政府が吸い上げる，とい
うものである．この考えを端的に述べているのが，最高裁判所判事ルイス・ブ
ランダイスである．

> 「もしある州の市民が選択するならば，その勇気のある一州は，実験場とし
> ての役目を果たし得る．その州は，アメリカの他の州に何のリスクも負わ
> せることなく，全く新しい種類の社会的，経済的実験に挑戦し得るのであ
> る．」[15]

　19世紀末から20世紀初頭にかけての進歩主義の時代，一部の州で実施され
ていたいくつかの政治改革が，連邦政治へと波及していった．例えば，ウィス
コンシン州では，ロバート・ラフォレット州知事が主導的な役割を果たした．
当時，上下両院の議員選挙の政党候補者の選出過程は，「ボス政治」と呼ばれる
ようにその地域の有力者によって支配されていた．それに対してウィスコンシ
ン州は，一般党員が政党候補者を選出するという予備選挙を導入した．また，
州議会議員によって選出されていた上院議員も，有権者による直接投票で選出
されるようになった．さらには累進課税制も導入された．こうした改革の多く

---

15)　New State Ice Co. v. Liebmann, 285 U.S. 262, 1932.

は，他の州政府にも波及し，ついには，連邦政府が採用するに至ったのであった．ブランダイスは，こうした時代背景の中で，州が「民主主義の実験場」としての役割を有していると指摘したのだった．

特区認可権の導入の背景にあったもう一つの重要な考えは，社会工学的な発想である．社会工学とは，簡単にいえば，社会科学の理論に基づいて見出された要素を操作することで社会問題は解消されるという立場に立つ学問である．特区認可権が導入された1960年代は，技術信仰が非常に強い時代でもあった．シーモア・リプセットやダニエル・ベルに代表される研究者は，資本主義を掲げる先進諸国に「豊かな社会」が到来していることを指摘し，階級闘争を通じた社会の全面的変革というマルクス主義的なイデオロギーはもはや効力を失ったと断じる．その上で彼らは，そうした全面的な改革の代わりに社会工学的な観点に基づいた手法を用いた，個別の社会問題の解決が必要とされるようになったと指摘する (Lipset 1960; Bell 1960)．

特に1970年代まで，こうした社会工学的な発想が，政策形成に大きな影響を与えていた．例えば，1930年代のニューディール期に設立されたテネシー渓谷開発公社 (Tennessee Valley Authority) は，連邦政府が経済に介入しないことこそが経済不況から立ち直れない一因であるとして，広範な地域を対象にした大規模な公共事業が景気回復につながるものと期待され，実施された．また，「偉大な社会」政策の一環として進められた「貧困との戦い (The War on Poverty)」では，貧困の原因を既存の社会福祉政策とみなし，その改革によって貧困の解消が目指された．そして，1961年に国防総省の予算編成に導入され，1965年には全省庁に導入された企画・計画・予算制度 (planning-pro-gramming-budgeting system) は，既存の予算編成には非合理性，非効率性，長期的視点の欠如といった多くの問題があるとして，予算を合理的，効率的に編成するために採用された制度であった．

2. ケネディ政権の導入意図

それでは，特区認可権の社会保障法への導入過程に，州を民主主義の実験場と見立てる考えと，社会工学的な発想はどのように関わっていたのだろうか．特区認可権は，1962年公的福祉修正法によって社会保障法第1115条に定めら

れることになった．審議過程に焦点を当てよう．

　ジョン・F. ケネディ政権は，それまでの現金給付による貧困救済という福祉政策からの転換を目指していた．ケネディ大統領は，貧困者の社会復帰を可能にする支援事業を福祉政策の一環として実施しなければならないと考えており，1962 年の公的福祉修正法へと導いた．ケネディ大統領はこの法案に署名するにあたり，「この修正法は，貧困者の社会復帰を促進し，また子どもや働く母親たちへの支援を充実させるなどの福祉行政の強化と改善を州政府に促すものである」と述べている[16]．このような意図をもって成立した修正法に，特区認可権が含まれていた．

　特区認可権の導入にあたって中心的な役割を果たしたのは，1961 年 5 月に保健教育福祉省（Department of Health, Education, and Welfare）長官のアレクサンダー・リビコフによって創設された，専門家集団による特別委員会であった．この委員会は，福祉政策を改善するために現金給付以外の新たな支援策として何が適切かという問題について，専門的な見地から社会科学に基づいた回答を提示することを目的としていた．その特別委員会が 1961 年 9 月に作成した報告書に，後の特区認可権に関わる次のような記述がある．

　　「一般的には，育児放棄，非嫡出子の出生，慢性的な公的扶助への依存状態などに完璧に対処しうる実験的方法が確立されるとは考えられていない．社会経済的条件が変化するからである．しかしながら，調査を行うことは自然科学と同様に社会科学においても重要である．既存の方法の検証と新たな手法についての実験は，どちらも同じ土台に基づいて実施されなければならない．…（中略）…特別な実証試験に対する補助金は，しっかりと設計されていれば，社会問題に対するよりよい知見と有用な解決策を提供するものとなる．」[17]

---

16)　John F. Kennedy, "Statement by the President upon Approving the Public Welfare Amendments Bill," July 26, 1962, *Public Papers of the Presidents of the United States, 1962*, p. 580.

17)　The Ad Hoc Committee on Public Welfare, "Report of Ad Hoc Committee on Public Welfare to The Secretary of Health, Education, and Welfare," September 26, 1961, pp. 30–1.

第 2 節　特区認可権の導入意図と運用　　39

　この報告書からは，当時の社会工学的な発想を背景に，実験による政策の改
良を可能にする制度が，福祉事業の充実のために有効だという意見が専門家か
ら挙がったことがわかる.

　リビコフ保健教育福祉省長官はこの報告書の指摘を受け入れ，公的福祉修正
法案の成立によってそうした制度の導入に努めた. そのことは，彼が，同修正
法案の審議過程で下院の歳入委員会の公聴会の場に立ち，後に特区認可権とな
る制度案について次のように述べていることからわかる.

　　「我々は継続的な努力によって，より効果的な福祉支援事業案を模索する必
　　要がある. 同法案は，州政府が，画期的で優れた手法に至るための独創的
　　もしくは実証試験的な事業に取り組めるようにするものである.」[18]

　特筆すべきは，このリビコフ保健教育福祉省長官の意見には，アメリカの分
権的な政治制度を土台とした，州に民主主義の実験場としての役割を担わせる
という考えも明確に表明されていることである. こうした認識の下で彼は，州
政府に効果的な福祉拡充のための事業案を実際に導入させ，その効果を検証し，
連邦の次元での福祉拡充に役立てたいとして，特区認可権の導入を求めたのだっ
た.

　特区認可権の原案はケネディ政権によって提案され，議会の審議に付された.
政府高官の一人によれば，議会には福祉事業における複雑な社会経済的問題の
解決にとって必要なものだと好意的に受け止められたという[19]. 審議過程で大
きな批判も受けず，社会保障法に導入されることとなった. 1962 年公的福祉
修正法の成立により，特区認可権は社会保障法第 1115 条 (a) において，次の
ように定められた[20].

---

18)　Hearings before the Committee on Ways and Means, *Public Welfare Amendments
　　of 1962*, House, 87th Cong., February 7, 9, and 12, 1962, p. 172.

19)　Wilbur J. Cohen and Robert M. Ball, "Public Welfare Amendments of 1962 and
　　Proposals for Health Insurance for the Aged," *Social Security Bulletin*, Vol. 25, No.
　　3, 1962, pp. 3–22.

20)　第 5 章で述べるように，医療保険制度に特区認可権が適用されるようになったのは 1965
　　年のことである. 1965 年社会保障法改正により，貧困者への公的医療保険制度であるメ

「州における何らかの実験的，先駆的，または実証的プロジェクトが，本法
…（中略）…の目的の促進に資するだろうと［保健教育福祉省］長官が判断
する場合，長官は，州がそうしたプロジェクトを実行するのに必要だと考
える程度及び期間で，第2条，402条，1002条，1402条，1602条の定
める要件のいずれかを免除することができる.」[21]

　要するに，アメリカの分権的な政治制度を土台とした，州に民主主義の実験
場としての役割を担わせるという考えと，特に20世紀半ば頃から台頭した社
会工学的な発想が相まって，特区認可権の誕生に至ったといえるだろう．特区
認可権の導入は，19世紀末からの連邦政府の権限強化という歴史的文脈ではな
く，社会工学的発想が政治の世界で存在感を増していった時代的文脈に位置づ
けることで理解できる.
　こうした導入意図を理解することは，その後の特区認可権の運用を考える上
でも重要である．なぜなら，民主主義の実験場という考えや社会工学的な発想
に基づいて導入されたために，特区事業はその対象となる革新的アイデアの効
果を厳密に検証することを強く要請されるものとして運用されたからである.
こうした運用は1980年代後半にレーガン政権が大幅な変更を加えるまで維持
されていた.

3. 導入当初の運用

　前項で述べた背景もあり，導入当初，基本的に特区認可権は連邦政府の政治
エリートたちの道具として用いられることはなかった．福祉受給者に直接影響
が及ぶ特区事業の実施のためというよりは，行政運営の円滑化のために特区認
可権が用いられることが多かった．こうした傾向は，1967年に保健教育福祉
省が作成した特区認可権についての報告書の記述から確認することができる.

　　ディケイドが成立し，そのとき同時にメディケイドが特区認可権の適用対象の事業となっ
　　た．他にも，高齢者への公的医療保険制度であるメディケアも特区認可権の適用対象の事
　　業となった.
　21）　括弧内は筆者加筆.

「特区事業は福祉支援と福祉行政の改善にとり大変有益な手段となっている．本年1月までに164もの事業が認可を受けている．今日までに認可を受けてきた事業は，公的支援の運営方法の効率性の向上，公的支援の運営の効果の検証，所得控除による就労の奨励，新たな支援の提供方法の確立のための実験などである．」[22]

　その後も，三つの理由から，特区認可権が福祉縮減などの政策目標を実現する手段として用いられることはなかった．第一に，特区事業の申請の負担が大きいため，そもそも州政府からの申請が少なかったことが指摘できる．特区事業を申請する際，州政府は関係するすべての省庁と当該案についての議論を重ねた上で，数十頁にも及ぶ要綱に沿って申請書を作成し[23]，それぞれから認可を得た後，最終的に保健教育福祉省長官から認可を得る必要があったので，手続きが非常に煩雑で時間のかかるものだった．
　第二に，人体実験の被験者保護のための行政規制の存在である．1960年代，医学研究における臨床実験の場で非人道的な研究が実施されていたことが明らかになった．人体実験の被験者保護が声高に叫ばれた結果，1971年4月15日に保健教育福祉省は被験者保護のための要綱を導入した[24]．重要なのは，特区認可権に関連する特区事業がこの要綱の対象となったことである．その結果，特区事業の審査過程で，治験審査委員会（Institutional Review Board）の認可が必要になっただけでなく，特区事業の対象となる被験者たちの同意を得る必要が生じた．そのため，被験者を不利な立場に追いやるとみなされかねない福祉縮減を意図した特区認可権の利用は難しかったと考えられる．
　第三の理由は，政治的状況である．1960年代からは，いわゆる「大きな政

---

22) Hearings before the Committee on Finance, *Social Security Amendments of 1967*, House, 90th Cong., August 22, 23 and 24, 1967, p. 271.

23) Attachment, Social Security Administration to Peter Germanis, July 8, 1985, "Guidelines for Preparing Applications for Section 1115 Public Assistance Demonstration Grant Program," Folder "Welfare-July 1985 (2 of 2) OA18532," Box Charles Hobbs, Ronald Reagan Library.

24) U.S. Department of Health, Education, and Welfare, *DHEW Grants Administration Manual, Chapter 1–40*, Washington, D.C.: U.S. Government Printing Office, 1971.

府」の時代であり，連邦政府が社会福祉政策に積極的に介入していった．その
ため，連邦政府や州政府の政治エリートが，そうした潮流に逆行して福祉縮減
に乗り出すことはほとんどなかった．

　以上のような理由から，そもそも特区事業を申請する州の数は限られており，
認可された州も限定的で，特区事業の規模も小さなものとなった．また，州政
府が特区事業を申請した理由は多くの場合，州政府より下位の地方政府の行政
上の業務を円滑にするためであり，特区事業が福祉縮減などの政治的な道具と
して用いられることはほとんどなく，むしろ専門的観点から運用されていた．

　なお，特区事業の革新的アイデアの効果を検証するために採用された手法に
も，まさに「実験」の効果を科学的に検証するという発想を見出すことができ
る．保健教育福祉省が州政府に求めたのは，対照実験による測定であった．州
政府が特区事業の認可を受けて特区事業を実施する場合，州内は特区事業の観
点から三つに分類される．

　一つは，特区事業とは無関係に既存の事業が実施されている地域である．残
り二つは，特区事業の対象地域である．それら特区事業の対象地域は，「実験
群」と「統制群」と呼ばれる．実験群は新たなアイデアに基づく事業が導入さ
れる地域である．統制群はそうした実験群と社会経済的規模で類似してはいる
が，新たなアイデアに基づく事業は導入されず，既存の事業のままの地域であ
る．革新的アイデアの効果は，特区事業対象の実験群と統制群の比較によって
厳密に評価された．そうした評価を担うのは州の行政組織ではなく，州内の大
学等の専門的知識を有する機関であった．

　こうした検証方法は，オバマ政権に至るまで特区事業の効果を測定する基本
的な手法として採用され続けることになる．ただし重要なことに，後の政権は，
特区認可権の運用目的を変更するために，検証方法の細部に手を加えていった．

おわりに

　本章では，なぜ連邦政府が社会経済的変化に伴い権限を拡大し公共政策への
介入を強めていった中で，特区認可権という連邦政府から州政府に権限を委譲
する制度が導入されたのか，という問いに答えた．特区認可権の導入は，19世

紀末からの連邦政府の権限強化の歴史の中に位置づければ一見すると特異なものようにみえる．しかし，アメリカの分権的な政治制度を土台とした，州に民主主義の実験場としての機能を担わせるという考えと，社会工学的発想が政治の世界で存在感を増していった時代背景の中に位置づければ，アメリカの既存の分権的な政治制度を基礎に社会工学的な発想が積み上げられた結果として理解できる．

　ところが，レーガンが政権の座を勝ち取ったことに象徴されるように，1980年代に入ると保守派が台頭した．保守派は，それまでの社会工学的な発想に基づいて導入された諸々の制度を否定した．注目すべきは，制度を生み出した発想が衰退した時期にも，特区認可権という制度自体は残存した，ということである．次章では，特区認可権が新たな時代に適応させられていく様子を描く．

第3章　レーガン政権期の福祉政策における制度変容

　特区認可権は，州は民主主義の実験場であるとする考えと社会工学的発想の下，専門的かつ科学的観点から，福祉拡充のための革新的アイデアを模索するために導入された．しかしながら，レーガン政権は，特区認可権を議会の立法を介さない大統領単独での政策変更手段として用いるようになった．このような，導入意図とは異なる制度の利用は，どのように生じたのだろうか．本章では，なぜ，どのように福祉政策における特区認可権の運用目的の変更という制度変容が生じたのかを明らかにする．

第1節　特区認可権を取り巻く環境の変化

1. カリフォルニア州での特区事業

　レーガン大統領は，1967年から1975年にかけて，カリフォルニア州知事を務めていた．レーガン州知事時代，カリフォルニア州は，社会保障法に定められた特区認可権の下で当時のリチャード・ニクソン大統領から特区事業の認可を得て，実質的な福祉改革を進めた．後述するように，州知事時代の特区事業の経験は，レーガン大統領が特区認可権を政策変更手段として用いるようになる重要な要因となる．

　その際，重要な役割を果たしたのが，チャールズ・ホッブズという人物であった．ホッブズは，カリフォルニア州知事レーガンの下で，福祉改革に最も貢献した人物であり，1976年にはレーガンと共著で本を出版するほど，レーガンと近しい存在であった．ホッブズは，カリフォルニア州での経験をもとにして，保守派として有名なヘリテージ財団から，福祉縮減の必要性を指摘する書籍も出版している（Hobbs 1978）．ホッブズは，レーガンが大統領となってしばらく

経った1984年に，政策開発担当大統領補佐官補（Deputy Assistant to the President for Policy Development）として政権に迎え入れられた後，1985年には政策開発局（Office of Policy Development）局長となり，1987年からは大統領補佐官として活躍する．次節で詳述するように，ホッブズは，まさに特区認可権に目をつけ，レーガン大統領の下で福祉改革を主導していく．

レーガンが州知事に就任した当時，カリフォルニア州では福祉支出が州政府の財政を圧迫しており，福祉支出の抑制が急務とされていた．その対策として，1970年には1000万ドルもの福祉予算が削減されていた．しかしながら，当時，州社会福祉局副局長（Chief Deputy Director of Social Welfare）であったホッブズは，地元紙の取材に対して，その1970年の福祉予算削減が，自らの所属する社会福祉局ではなく財務長官主導で実施されたものだと前置きした上で，その対策は不十分であり，より根本的な福祉縮減のための改革が必要だと強く主張していた[1]．そうした考えの下，ホッブズは社会福祉政策そのものを変革するため，レーガン州知事が立ち上げた公的扶助改革対策本部（Public Assistance Reform Task Force）の一員に加わった．そして，1971年8月に成立することになる，カリフォルニア州福祉改革法（Welfare Reform Act of 1971）の法案作成段階から成立までの一連の過程で，中心的な役割を果たしたのだった[2]．

カリフォルニア州福祉改革法は，特区認可権に基づいて連邦政府から認可を得た特区事業である地域社会労働経験事業（California Community Work Experience Program）の実施を主要な目的として制定された．重要なのは，この事業が，明確に福祉縮減を意図したものであったということである．福祉受給者に対しては州政府の提供する無給の労働や就労訓練を義務付けることで就労を促し，また潜在的受給者に対してはそうした義務の存在によって福祉受給の申請を控えさせることを意図して導入された[3]．

---

1) Ted Fourkas, "Welfare Official Says Haste, Budget Crisis Prompted Cuts," *The Modesto Bee*, July 28, 1970, p. B5.

2) "Governor's 'Legacy' Task Forces Seek Ways to Strengthen Local Government, Increase Public Safety, Cut State Taxes," *California Journal*, January 1973, pp. 7–10.

3) California Department of Social Welfare, "Welfare Reform in California: Showing the Way," 1972, pp. 33–5.

第 1 節　特区認可権を取り巻く環境の変化　　47

　その結果，レーガン州知事は大幅な福祉縮減に成功した．カリフォルニア州
の福祉受給者は 1963 年から 1970 年にかけて約 4 倍にも急増し，1971 年時点
では全州民の約 8% もの市民が福祉受給者となっていた．ところが，この改革
により 1974 年には福祉受給者は 1970 年と比べて 17% も減らし，また支出は
20 億ドルも削減することに成功したのであった[4]．

　既に述べたように，1980 年代前半までは特区認可権は，専門的見地から福
祉拡充につながる革新的なアイデアの効果の検証のために用いられていた．し
かしながら，レーガンが州知事を務めていたカリフォルニア州では，ホッブズ
の主導の下，当時の一般的な運用方針と異なり，特区事業を福祉縮減のための
手段として用いていたのであった．

　レーガン州知事による特区事業の申請は，ホワイトハウスとの衝突を招いた．
当時，ニクソン大統領は既存の要扶養児童家庭扶助を廃止し，州間の最低所得
保障の格差是正と就労義務付けの強化を目的とした連邦の次元での福祉改革，い
わゆる家族支援計画（Family Assistance Plan）の立法を実現しようと努めてい
た．そうした中で，カリフォルニア州が独自に既存の連邦法の適用免除を前提
とした福祉改革の実施を申請した．カリフォルニア州政府の高官の一人であっ
たジェームズ・ホールは，特区事業の認可を得るためにニクソン政権と論争を
繰り広げ，非常に苦労したと述懐している[5]．1971 年 4 月 2 日，交渉の終盤の
時期になってニクソン大統領はカリフォルニア州サクラメントを訪れ，レーガ
ン州知事と会合をもった．これにより，連邦政府側の代表の一人であった保健
教育福祉省長官エリオット・リチャードソンとレーガン州知事は，「連邦法が定
める要件を州政府に免除させる代わりに，州政府に特区事業を執り行わせると
いう制度を利用して，州政府に既存の連邦法の規定に反する政策を実施させる」[6]

---

4)　Michael J. New, "Reagan's Governorship Transformed American Politics," June
　　10, 2004, http://www.nationalreview.com/article/211036/morning-california-michael-
　　j-new.

5)　James M. Hall, "Supporting Reagan: From Banks to Prisons (Interview Conducted
　　by Nicole Biggart and Gabrielle Morris, 1978, 1984, 1985)," Government History
　　Documentation Project, Ronald Reagan Gubernatorial Era, 1986, pp. 106–7.

6)　Robert B. Semple Jr., "Nixon Stays California Welfare Cutoff," *New York Times*,
　　April 3, 1971.

ことについてほぼ合意した．ちなみにレーガンとホッブズは，レーガンの1976年大統領選挙への出馬のために彼らが共同で執筆した著書『ロナルド・レーガンの行動喚起（*Ronald Reagan's Call to Action*）』の中でこの改革について触れ，連邦政府からの圧力に負けずに福祉改革に成功したと自賛している（Reagan and Hobbs 1976, 94–103）．

そうした経験により，ホッブズは次の二つの認識を持つようになり，ホワイトハウス内の重要な役職に就いた後にも活かされることになったと考えられる．第一に，ホッブズが1978年に著した著書に見られるように，福祉制度の改革のためには脱中央集権的な制度の構築が不可欠だという認識である（Hobbs 1978）．第二に，ホッブズは，特区事業の政治的利用が福祉改革に有用だと認識するようになったと推察される．これらの認識が，レーガン政権二期目の政策アイデア，すなわち，特区認可権を介して州政府に福祉縮減の特区事業を実施させ，福祉縮減を実現しようとする発想に活かされたとみられる．

2. 裁判所の抑制的な判断

前章で述べたように，基本的にレーガン政権の前までは，特区認可権は福祉拡充や行政運営の円滑化を目的とした，専門的観点からの改良案の模索のために使われていた．また，第5章で詳しく述べるように，1965年社会保障法改正によって導入されたメディケイドはその導入時に特区認可権の対象事業とされたのだが，そうしたメディケイドについての特区認可権もまた，基本的にメディケイド受給者を支援する方策の模索のために利用されていた．

ただし，少数ながらも，公的な支援を減らすことを目的とした特区事業も認可されていた．重要なのは，そうした少数の特区事業に対して下された司法府の判決である．なぜなら，それらの判決は，後の特区認可権の制度変容を法的に支えるものであったためである．レーガン政権の前までに下された司法府の判決によって，後のレーガン政権による特区認可権の運用に対して，訴訟が提起されにくくなったのである．

例えば，アグアヨ対リチャードソン事件がある．これは，1972年に保健教育福祉省長官がニューヨーク州に対して，公益就労機会事業（Public Service Work Opportunities Project）と独立奨励事業（Incentives for Independence）

の実施のための特区事業を認可したことに，福祉受給者たちと福祉権運動団体らが異議を申し立てたものである．これらの事業は，賃金や常勤の就労を誘因として福祉受給者の就労を促すことができるかどうかを検証するために，ニューヨーク州の全 64 の社会支援地域のうち 14 の地域に居住する 15 歳以上の要扶養児童家庭扶助受給者を対象とした，いわゆる対照実験のための 1 年間の期限付きの事業であった[7]．

　公益就労機会事業と独立奨励事業は，二つで一組の事業であった．公益就労機会事業は，実験群（都会，郊外，田舎の 3 地域）と統制群（11 地域）の要扶養児童家庭扶助の受給者に対して，州政府が提供する公共事業もしくは就労訓練に従事することを義務付けた．また，受給世帯の 15 歳以上の子どもに対しては，たとえその者が全日制の学校の生徒であっても，地域活動に従事するよう義務付けた．彼らの福祉給付額は労働や就労訓練や地域活動から得られた賃金として支払われるので，それらを怠った場合には福祉受給額は減額された[8]．

　さらに，公益就労機会事業は，統制群の要扶養児童家庭扶助受給者に対して，常勤の従業員になることを禁じ，また得られる賃金の上限として，本来の福祉受給額を設定した．一方で，独立奨励事業は，公益就労機会事業における実験群の要扶養児童家庭扶助受給者に対して，常勤として働くことと福祉受給額以上の賃金を得ることを認める事業であった．ニューヨーク州で認められた特区事業の目的は，これらの事業により，実験群と統制群の間に異なる条件を設定し，その違いが効果をもたらすか検証することであった[9]．

　アグアヨ対リチャードソン事件の裁判は，合衆国控訴裁判所の判決で結審した．この裁判ではいくつかの点が争われたが，本書にとって重要なのは次の二点である．すなわち，これらの事業がアメリカ合衆国憲法修正第 14 条に定められた平等保護条項に反するか否かと，社会保障法に違反するか否かである．平等保護条項は，州政府が法の下の平等をあらゆる人に保障しなければならないと定めたものである．

　まず，原告らは，ニューヨーク州の要扶養児童家庭扶助受給者が，特区事業

---

7)　Aguayo v. Richardson, 473 F.2d 1090, 2d Cir., 1973.

8)　*Ibid.*

9)　*Ibid.*

の実験群（3地域），特区事業の統制群（11地域），既存の要扶養児童家庭扶助（50地域）の三つに分けられることを，合衆国憲法修正第14条に定められる平等保護条項違反だと主張した．それに対して裁判所は，そうした分類は恣意的でも永続性を意図したものでもなく，都会，郊外，田舎などに居住する多様な背景を有した者たちを適切に標本抽出しているのであって，合理的であると述べた．また，裁判所は，州政府が特区事業の対象地域として限定的な範囲を設定したからといって，有益な事業の実施を平等保護条項に違反するとして排除すべきではないとも述べた[10]．

次に，原告らは，特区認可権が保健教育福祉省長官に，要扶養児童家庭扶助の受給者への支援の削減や拒否を伴う事業の実施を認可する権限を与えていないと主張した．それに対して裁判所は，保健教育福祉省長官に課せられている唯一の制約は，その事業が社会保障法の中の指定された部分の目的の促進に寄与する見込みがあるかどうかで判断しなければならないということのみであり，ニューヨーク州の当該の特区事業は，社会保障法における「継続的な親による児童の養育の維持と両立した，自助と個人の独立の最大化」に当たると述べた[11]．

そして，判決では，法の目的の促進に寄与する見込みがあるという保健教育福祉省長官の判断に合理的根拠があるか否かに関して当該の特区事業の詳細に触れながら，保健教育福祉省長官の判断は事実関係を適切に熟慮したものであり，また明確な誤りは見受けられないとした．さらにいえば裁判所は，そうした行政組織の決定を覆す権限を有していないと続けた[12]．このようにして，原告の主張は悉く退けられたのだった．

クレーン対マシューズ事件は，1975年に保健教育福祉省長官がジョージア州に対して，メディケイド受給者医療費自己負担改革事業（Recipient Cost Participation in Medicaid Reform）実施のための特区事業を認可したことに，その事業の対象となったメディケイド受給者たちが異議を申し立てたものである．この特区事業は，メディケイド受給者に医療費の自己負担を求めることで受給者の過剰なメディケイド利用の抑制が実現できるかを検証する実証事業で

---

10)　*Ibid.*

11)　*Ibid.*

12)　*Ibid.*

あった．対象となるのは，メディケイド受給者のうち「社会保障法に定められる公的扶助の対象となっている者」として受給資格を得ている者たちであった[13]．

この裁判は合衆国地方裁判所判決で結審した．この裁判では，保健教育福祉省長官が特区認可権により，メディケイド受給者に医療費の自己負担を求める事業の実施を認めたことが，社会保障法に定められている権限の逸脱か否かが争われた．判決では，「特区認可権の下で保健教育福祉省長官の権限に唯一課せられている制約は，当該の事業が法の目的の促進に寄与する見込みがあるものだという観点から判断を下さなければならないということのみ」であり，「議会はこの判断を裁判所ではなく保健教育福祉省長官に委ねている」と述べられた．「したがって，ひとたびある事業が保健教育福祉省長官によって認可されたならば，裁判所の果たす唯一の機能は，彼の判断が恣意的，専断的であったかどうか，合理的根拠の欠如によるものであったかどうかを判断することのみ」であり，「裁判所は，保健教育福祉省長官の判断の特定の箇所について異なる意見を有するということのみをもって，保健教育福祉省長官が事業を認可する権利を否定しない」と続けた．さらに，「そうした判断は保健教育福祉省長官に委ねられているのであり，彼が法の認める範囲でそれを行使する限りにおいて，維持されなければならない」と断じた．そして今回，保健教育福祉省長官は恣意的，専断的に，あるいは合理的根拠の欠如によって判断したとは認められないとして，裁判所は原告の訴えを退けた[14]．

このように，アグアヨ判決によって特区事業は平等保護条項に関して合憲判決を勝ち取り，また扶助受給者の受給額や支援の範囲を削減する特区事業であっても，社会保障法の定める目的のうちいずれかに合致する場合は実施できるとする判決を勝ち取った．さらに重要なのは，アグアヨ判決とクレーン判決により裁判所は，特区事業が社会保障法の定めるいずれかの目的に合致しているか否かについて判断する権限を有しておらず，唯一できるのは，特区事業の認可が恣意的，専断的に，あるいは合理的根拠の欠如によってなされたものであるかどうかを判断することのみであるという判決が下されたことである．

---

13)　Crane v. Mathews, 417 F. Supp. 532, N.D. Ga., 1976.

14)　*Ibid.*

そうした司法府の判決は，大統領による特区認可権の行使に対して司法府が法的な判断を下す権限を有していないことを明示するものであった．後述するように，これらの司法府の判決は，レーガン以降の大統領による特区認可権の条文解釈の変更が，裁判を通じて抑制されるのを困難にしたのだった．

3. 州知事の権力強化と連邦政治への影響力増大

福祉政策における特区認可権の運用目的の変更が生じた要因として，州知事の権力強化と，それに起因する連邦政治における州知事たちの影響力の増大も指摘できる．

州知事たちの権力強化については，ジョセフ・シュレジンジャーが提示した州知事の権力の指標に着目して分析した，マーガレット・ファーガソンの研究が参考になる．シュレジンジャーは，州知事の権力の指標として次の四つを示した．任期の長さ，拒否権，予算決定権，任命権である (Schlesinger 1965)．ファーガソンは，これらの指標によって示される全米の州知事の権力が，2000年代にかけて非常に大きなものになったことを示している．1990年までにほぼ全ての州知事の任期が，それまで主流であった2年以内から4年にまで延長された．1990年代半ばにかけて，全米の州知事たちが予算決定における項目別拒否権や監督権限を獲得し，強い権限を持つようになった．一部の州では，州知事が予算案に対して拒否権を行使して州議会につき返す際，予算案の内容や支出額などに変更を加えることを認める権限を与えるようになった．任命権については，新たに行政機関が創設された際，州議会が州知事にその機関の長の任命権を与える傾向がみられるようになった (Ferguson 2006, 20–1, 62–5)．

州政府が，自身で事業案を立案し実施するのに十分な人的資源を確保できるようになったことも，連邦政治における州知事たちの影響力増大に貢献した．図2は，全人口に占める連邦政府と州政府の公務員数の割合の変遷を示したものである．この図からは，20世紀半ばまでは州政府の公務員割合が連邦政府のそれと比べてかなり小さかったのに対して，1970年代以降，州政府の公務員割合の方が連邦政府のそれよりも大きくなっていったことがわかる．

このようにして強化された権力を背景に，州知事は積極的に連邦政治に関与するようになった．ジョン・ダグラス・ニュージェントによれば，州知事を長

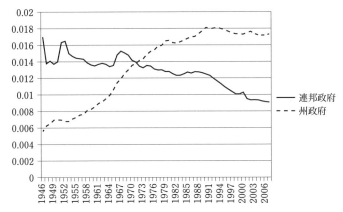

図2 全人口に占める連邦政府と州政府の公務員数の割合の変遷
以下の文献を参考に，筆者作成．(公務員数) Stanley and Niemi (2009). (人口) Census Bureau, "Population Estimates: Historical Data," https://www.census.gov/popest/data/historical/.

とする州政府は，連邦政府の介入を抑制し自らの自治や裁量を確保するために，ワシントンDCに事務所を設けたり，全米知事協会などの州知事連合を組織するなどして，近年，福祉，医療保険，環境，教育などの様々な政策領域において積極的にロビー活動を展開し，連邦政治に影響力を及ぼすようになった (Nugent 2009, 116, 134)．

州知事の連邦政治への影響力増大の端緒となったのが，1986年から1987年にかけて全米知事協会会長を務めた，当時のアーカンソー州知事のクリントンであった．クリントンは，後に1988年家族支援法 (Family Support Act of 1988) として成立することになる連邦での福祉改革法案の作成段階から下院歳入委員会に働きかけ，また審議期間中には南部選出の民主党議員らに法案支持に回るよう積極的に働きかけたのだった．クリントンの事例は，全米知事協会[15]や州知事が積極的に連邦政治に関与するようになった端緒と考えられている (Nugent 2009, 134–5)．

---

15) 全米知事協会は，州知事同士の意見交換や交流の場であり，また，団結して連邦政府に対抗するための組織である．その一方で，全米知事協会における意思決定が拘束力をもって州知事たちの行動に制約を課すわけではない．

4. その他の要因

その他に，レーガン政権期における特区認可権の制度変容を促した要因として，二つ指摘できる．一つは，人体実験の被験者保護のための行政規制の解除である．前章で述べたように，1971年に保健教育福祉省は被験者保護のための要綱を導入し，特区認可権に関連する特区事業は，この要綱の対象となっていた．そのため，特区事業の審査過程で，治験審査委員会の認可や，特区事業の対象となる被験者たちの同意を得る必要があった．ところが，1983年3月4日，社会保障法の規定する事業がこの要綱の適用範囲から外されたことで，特区事業も要綱の対象外となった[16]．福祉縮減の手段として特区認可権を活用することが容易になったのである．

もう一つは，1980年代に入ってからの，特区認可権を生み出した社会工学的発想の衰退である．1980年代から台頭した，レーガン大統領に代表される保守派は，1970年代までに社会工学的発想に基づいて導入された諸々の制度を否定して「小さな政府」こそが望ましいとする主張を掲げ，強い政治的影響力を持つようになった (Busch 2001, 120)．

保守派の台頭による社会工学的発想の衰退は，特区認可権にも大きな意味を持っていた．それまで特区認可権は，社会工学的発想に従い，革新的アイデアの効果を検証する手段として利用されてきた．しかしながら社会工学的発想の衰退は，特区認可権を導入時の意図以外の目的に用いる余地を生むこととなったのである．

---

16) U.S. Department of Health and Human Services Office of the Secretary, March 4, 1983, "Exemption of Certain Research and Demonstration Projects from Regulations for Protection of Human Research Subjects Federal Register Human Subject," Federal Register, Vol. 48, No. 44, 9266–9.

第2節　運用目的の変更に至る道

1. レーガン政権一期目の方針と残された課題

　レーガン政権は二期目に特区認可権の運用目的を変更した．そこに至る過程を明らかにするために，まず，レーガン政権一期目の福祉政策の方針と達成内容，次に政権が認識していた課題を明らかにする．一般にレーガン政権の福祉政策は，小さな政府を志向する政治信条の下で，一貫した政策選好を貫いていたと考えられている．確かに政治信条の方向性には一貫性はあるものの，実は一期目と二期目とでは福祉政策に対する見方は大きく異なる．

　レーガン大統領は，巨額の財政赤字を解消することを公約の一つとして掲げて選挙戦を勝ち抜いた[17]．ただ，彼は同時に，国防の強化と社会保障制度の維持を公約として掲げていたので，歳出の削減対象が極めて限定されていた．大規模な歳出削減が可能であり，また同時に有権者の支持を失わない分野として残っていたのが，福祉であった．

　結果として，1981年包括予算調整法（Omnibus Budget Reconciliation Act of 1981）では，財政均衡を目的とした公的扶助の大幅削減が行われた．受給資格に所得制限を設け，勤労所得者に対する税率を引き上げるなどした結果，例えば要扶養児童家庭扶助の受給者数は8％減少し，給付額は9％減少した[18]．

　しかしながら，レーガン政権は，一期目での大規模な福祉縮減だけでは満足しなかった．1985年7月，大統領府内の機関である国内政策会議（Domestic

---

17)　Ronald Reagan, "Ronald Reagan's Announcement for Presidential Candidacy," November 13, 1979, http://www.reagan.utexas.edu/archives/reference/11.13.79.html, Ronald Reagan Library; Ronald Reagan, "Ronald Reagan's Acceptance Speech for the Republican Presidential Nomination," July 17, 1980, http://www.reagan.utexas. edu/archives/reference/7.17.80.html, *ibid.*

18)　U.S. Congress, the Subcommittee on Oversight and the Subcommittee on Public Assistance and Unemployment Compensation of the Committee on Ways and Means, "Effects of the Omnibus Budget Reconciliation Act of 1981（OBRA）Welfare Changes and the Recession of Poverty," 98th Cong., 2nd sess., July 25, 1984, p. 10.

Policy Council) が開いた低所得者に対する支援についての会議において, のちに大統領補佐官として福祉改革を担当することになるホッブズ政策開発担当大統領補佐官補は, 「これまでの数年間の改革は受給資格を厳格化し, 受給額を削減し, 行政機能を改善させたものの, 既存の枠組みでの福祉改革の限界に達してしまった」と述べた後, 次の課題として, 抜本的な改革の必要性を強く主張した[19].

二期目においても更なる福祉改革が必要な理由として, ホッブズは, 未だに解決できていない問題として三つの事柄に言及している. 第一に, その当時の政策が, 経済的に困窮しておらず救済の必要のない人々も公的扶助の対象としていること, 第二に, 労働と自立への意欲を減じていること, そして第三に, 家族と地域社会の連結を弱めていることである. こうした問題に対処する上で, ホッブズは次の二つの原則を掲げる必要があると指摘する. 一つは, 最低限度の生活を送るための手段がまずその人自身の努力であり, 次に家族や地域社会の支援, そして最後に連邦政府や州政府による公的な支援であるべきということ. もう一つは, 連邦政府の役割が個人, 家族, 地域社会などによる支援の補足的なものに限定されるべきということである[20].

こうした問題認識と対処方針に基づき, その後レーガン政権は抜本的な福祉制度改革による福祉縮減と州政府への権限委譲の達成を志向するようになった. それこそがレーガン政権の二期目の福祉政策である.

2. 『依存からの脱却』と二期目の政策方針

それでは, レーガン政権二期目の政策方針は, 具体的にどのようなものだったのだろうか. それは, レーガン大統領が国内政策会議に命じて作成させた『依存からの脱却 (*Up from Dependency*)』という報告書[21]に明快に述べられてい

---

19) Memo, Peter Germanis to Charles Hobbs, July 19, 1985, "Incremental vs. Systemic Welfare Reform," Folder "Low Income Assistance Reform 06 19 1985 (2 of 3) OA18531," Box Charles Hobbs, Ronald Reagan Library.

20) *Ibid.*

21) Low Income Opportunity Working Group, *Up from Dependency: A New National Public Assistance Strategy*, Washington, D.C.: U.S. Government Printing Office, 1986.

る．以下では，この報告書がホッブズの指揮の下，どのように作成され，また，どのように実際の政策へと結びついていったのかを明らかにすることで，レーガン政権二期目の政策方針の転換を示したい．

1985 年 8 月 1 日，国内政策会議が開いた低所得者に対する支援についての会議において，ホッブズは，レーガン政権二期目における福祉政策の目標と戦略について論じた．ホッブズはまず，五つの政策目標を提示した．第一に，貧困救済は個人，家族，地域社会等が主として担うべきであり，連邦政府はそうした支援を受けられない人についてのみ引き受けるべき，ということ．第二に，貧困救済はより地域社会に近い政府が担うべきで，そのためには州全体での特区事業を導入すべきだということ．第三に，連邦政府は州政府が十分な福祉を供給できるよう保証すべきだということ．第四に，福祉受給者が受給額の増額のために離職するか，所得を意図的に減ずることによって，彼らの財政状況を改善できるようにしてはならないということ．第五に，健全な身体を持ちながらも働いていない福祉受給者，もしくは子どもの養育を必要としない福祉受給者は，就労を義務付けられるべきだということ[22]．

ここで注目したいのは，ホッブズが特区認可権に期待している役割である．上述の通り，ホッブズが二番目に示した政策目標は，より地域社会に近い政府に貧困救済を担わせるための手段として特区認可権を利用すべきというものであった．この政策目標は，福祉政策を担う主体が連邦政府ではなく州政府や地方政府だという建国以来のアメリカの分権主義的発想と整合的である．しかもホッブズは，特区認可権を，連邦政府が福祉政策を手放すための有効な手段として位置づけたのだった．

こうした政策目標の実現のために，レーガン政権が採用しうる方策は二つあった．一つは，社会保障法の改正によって既存の特区認可権をより政権の望む形に修正した上での，特区認可権の積極的運用による改革である．もう一つは，既存の特区認可権の運用目的の変更による改革である．当初，ホッブズは前者を選択した．その根拠として彼は，既存の制度ではたとえ特区事業を通じて州

---

22) Memo, Charles Hobbs to Domestic Policy Council, August 1, 1985, "Public Assistance to Alleviate Poverty," Folder "Welfare 1985 OA18532," Box Charles Hobbs, Ronald Reagan Library.

政府が支出削減を達成しても，その削減額と同額の連邦政府からの補助金が削減されてしまうので，州政府には特区事業による支出削減を目指すことへの誘因に乏しいことを挙げている[23]．

その問題を解決するために，ホッブズは，州政府の特区事業に対する連邦補助金を一括補助金（block grant）にし，州政府が支出削減を達成した場合はその連邦補助金を州政府が他の用途にも利用できるように法改正すべきだと主張した[24]．1985年11月20日の国内政策会議においてホッブズは，特区事業による改革の実施のためには1962年に導入された既存の特区認可権では不十分であり，立法によって新しい形での特区事業の推進を目指すべきだと明確に主張した[25]．それによって，アメリカ全土での福祉縮減及び州政府への権限委譲という福祉改革が実現できるという．

このように，国内政策会議におけるホッブズの意見は，連邦政府から州政府への権限委譲，州全体での特区事業の推進，就労の義務付け，執政府による州政府の特区事業の支援，特区事業を通じたアメリカ全土での福祉改革といった，その後クリントン政権にまで継承されていく福祉政策の路線を明確にあらわしている．また，ここからは，特区認可権が，ホッブズに代表される保守派で構成されるレーガン政権によって，1962年の導入時の意図とは異なる目的のために有効な方法だと認識されるようになったことがわかる．つまり彼らは，福祉政策の拡充を専門的な観点から模索するために社会工学的発想の下で導入された特区認可権を，福祉縮減と州政府への権限委譲という保守的な政策改革にとって有効な政治的手段として捉えるようになったのである．

特筆すべきは，こうしたアイデアが，前節で述べたようにカリフォルニア州における特区事業による福祉縮減のための福祉改革に由来するということであ

---

23) Memo, Charles Hobbs, October 21, 1985, "Financing a Low Income Assistance Demonstration Program," Folder "Low Income Assistance Working Group (2 of 3) OA18531," *ibid.*

24) Memo, U.S. Department of Justice to Low Income Assistance Working Group, November 1, 1985, "Legal Issues Relating to Proposals of Working Group on Low Income Assistance," Folder "Low Income Assistance Working Group (1 of 3) OA18531," *ibid.*

25) Memo, Charles Hobbs to Domestic Policy Council, November 20, 1985, "Public Assistance to Alleviate Poverty," *ibid.*

る．1970 年代，カリフォルニア州知事レーガンの下でホッブズは，州社会福祉局副局長として，既存の運用のされ方と異なり，特区事業を明確に福祉縮減のための手段として用いた．その結果，レーガン州知事は大規模な福祉縮減を実現したのだった．ホッブズは，カリフォルニア州での経験から得られた，特区認可権の政治的利用が福祉改革に有用だというアイデアを，ホワイトハウスに持ち込んでいたのである．

　こうした政権内での政策アイデアの醸成に支えられたレーガン大統領は，公式に福祉政策の方針転換を表明するに至った．政権の一期目の福祉政策が財政赤字解消のための歳出削減を意図して行われたのに対し，二期目の特に 1986 年以降の福祉政策方針は，福祉制度それ自体を対象とした改革を目指したものだった．その転換が公式に表明されたのは 1986 年 2 月 4 日の一般教書演説であった．この演説でレーガン大統領は，「私は国内政策会議に対し，1986 年 12 月 1 日までに貧困家庭の財政，教育，社会，安全性についての諸々の懸念に迅速に対応可能な，数々の事業と戦略に対して評価を下すよう命じる」[26] と述べ，福祉改革についての具体的な内容を模索する決意を表明した．

　1986 年 12 月，この演説を受けてホッブズを中心として創設された低所得機会作業部会 (Low Income Opportunity Working Group) が『依存からの脱却』を作成し，大統領に提出した．この中でホッブズらは，アメリカ全土での福祉改革には州政府と地方政府の次元での実験が不可欠であるということと，福祉政策は州政府と地方政府を土台とすべきであるということを強調し，それらを進めるには既存の枠組みに頼るのではなく特区認可権を刷新すべきと進言している．ここからも，レーガン政権が明確に福祉縮減だけでなく州政府への権限委譲の手段として特区認可権を位置づけていることがわかる．レーガン政権は特区認可権を，かつての分権的なアメリカの公共政策の在り方を再現する手段としてみなしたのだった．

　実際，レーガン政権はこの報告書を下敷きにして福祉政策を実行するようになり，政権の福祉政策が大きく転換した．レーガン政権の政策方針は，レーガ

---

26)　Ronald Reagan, "Address before a Joint Session of Congress on the State of the Union," February 4, 1986, *Public Papers of the Presidents of the United States, 1986*, p. 128.

ン大統領が州知事たちの前で行った演説の中で明らかにされている．彼は「我々
の目標は，州と地域社会に自らの固有の経験に基づく貧困対策アイデアを実行
させる手順の構築である」[27] と述べていた．

3. 立法の失敗と運用目的の変更

こうした政権内での議論に基づいて作成された法案は議会に提出されたもの
の，政権の望んだ結果は得られなかった．上院では大統領の依頼により 1987
年 2 月 26 日にカンザス州選出の共和党上院議員ボブ・ドールが 5 名の共同提
案者と共に提案した（S.610）．同年 3 月 3 日に複数の委員会に付託されたが，
いずれの委員会も期限内に審議報告書を提出しなかったため，廃案となった．

下院でも同じく 1987 年 2 月 26 日にテネシー州選出の共和党下院議員ジョ
ン・ダンカンと 4 名の共同提案者により提案された（H.R.1288）．二つの委員
会に付託され，後に 1988 年家族支援法となる法案（H.R.1720）に組み入れら
れた．ところが，レーガン政権がとりわけ望んでいた，州政府による幅広い特
区事業を可能にする特区認可権の改革案は，1988 年 6 月に上院本会議の場で，
州政府が受給者の権利を侵害する恐れがあるとした民主党の反対により削除さ
れてしまった[28]．結局，レーガン政権が挿入を強く求めた条文を削除されたま
ま家族支援法案は議会を通過した．

それでも，レーガン政権はこの法案に署名した．この法案には，福祉受給者
の就労促進を目的とした新事業の導入が定められていたからである．この法案
への署名に際し，レーガン大統領は，新法の就労促進の役割を称賛する一方で
州政府に福祉依存脱却を目指す実験的アイデアを実行させ，アメリカ全土での
福祉改革を果たすという，政権が推し進めようとしていた従来の政策方針[29]に

---

27) Ronald Reagan, "Remarks to Members of the National Governors' Association,"
February 23, 1987, *Public Papers of the Presidents of the United States, 1987*, p. 171.

28) *Congressional Quarterly Almanac, 100th Congress, 2nd Session, 1988, Volume XLIV*,
Washington, D.C.: Congressional Quarterly, 1989, p. 361.

29) Ronald Reagan, "Address before a Joint Session of Congress on the State of the
Union," January 27, 1987, *Public Papers of the Presidents of the United States, 1987*,
pp. 56–61; Ronald Reagan, "Radio Address to the Nation on Welfare Reform,"
August 1, 1987, *ibid.*, pp. 907–9.

は全く触れず，望んでいた立法に失敗したという印象を国民に与えないよう振る舞った[30].

　福祉受給者の就労促進を目的とした新事業とは，就労機会基本技能訓練（Job Opportunities and Basic Skills: JOBS）である[31]．この事業は，後にレーガン政権が州政府に活用を強く促した特区認可権による特区事業の土台として用いられることになる．

　家族支援法の下で，全ての州政府は，1992 年 10 月 1 日までに，保健福祉省（Department of Health and Human Services）[32] の承認を得て就労機会基本技能訓練を開始することが義務付けられた．この事業は，扶養児童のいる貧困家庭が長期間の福祉依存に陥らないようにすべく，教育と訓練を受けて職に就くことを保証するという目的のために，3 歳未満の子どもを扶養する者と 16 歳未満の者を除く就労可能な全ての要扶養児童家庭扶助受給者に対し，職業教育や訓練事業への参加を義務付けるものであった．もしこの義務に違反した場合，違反状態が継続されている限り，その世帯は要扶養児童家庭扶助を受給できないと定められた．

　レーガン政権は，立法には失敗したとはいえ，福祉縮減と州政府への権限委譲という福祉改革を諦めたわけではなかった．政権内部では代替案が準備されていた．その代替案こそが，立法によらずに，社会保障法の条文解釈を変更することで，新たな目的のために特区認可権を運用する，というものであった．ホッブズらは，特区事業の審査において，当該の特区事業が福祉依存の解消に貢献し，連邦政府の費用負担を増大させないものであり，また，事業の効果を評価する仕組みを整えていれば，レーガン政権はそれを受け入れるとする方針を決定した[33].

---

30) Ronald Reagan, "Remarks on Signing the Family Support Act of 1988," October 13, 1988, *Public Papers of the Presidents of the United States, 1988*, pp. 1329–30.

31) 　就労機会基本技能訓練は，1967 年に導入された就労促進事業（Work Incentive: WIN）に代わるものであった．就労機会基本技能訓練は，6 歳未満の子どもを養育する親などを除き，16 歳以上の要扶養児童家庭扶助の申請者と受給者に，就労及び職業訓練のための登録を義務付けていた．

32) 　1979 年の立法によって，保健教育福祉省が保健福祉省に改組され，また教育分野を主管とする教育省が新設された．

33) 　Memo, Interagency Low Income Opportunity Advisory Board, October 19, 1987,

この決定は，費用のかかる福祉拡充を意図した特区事業の排除を意味していた．レーガン政権は，1962 年にケネディ政権が福祉拡充のための方法を模索すべく導入した特区認可権を，福祉縮減の手段へと転換させたのである．アメリカ全土を対象にした福祉縮減政策の進展のため，福祉依存の解消に貢献する特区事業を認可するというレーガン政権の決定は，特区認可権が大統領の政策変更のための政治的手段となったことを意味していた．

第 3 節　新たな運用の始まり

1．利便性向上のための制度整備

特区認可権の運用目的の変更だけでは，州政府にとって特区事業は福祉改革のための魅力的な道具たりえなかった．そのことを熟知していたホッブズらは，次の二つの制度整備を行った．

まず，ホッブズらは州政府の福祉担当者たちと話し合い，既存の制度内であっても州政府が特区事業を利用して福祉縮減を推進するよう促す方法を模索した．そもそも，既存の制度では州政府が福祉縮減に乗り出す動機を十分に持ちえないために，レーガン政権は立法によって強い動機をもたせようとしていたのであった．そのため，この問題が立法によらず，既存の制度のままで解消される方法を模索したのである．幾度もの会議を通じてレーガン政権は，「費用中立性（cost neutrality）」と呼ばれる方式を確立した[34]．

「費用中立性」とは，特区事業を実施したと仮定した場合に見込まれる連邦政府の費用負担想定額が，特区事業がないと仮定した場合に見込まれる連邦政府の費用負担想定額よりも多くなってはならない，というものである．レーガン政権が定めた費用中立性の具体的な規定は，州政府が特区事業の認可を得る条

"Cost Neutrality Arrangements for Wisconsin," Folder "Welfare Reform 1987–1989 (1 of 2)," Box Peter Germanis, Ronald Reagan Library.

34)　*Ibid*.; Document, Interagency Low Income Opportunity Advisory Board, November 6, 1987, "Demonstration of Innovative Practices in Low Income Assistance Programs under Current Statutory Authority," Folder "Welfare Reform 1987–1989 (2 of 2)," Box Peter Germanis, Ronald Reagan Library.

件として，単年度毎に，その事業を実施した場合に見込まれる要扶養児童家庭扶助の連邦政府の費用負担想定額が，その事業を実施しなかったと仮定した場合に見込まれる要扶養児童家庭扶助の連邦政府の費用負担想定額を下回っていることを要請した[35]．

さらに費用中立性の方式の下では，特区事業が認められた州政府は，特区事業がないと想定して計算された連邦補助金額を支給される．そのため，連邦補助金額は，その州政府の特区事業に実際にかかった費用にかかわらず，変動しない．州政府は，費用削減に成功した分だけ連邦補助金額を他の用途に充てることができ，その分，州政府の財政状況を改善することができる．他方で，もしその州政府が費用削減に失敗した場合，増額分は州政府が負担する．多くの州政府は財政悪化に苦しんでいたので，こうした方式の導入は望ましいものであった．また連邦政府にとっては，特区事業に費用がかさんでしまっても費用負担を負うリスクを回避できた[36]．費用中立性の方式の導入により，レーガン政権は既存の制度の枠内で特区事業による費用増大の危険性を回避することができるのに加え，州政府の福祉縮減への誘因を強めることに成功したのである[37]．

次に，ホッブズらは立法の代替案として 1987 年 7 月 21 日，大統領の認可により大統領府内にホッブズを委員長とする関係省庁低所得機会諮問委員会（Interagency Low Income Opportunity Advisory Board）を設置し，特区認可権に関わる手続き等の業務を担わせることとした[38]．この組織は，次の三つの点で，特区認可権に関する仕組みを根本的に変化させた．

第一に，関係省庁低所得機会諮問委員会は，特区事業の審査過程を大幅に簡略化した．それまでは，州政府は申請する事業に関係する連邦政府の省庁全て

---

35) *Ibid.*

36) *Ibid.*

37) 費用中立性については，Garasky and Barnow（1992）が詳しい．ちなみにこの費用中立性の規定は，第 5 章で触れる，1983 年に医療保険政策に関する特区事業の認可基準として導入された費用中立性の規定を参考にしていたと考えられる．

38) Ronald Reagan, "Announcement of the Establishment of the Interagency Low Income Opportunity Advisory Board," July 21, 1987, *Public Papers of the Presidents of the United States, 1987*, p. 855.

に，個別に申請書を提出する必要があり，申請書を受け取った各省庁はそれぞれが独立して審査する必要があった．しかし関係省庁低所得機会諮問委員会が審査を一手に引き受けたことにより，州政府が複数の省庁に申請する手間と，各省庁が独立して審査する手間が省けたのである[39]．

　第二に，関係省庁低所得機会諮問委員会は，大統領が特区認可権を政治的手段として有効に利用するための機関としての役割を果たした．それまでは，まず各省庁が特区事業を審査し，次に保健福祉省が総合的に評価し，最後に保健福祉省長官が許可を与えることで申請が認可されていた．そのため政治家たちの及ぼす影響力は限定的であるのに対し，官僚たちの果たす役割と影響力が強いため，科学的に特区事業が実施でき，評価方法が厳密で，法的に問題のない申請のみが許可されていた．

　しかし，関係省庁低所得機会諮問委員会が大統領府内に設置され，しかも同委員会が審査業務を一括して引き受け，また最終的に認可をするのが保健福祉省長官ではなく大統領の役割となった．すなわち，審査権限が大統領府へと移ったのである．その結果として，政権の意向が強く反映されるようになり，それまで専門的な見地から採否が決定されていた審査に政治的要素が色濃く反映されるようになった．要するに，レーガン政権は報告書『依存からの脱却』に示された政策目的を達成する手段として，政治的に特区認可権を運用できるよう関係省庁低所得機会諮問委員会を設置したのである．

　第三に，関係省庁低所得機会諮問委員会は，特区事業の申請に対する支援を通じて，州政府の申請の負担を軽くするとともに，大統領が特区事業案に積極的に介入できるようにするという役割を果たした．関係省庁低所得機会諮問委員会とその前身機関は，30 もの州政府の福祉担当者たちと積極的な交流をもち，1987 年 10 月までに 10 州から特区事業の申請を受けていた[40]．アラバマ州の特区事業について調査した会計検査院（General Accounting Office）[41] の

---

39)　Memo, Charles Hobbs to Ken Cribb, June 16, 1987, "Welfare Reform Problems," Folder "Welfare Reform (2 of 2) OA19335," Box Charles Hobbs, Ronald Reagan Library.

40)　Memo, Interagency Low Income Opportunity Advisory Board, October 19, 1987.

41)　会計検査院は，2004 年，行政活動検査院（Government Accountability Office）へと名称変更した．会計検査院／行政活動検査院については，益田（2010）が詳しい．

第3節　新たな運用の始まり　　65

報告書には，アラバマ州の担当官の話として，関係省庁低所得機会諮問委員会
が申請段階から手続きを円滑にするために様々な助力を惜しまなかったと記さ
れている[42]．ホッブズらによれば，こうした積極的な活動の背景には，実際に
特区事業の申請を支援する役割[43]だけでなく，州政府と連邦議会に対して，大
統領が目指す州政府への権限委譲と特区事業を通じた福祉改革がどれほど真剣
なものかを伝達するシグナルとしての役割[44]もあったとされる．レーガン政権
は特区認可権の運用目的を変更するだけでなく，政策変更手段としての利便性
を高めるための制度整備も行っていたのである．

2. 州政府の歓迎

1970 年代に入ってからは，最貧困層を除き，ほぼ全ての所得階層の人々が，
福祉政策に否定的な立場を取るようになっていた[45]．多くの州政府は，財政難
もあり，連邦政府に福祉縮減のための法改正を訴えていた．連邦政府支出を含
まない全州合計の福祉支出は 1970 年には 22 億ドルだったのが，1980 年には
62 億ドルにまで急激に増大し，州政府の財政はかなり圧迫されるようになって
いた[46]．上記のような州政府の訴えは，小さな政府を求める共和党と立場を同
じくしていたものの，大きな政府を求める民主党の反発もあり，叶うことはな
かった．そうした中でレーガン政権が行った，社会保障法の条文解釈の変更に

---

42)　General Accounting Office, "Welfare Reform: Alabama's Demonstration Project,"
GAO-HRD-89-129BR, August 17, 1989, p. 11, https://www.gao.gov/assets/80/77484.
pdf.

43)　Memo, Charles Hobbs to Domestic Policy Council, November 13, 1985, "Public
Assistance to Alleviate Poverty," Folder "Low Income Assistance Working Group
(1 of 3) OA18531," Box Charles Hobbs, Ronald Reagan Library.

44)　Memo, Charles Hobbs to Ken Cribb, June 16, 1987.

45)　その理由として指摘されるのが，福祉受給者の多くは「怠惰で救済に値しない黒人」で
あるという偏見と誤認が多くの白人の間で共有されていたことであった．実際には福祉受
給者の大半が白人であるにもかかわらず，メディア等で取り上げられる福祉受給者の多く
は黒人であった．そうした黒人に対する，働けるにもかかわらず働かず，ただ福祉の恩恵
に与っている，という白人の偏見も相まって，福祉政策に対する厳しい態度が醸成されて
いった (Gilens 1999)．

46)　U.S. Department of Health and Human Services, "Appendix A: Program Data –
Aid to Families with Dependent Children and Temporary Assistance for Needy
Families," April 27, 2005, http://aspe.hhs.gov/hsp/indicators04/apa-tanf.htm#AFDC.

よる特区認可権の新たな運用と，政策変更手段としての利便性を高める制度整備は，州政府が特区事業を積極的に利用する誘因をもたらし，州政府を取り巻く状況を大きく変えた．

特区認可権の利用は，福祉縮減を実現し，また縮減分の連邦補助金を他の社会福祉政策に用いることのできる手段として，党派を問わず多くの州政府にとって非常に魅力的に映ったのである．しかも特区事業は，連邦政府ではなく州政府が貧困救済を担うというアメリカの伝統的な分権的価値観と合致する性質を有していた．特区認可権は，州の政治エリートにとっても，大きな政治的得点を容易にあげることのできる魅力的な手段とみなされるようになった．

州政府にとり，特区認可権の利用が，福祉縮減という方向へと舵を切れる唯一の手段であった．これは，連邦議会の機能不全と，司法府の判決が阻害要因になっていたためである．まず，議会ではイデオロギー的な党派対立のために，抜本的な福祉改革のための立法が実現されない状態が続いていた．そのため州政府は，他の手段を模索する必要があった．

次に，州政府は 1960 年代の法廷闘争等により，独自に要扶養児童家庭扶助の支出を抑制することを禁じられていた．最も重要な判決は，1968 年アラバマ州で定められた同居男性規則について争われ，無効と判断されたキング対スミス事件判決である．この裁判は合衆国最高裁判所判決で結審した．最高裁は，「各州政府は貧困基準や受給額について自由に設定する権限を有しているのだから，州政府が，要扶養児童家庭扶助の連邦補助金の配分に関して相当程度の裁量を有していることは疑いない」が，州政府の実施する要扶養児童家庭扶助は社会保障法の要件を満たしていなければならないと述べた[47]．

その上で，過去には救済に値するか否かという判断基準が要扶養児童家庭扶助の受給資格剝奪を正当化する理由として認められていたが，親の適切な庇護下にない子どもに対する支援事業を導入した 1961 年社会保障法改正などから判断すれば，不適格だとみなされた貧困な家庭の子どもへの支援を州政府が拒否するなど信じがたい事態であり，むしろこうした子どもを支援しなければならないと断じた．最高裁は，連邦法の許可なしに州政府が要扶養児童家庭扶助

---

47) King v. Smith, 392 U.S. 309, 1968.

の受給資格を制限する事業を実施することは認められないとの判決を下したのだった[48].

したがって，議会の機能不全と司法府の判断によって，州政府は要扶養児童家庭扶助の受給資格を制限したい場合，特区認可権を利用する以外に方法がなかったのである．そうした中で，レーガン政権によって運用目的が変更された特区認可権は，福祉縮減と財政改善を目指していた州政府にとって，非常に魅力的な手段として映ったのであった．

加えてレーガン政権は，全米の各州政府との連携を密にすべく，積極的に州知事たちとの交流を深めていた．福祉政策についてのレーガン政権と州知事たちとの関係の緊密さは，1987年2月末にワシントンで開かれる全米知事協会の冬季大会に合わせ，レーガン大統領が州知事たちに宛てた以下の書簡とその翌日のラジオ演説によくあらわれている．

「私は2月23日月曜日…（中略）…に皆さんをホワイトハウスに招き，地域社会内での福祉依存削減と貧困削減についての経験とアイデアを共有したい．我々は共に議会を説得し，貧困下にあるアメリカ市民を救済するのに必要な手段を皆さんに提供するよう求めなければならない．…（中略）…その報告書［『依存からの脱却』］では，我々の提案する国家戦略において皆さんが決定的な役割を果たすと記している．」[49]

「ワシントン［連邦政府］は貧困と福祉依存を解決できないかもしれないが，50州及び多くの地域社会の大勢の指導者たちは，この6年間に私たち［レーガン政権］の提供した自由のおかげもあって，福祉改革を進展させている．今や，複雑な福祉システムがその進展を許容するならば，彼らはより多くの確実性のある貧困対策アイデアを実行に移せる…（中略）…．私たちは，福祉依存の解決が州と地域社会から生じなければならず，また彼らに挑戦

---

48) *Ibid.*

49) Ronald Reagan, "Letter to the Nation's Governors on Welfare Reform," February 6, 1987, *Public Papers of the Presidents of the United States, 1987*, pp. 112–3（括弧内は筆者加筆）.

する勇気を与えねばならないということを知っている.」[50]

　以上のような州政府の特区認可権に対する魅力の増加や，レーガン政権の州政府との密な関係構築の努力により，州政府は積極的に特区事業による福祉縮減と州政府への権限委譲のための改革に乗り出すようになった．ウィスコンシン州知事トミー・トンプソンは，1987年2月の全米知事協会の冬季大会において次のように述べ，議会を迂回した改革に乗り出す手段として特区事業を利用することを表明している．

　　「私は裁量を求めているが，その一方で，議会が行動するのを待たなければ
　　ならないことは望んでいない．私は今朝11時半に［オーティス・］ボーウェ
　　ン保健福祉省長官と会い，アメリカの中で最も革新的で大規模なウィスコ
　　ンシン州の福祉改革を実行に移すのに必要な六つの特区事業を申請した.」[51]

3. 特区事業の展開

　特区事業の報告書を参考にすると，レーガン政権期には，福祉縮減及び州政府への権限委譲のための大規模な特区事業として，8州で8事業が承認された[52]．特区事業を主導した州知事たちに党派的な傾向はみられず，共和党州知事と民主党州知事がそれぞれ4州ずつであった．8州8事業のうち6州6事業が一部のカウンティを既存の政策から革新的アイデアに基づく新たな政策に変更する対象としており，2州2事業が州全土を既存の政策から革新的アイデアに基づく新たな政策に変更する対象とした事業であった．事業期間は2年から5年であった．レーガン政権期に認可を受けた事業が，福祉縮減を目指すにあたって採用した方策は，次の三つの組み合わせであった．すなわち，(1) 給付

---

50)　Ronald Reagan, "Radio Address to the Nation on Welfare Reform," February 7, 1987, *ibid.*, p. 114（括弧内は筆者加筆）.

51)　Plenary Session Transcripts, National Governors Association, "1987 NGA Winter Meeting," February 1987, http://www.nga.org/files/live/sites/NGA/files/pdf/ 1987 NGAWinterMeeting.pdf（括弧内は筆者加筆）.

52)　内訳は，アラバマ州，メリーランド州，ニュージャージー州，ニューヨーク州，ノースカロライナ州，オハイオ州，ワシントン州，ウィスコンシン州である.

額削減，（2）就労，就労訓練，就学の義務付け，（3）義務違反者に対する給付
額削減や給付停止といった制裁措置，である．（1）は1州が，（2）は7州が，
（3）は2州が採用していた[53]．

　例えば，アラバマ州は1989年，地域の特性を考慮した3カウンティ（都会，
北部田舎，南部田舎）を既存の政策から革新的アイデアに基づく新たな政策に
変更する対象とした，4年間を実施期間とする事業（Avenues to Self-Suffi-
ciency through Employment and Training Services）が認められた．この
事業は，3カウンティ内の要扶養児童家庭扶助受給者に対して，就労もしくは
就労訓練を義務付け，それに違反した者に対しては福祉給付をしないことで福
祉縮減を図る事業であった．この事業の検証方法は，こうした福祉縮減政策の
対象となった3カウンティ内の要扶養児童家庭扶助受給者を実験群とし，それ
ぞれのカウンティごとに，地域の特性（都会，北部田舎，南部田舎）が同じもの

---

53)　Abt Associates, "The Ohio Transitions to Independence Demonstration Report
　　on Program Costs and Benefits, Executive Summary," June 1995, http://www.
　　abtassociates.com/reports/ES-D19940009.pdf; Garasky and Barnow (1992); Gary
　　L. Bowen and Peter A. Neenan, "Child Day Care Recycling Fund Experiment,"
　　October 15, 1990, http://files.eric.ed.gov/fulltext/ED338373.pdf; General Accounting
　　Office, "Welfare Reform," pp. 7–36; Institute for Research on Poverty, "Did FIP
　　Increase the Self-Sufficiency of Welfare Recipients in Washington State? Evidence
　　from the FID Data Set," August 1993, http://www.irp.wisc.edu/publications/dps/
　　pdfs/dp101293.pdf; Greenberg and Shroder (2004); Josh Barbanel, "New York Plans
　　New Aid for Mothers on Welfare," *New York Times*, May 2, 1988; Report, Inter-
　　agency Low Income Opportunity Advisory Board, March 3, 1988, "State Public
　　Assistance Reform Activities," Folder "OEI–12–89–01328," Box OEI, Ronald
　　Reagan Library; Office of Inspector General, "Working toward JOBS: The Wash-
　　ington State Opportunities and Family Independence (FIP) Programs," May 1990,
　　https://oig.hhs.gov/oei/reports/oei-12-89-01328.pdf; Office of the Assistant Secre-
　　tary for Planning and Evaluation, "An Evaluability Assessment of Child Care Op-
　　tions for Work-Welfare Programs," April 1988, http://aspe.hhs.gov/daltcp/reports/
　　evalasv1.pdf; University of Wisconsin-Milwaukee Employment and Training In-
　　stitute, "The Impact of Learnfare on Milwaukee County Social Service Clients,"
　　March 1990, https://www4.uwm.edu/eti/reprints/Learnfare90.pdf. 他に，福祉縮減
　　を目的とした小規模な事業は，6州で6事業あった．その内訳は，ジョージア州，イリノ
　　イ州，アイオワ州，テキサス州，ウェストヴァージニア州，ウィスコンシン州である
　　(Report, Interagency Low Income Opportunity Advisory Board, "State Public
　　Assistance Reform Activities").

の，既存の政策が実施されているカウンティ内の要扶養児童家庭扶助受給者を統制群とした比較によるものであった[54].

　ニューヨーク州は，1988年，7カウンティを既存の政策から革新的アイデアに基づく新たな政策に変更する対象とした，4年間の事業（Child Assistance Program）の認可を得た．この事業は，7カウンティ内の要扶養児童家庭扶助受給者のうち，希望者に対して，最低受給額を減らす代わりに受給資格の所得上限を引き上げることを認めることで，就労への誘因の効果を確かめるものであった．この事業の検証方法は，各カウンティ内の上記の希望者を実験群とし，希望しなかった者を統制群とした比較によるものであった[55].

　ワシントン州は1988年，州全体を42に区分したうちの18の地域を既存の政策から革新的アイデアに基づく新たな政策に変更する対象とした，5年間の事業（Family Independence Program）の実施が認められた．この事業は，18の地域内の要扶養児童家庭扶助受給者に，就労，就労訓練，就学などを促し，それらへの参加の見返りとして，要扶養児童家庭扶助給付額の5％から35％の特別手当を給付することで，就労等への誘因効果を検証するものであった．この事業の検証方法は，このような就労を促す政策の対象となった18の地域内の要扶養児童家庭扶助受給者を実験群とし，それぞれの地域について，地域の特性が類似しているものの，既存の政策が実施されている地域内の要扶養児童家庭扶助受給者を統制群とした比較によるものであった[56].

4. 議会の抵抗の欠如

　では，大統領の試みに対して，議会はどのように応じたのだろうか．大統領による，本来の立法意図に反する法解釈に基づく法執行に対して，議会が反発

---

54) General Accounting Office, "Welfare Reform," pp. 7–36.

55) Abt Associates, "The New York State Child Assistance Program: Five-Year Impacts, Costs, and Benefits, Executive Summary," November 6, 1996, http://www.abtassociates.com/reports/es-5-year.pdf; Barbanel, "New York Plans New Aid for Mothers on Welfare"; Report, Interagency Low Income Opportunity Advisory Board, "State Public Assistance Reform Activities."

56) Institute for Research on Poverty, "Did FIP Increase the Self-Sufficiency of Welfare Recipients in Washington State?"; Office of Inspector General, "Working toward JOBS."

第 3 節　新たな運用の始まり　　71

することは，十分あり得る．しかも，憲法上，議会は立法権を有しているので，新たな立法によって特区認可権の条文を修正することで，大統領の試みを頓挫させることが可能である．しかしながら，そうした試みはなされなかった．なぜだろうか．

　まず指摘しなければならないのは，そもそも，制度上，議会が法案を成立させること自体，簡単ではないという点である．法案が成立するには，上下両院の過半数の賛成と，大統領の署名が必要である[57]．上下両院の過半数の賛成を得た法案であっても，大統領が拒否権を行使して法案の署名を拒否した場合，上下両院はそれぞれ 3 分の 2 以上の多数で再議決しなければ，その法案は廃案となる．したがって，大統領が推し進める政策を頓挫させるには，大統領による拒否権行使を乗り越えるために，上下両院それぞれで 3 分の 2 以上の支持を集める必要がある．これほどの支持を集めるのは，非常に困難といわざるを得ない．

　実際，レーガン政権二期目の第 99 議会は上院が民主党 47 議席，共和党 53 議席で，下院が民主党 253 議席，共和党 182 議席であり，第 100 議会は上院が民主党 55 議席，共和党 45 議席で，下院が民主党 258 議席，共和党 177 議席であったので，いずれの会期においても，民主党が，共和党の協力抜きに，レーガン大統領の試みに対抗することは難しかった．

　もちろん，共和党からの支持は期待できなかった．なぜなら，レーガン政権による特区認可権の新たな運用が，福祉縮減の手段としてはもちろんのこと，州政府への権限委譲の手段としても，共和党議員たちから広く支持を得ていたからである．共和党は，世論からの支持もあり，福祉縮減のための連邦法改正を目論んでいたが，党派対立により実現しなかった．そうした中で，大統領による特区認可権の新たな運用により，州政府は連邦政府から権限を委譲され，自由裁量を得て，福祉縮減のための事業を実施できるようになったのである．小さな政府を標榜する保守的な政治的信条を持つ多くの共和党議員にとって，

---

57)　ただし，上院については，1975 年に修正された上院規則により，議員個人がフィリバスターの行使を宣言して議場にいることで議事妨害が可能であり，議会の会期終了まで審議が延びれば，法案は廃案になる．それを覆すには，上院議員の 5 分の 3，すなわち 60 議席以上の賛成を得てクローチャーと呼ばれる審議打ち切りの動議が必要になる．

特区認可権の新たな運用は，支持こそすれ，反対する理由などなかった[58]．

また，民主党が一丸となって抵抗することすら，困難であったともいえる．なぜなら，特区認可権の新たな運用は，しばしば，実証試験としての側面から，共和党，民主党を問わず支持を集めていたからである．実は当時，執政府から認可を得て実施されていた特区事業は，肥大化する福祉事業支出の抑制と，効果的な貧困者への就業支援のための新たな事業を模索する手段としても，高く評価されていた．議員たちは，連邦の次元での福祉改革を実現するのに適切な案を見出す手段として，特区事業を位置づけていたのだった[59]．

そのため，議会による抵抗は，議会の多数の支持が不可欠な立法によるものではなく，少数でも可能な手段に限られていた．それは，議会のために様々な調査や監査といった業務を担う会計検査院を通じた，法執行に対する合法性の調査である（益田 2010, 17）．もし合法性に疑義があるとの判断が示されれば，それを端緒に議会が大統領の法執行を差し止めようとする動きに繋がる可能性がある．

1989 年 1 月 11 日，アラバマ州選出の民主党下院議員ロニー・フリッポは，レーガン大統領による特区認可権の運用が違法ではないかとして，会計検査院に調査を依頼した．会計検査院は，アラバマ州政府高官に対する聞き取り調査を含め，アラバマ州政府と執政府の間の交渉過程，法的根拠などを丹念に調べ上げた．その結果，会計検査院は，大統領による特区認可権の運用は連邦法に反するものではないという結論を示した[60]．そのため，立法府の抵抗もなされなかった．

レーガン政権の取り組みが，裁判を通じて妨げられることもなかった．第 1 節で述べたように，司法府はアグアヨ判決とクレーン判決により，執政府による特区認可権の行使に対して，司法府が可能なのは，特区事業の認可が恣意的，専断的に，あるいは合理的根拠の欠如によってなされたものであるかどうかの

---

58) Memo, Barbara Selfridge to Joe Wright, August 5, 1987, "House Republic Welfare Reform Alternative," Folder "Welfare Reform Legislation [6] OA18532," Box Charles Hobbs, Ronald Reagan Library.

59) Joseph F. Sullivan, "Jersey Gets Key U.S. Waivers in Effort to Overhaul Welfare," *New York Times*, October 25, 1987.

60) General Accounting Office, "Welfare Reform," pp. 7–36.

みを判断することである，という判決を下した．

　実際，前述したように，認可を得た特区事業はいずれも，福祉縮減と州政府への権限委譲という大統領の政策目標の実現を目的としていたものの，州全土を事業の対象にしていたニュージャージー州とウィスコンシン州を除けば，依然として革新的アイデアの効果を検証するという特区認可権の導入当初の意図も重視していたといえる．すなわち，効果の検証のため，事業の対象範囲は狭く，期間も限定的で，少数の革新的アイデアのみを採用した事業が多かったのである．

　その背景には，レーガン政権が，訴訟が提起されぬよう，なおかつ訴訟に敗北しないよう注意を払っていた点があったと推察される．特区認可権の本来の目的である革新的アイデアの効果の検証を重視しなければ，裁判になった際に，レーガン政権の試みは阻止されてしまう．それゆえ，本来の目的を重視せざるを得なかったために，レーガン政権は，政策変更手段としての特区認可権の活用を始めたものの，認可した特区事業の対象範囲は狭く，期間も限定的で，少数の革新的アイデアのみを採用した事業が多かったと考えられる．その結果，裁判所によって阻止されることなく，レーガン政権は特区認可権の利用を進めることができたのだろう．そういった意味では，裁判所は一定の影響力を及ぼしていたと言えるかもしれない．

おわりに

　本章では，福祉拡充のための革新的アイデアを模索する手段として導入されたはずの特区認可権の制度変容を明らかにした．レーガン政権は，福祉政策における特区認可権の新たな運用を開始し，また，政策変更手段としての利便性向上のための制度整備を進めたのだった．こうした福祉政策における特区認可権の制度変容によって，大統領が福祉政策において議会を介さずに政策変更を実現する手段を獲得していったのである．

　こうした新たな運用は，政権が代わった後も継受されたのだろうか．次章では，G. H. W. ブッシュ政権とクリントン政権がどのように特区認可権を扱ったのかを明らかにする．

第4章　G. H. W. ブッシュ政権以降の継受と発展

　本章では，レーガン政権による特区認可権の新たな運用と制度整備の進展が，その後の大統領や州知事の特区認可権に対する選好を大きく変更させる契機となったことを示す．実は，レーガン政権による特区認可権の新たな運用は，その後の政権や州政府にも，福祉縮減にとって有効な魅力的な手段だとみなされた．そのため，一方で大統領は，単に特区認可権の新たな運用を継受するにとどまらず，制度整備を進展させて州政府に更なる利用を促し，他方で州政府は，積極的に特区事業による福祉縮減を目指していく．

　本章では，G. H. W. ブッシュ政権期とクリントン政権期について，政策変更手段としての特区認可権の運用が拡大していった経緯を明らかにし，そうした特区認可権を通じた，大統領の議会を介さない形での政策変更手段の更なる台頭を示す．

第1節　G. H. W. ブッシュ政権による継受と更なる進展

1. 大規模化，審査基準の緩和，州政府との協調

　政権発足からしばらくの間，ブッシュ政権には，レーガン政権による特区認可権の運用を継受する意思がみられなかった．ブッシュ政権がその意思を表明したのは，政権4年目にあたり，二期目をねらって大統領選挙を戦っていた1992年1月のことであった．ブッシュ大統領は，対立候補であったクリントン前アーカンソー州知事が掲げていた，「今ある福祉を終わらせる」という選挙スローガンが世論から人気を集めていることを正しく認識し，それに対抗する形で，特区認可権の積極的活用による福祉改革を訴えるようになった[1]．

　ブッシュ大統領は，選挙戦を有利に進めるには，福祉改革で明確な成果を挙

げ，さらには，その過程で主導権を握っていることを示さねばならなかった．しかし，立法は成果が出るのに時間がかかり，また，主導権を握ることが困難であり，そして，そもそも立法に成功するかも不透明であった．そこで，ブッシュ大統領が目をつけたのが，レーガン前政権による特区認可権の運用を継受することだった．

　ブッシュ大統領は現職の強みを生かし，1992年の一般教書演説で，「福祉改革を自らの手で進めたいとする州政府の強い希望に応えるべく，州政府が特区事業をより簡単かつ迅速に活用できるようにする」[2]と述べ，特区認可権の適用基準の緩和と特区事業の審査の簡略化に加え，特区事業の規模の拡大の促進へと舵を切った．ブッシュ大統領は，州政府との協力のもと，レーガン政権による特区認可権の運用を継受することで，福祉改革について主導的立場に立つことができると判断した．ブッシュ大統領は，クリントン候補が人気を集める大きな要因であった「今ある福祉を終わらせる」福祉改革を先んじて実施することで，選挙戦を勝ち抜こうと試みたのだった[3]．

　ブッシュ政権が推し進めたのは，具体的には次の三つのことであった．第一に，ブッシュ政権は特区事業の大規模化を容認し，事実上，厳密に革新的アイデアの効果を検証するという特区事業の本来の目的を軽視する方針を定めた．かねてより州政府は，ブッシュ政権に対して研究目的や試験目的ではなく実際に政策を変更するために特区事業を利用したいと訴えていた[4]．そうした意見を受け，1992年5月，ブッシュ政権は政権内部の会議で，「特区事業の統制群と実験群がいかなる規模であろうと，特区事業の効果の検証の厳密性とは無関係である．検証は大規模な統制群でも小規模な統制群でも構わない．さらにいえば，

---

1)　George H. W. Bush, "Address before a Joint Session of the Congress on the State of the Union," January 28, 1992, *Public Papers of the Presidents of the United States, 1992*, pp. 156–63.

2)　*Ibid.*, p. 162.

3)　Executive Office of the President, *Budget of the United States Government, Fiscal Year 1993, Part 1*, Washington, D.C.: U.S. Government Printing Office, 1992, pp. 418–20.

4)　Memo, April 16, 1992, "Waivers," Computer Diskettes "1992 Kuttner Files and Backup, Disk TT_RVOL0002 Directory TT_JUL06 001, Welfare Reform Waivers," Box Johannes Kuttner, George Bush Presidential Library.

第1節　G. H. W. ブッシュ政権による継受と更なる進展　　77

広範囲を既存の政策に代わり新たな政策の対象としながらも，小規模な統制群を用意して検証してもよい」[5]との考えを示した．すなわちブッシュ政権は，厳密に革新的アイデアの効果を検証するという特区事業の本来の目的を完全に無視することはできないとしながらも，州全土を対象とする大規模な特区事業を認可するという立場をとったのである．

　ブッシュ政権の前までの特区事業の多くは，州全土のうち一部が特区事業の対象地域であった．しかも，その対象地域内であっても，必ずしも全ての地域で革新的アイデアに基づいた新たな政策が導入されるわけではなかった．すなわち，革新的アイデアに基づく政策が導入される地域（実験群）と，既存の政策のままの地域（統制群）とが同じ程度に配分されていたのである．

　それに対して，ブッシュ政権は，特区事業の革新的アイデアに基づく政策の適用地域を拡大させたのだった．まず，特区事業の対象地域について，州全土にまで及ぶ広範囲のものでもよいとした．次に，革新的アイデアの効果の検証のための統計資料収集に利用しない地域であっても，革新的アイデアに基づく政策の適用地域（実験群）としてよいとしたのだった．すなわち，実証実験にとって必要のない地域にも，革新的アイデアに基づく政策を適用することを認めたのである．最後に，特区事業の対象地域のうち，実験群の割合を増大させ，統制群の割合を減少させた．これらの結果，州のほとんどの地域が特区事業の革新的アイデアに基づく新たな政策の適用地域となったのである．

　こうした変化からは，ブッシュ政権が特区事業を，本来の目的である革新的アイデアの効果を検証するための手段としてよりも，政策変更のための手段として位置づけて，州政府の運用を期待していることが明確に読み取れる．さらには，特区認可権の導入の基礎となった社会工学的発想がほとんど失われたことも指摘できる．

　第二に，ブッシュ政権は，レーガン政権が導入した費用中立性の規定の大幅な緩和を推し進めた．既に述べたように，レーガン政権下の費用中立性の規定では，特区事業の認可を得るには単年度毎に，事業を実施した場合に見込まれる要扶養児童家庭扶助の連邦政府の費用負担想定額が，事業を実施しなかった

---

5)　Working Group Discussion Paper, May 15, 1992, "A Strategy for Welfare Reform," *ibid*.

と仮定した場合に見込まれる要扶養児童家庭扶助の連邦政府の費用負担想定額を下回る必要があった．しかしながら，ブッシュ政権は，こうした計算方法は特区事業の可能性を大きく制限しているとして，規定を緩和した．ブッシュ政権は，特区事業の認可を得るにはその事業期間を通じて，事業を実施した場合に見込まれる要扶養児童家庭扶助と他の社会福祉事業を合わせた連邦政府の費用負担想定額が，特区事業を実施しなかったと仮定した場合に見込まれる要扶養児童家庭扶助と他の社会福祉事業を合わせた連邦政府の費用負担想定額を下回ればよいとしたのだった[6]．

　すなわち，ブッシュ政権では，事業の開始から終了までの期間を一纏めにして，最終的に便益が費用を上回っていればよく，また，そうした計算は要扶養児童家庭扶助のみに限定されず，必要に応じて特区事業がメディケイドやフードスタンプなど他の社会福祉事業に与える便益についても考慮してもよいとされた．こうした費用中立性の計算式の緩和により，より幅広い特区事業が許容されるようになり，事実上，特区認可権の適用基準の緩和がなされたのだった[7]．

　第三に，ブッシュ政権は，州政府に対して，福祉を縮減させる改革のために特区事業を利用するよう積極的に支援した．例えば，要扶養児童家庭扶助受給世帯のうち未成年の親や扶養児童に対して就学を義務付ける，要扶養児童家庭扶助受給世帯の親の責任を増大させる，公的扶助への依存を防止し自立を促す，などといった特定の事業に対しては，申請書作成や審査の段階で執政府が積極的に支援し，また30日以内に認可を与えることを明言した．加えて，ブッシュ政権は，ワシントンにおいて講習会や意見交換会を開催し，特区事業の申請書の作成から特区事業の実施までの全ての期間を通じて，州政府と密な関係を築いたのだった．この意見交換会の成果の一つが，上述した特区認可権の適用基準の緩和と，特区事業の規模の拡大の容認であった[8]．

　以上から，ブッシュ政権はレーガン政権による特区認可権の運用を単に継受するだけではなく，特区認可権による政策変更を実現するために積極的に制度

---

6) Executive Office of the President, *Budget of the United States Government, Fiscal Year 1993, Part 1*, p. 419.

7) *Ibid.*, p. 419.

8) Working Group Discussion Paper, May 15, 1992.

第 1 節　G. H. W. ブッシュ政権による継受と更なる進展　　79

を整備し，また州政府に特区事業の利用を促していたことがわかる．その意味
において，ブッシュ政権は，特区認可権の制度変容を一段と進展させたといえ
よう．

2. 複合化・大規模化する特区事業

ブッシュ政権期における特区認可権の制度改革の結果，就労等の義務付け，
義務の違反への制裁，就労等に対する報酬，そして福祉支出削減によって生じ
た連邦補助金の余剰分のメディケイドやフードスタンプなどへの使用などのた
めに，8 州で 10 事業が承認された[9]．特区事業を主導した州知事たちに党派的
な傾向はみられず，共和党州知事が 5 州，民主党州知事が 3 州であった．州全
土を既存の政策から新たな政策への変更の対象とした事業を実施したのは 7 州
であった．ブッシュ政権期に認可を受けた 8 州のうち，3 州が給付額削減を，7
州が就労，就労訓練，就学の義務付けを，7 州が違反への制裁を，2 州が扶養
児童増員に対する追加支援の撤廃を導入した[10]．

---

9)　8 州 10 事業の内訳は，カリフォルニア州，ウィスコンシン州がそれぞれ 2 事業，イリ
ノイ州，メリーランド州，ミシガン州，ニュージャージー州，オレゴン州，ユタ州がそれ
ぞれ 1 事業．

10)　Abt Associates, "The Evaluation of To Strengthen Michigan Families, Fourth
Annual Report: Third-Year Impacts," June 1996, http://www.abtassociates.com/
reports/D19961315.pdf; Minkovitz et al. (1999); Ilinois Department of Public Aid,
"Welfare to Work: Employment and Training Programs Anual Report 1993," 1994,
http://files.eric.ed.gov/fulltext/ED378317.pdf; Institute for Research on Poverty,
"The New State Welfare Initiatives," April 1993, http://www.irp.wisc.edu/publications/
dps/pdfs/dp100293.pdf; Memo, Gene Falk and Christine Devere to Ron Haskins
of the House Ways and Means Committee, "Analysis of Evaluations of the New
Jersey Family Development Program," July 9, 1998, http://www.welfareacademy.
org/pubs/eval/crs.shtml#f1; Peter H. Rossi, "New Jersey's Family Development
Program: An Overview and Critique of the Rutgers' Evaluation," 2000, http://www.
welfareacademy.org/pubs/eval/rossi.shtml#_ftnref4; Secretary of Health and Human
Services, "Oregon JOBS Waiver," July 16, 1992, http://archive.hhs.gov/news/
press/1992pres/920716.txt; UC Data Archive and Technical Assistance, University
of California Berkeley, "Assistance Payments Demonstration Project, Process
Evaluation Welfare Reform in California," April 1994, http://ucdata.berkeley.edu/
pubs/APPE1.pdf; Urban Institute, "Building an Employment Focused Welfare
System: Work First and Other Work-Oriented Strategies in Five States," June 1998,

扶養児童増員に対する追加支援の撤廃とは，給付金の増額のために要扶養児童家庭扶助受給世帯が新たに子をもうける誘因をなくそうという試みである．要扶養児童家庭扶助の下では，受給世帯への給付額を決定する様々な要素の中に「世帯の扶養児童数」があり，その数が多いほどその世帯への給付額は増大した．そのため，要扶養児童家庭扶助受給世帯が新たに子を授かると自動的にその世帯への給付金は増額するので，要扶養児童家庭扶助受給世帯には子をもうける一定程度の誘因があったと考えられていた．

　福祉縮減と州政府への権限委譲を目的としてブッシュ政権期に認可を受けた特区事業と，レーガン政権期のそれとの注目すべき違いは三点ある．事業規模，事業内容，検証方法である．第一に，事業規模が拡大した．レーガン政権期にはわずか2州2事業が州全土を既存の政策から新たな政策へと変更する対象としていた事業であったのに対し，ブッシュ政権期には7州8事業が州全土を既存の政策から新たな政策へと変更する対象とした事業であった[11]．

　第二の違いは，事業内容である．レーガン政権期と比べブッシュ政権期には，より複合的な特区事業が認可されるようになった．レーガン政権期の多くの特区事業は，就労，就労訓練，就学を義務付けるか，それらへの誘因を与えることのみを実施していた．それに対してブッシュ政権期には，単一の事業内において，給付額削減，就労・就労訓練・就学の義務付け，違反への罰則，扶養児童増員への追加支援の廃止など，実に様々な内容を実施していた．多くの事業はこれらの内容の二つ，三つを組み合わせたものだった[12]．

　第三の相違点は，検証方法である．この点こそが，三つの中で最も重要な違いである．レーガン政権期と比べブッシュ政権期には，検証対象でない地域にまで革新的アイデアに基づく政策が導入されている特区事業が多くなった．レー

---

http://aspe.hhs.gov/hsp/isp/wfirst/work1st.htm; Utah Department of Human Services, "Utah Single Parent Employment Demonstration Program: It's About Work, Three Year Report," May 1996; White House Fact Sheet, "The State of Wisconsin's Two-Tier Welfare Demonstration Project," July 27, 1992, http://bushlibrary.tamu.edu/research/public_papers.php?id=4617&year=1992&month=7; Wiseman (1993).

11)　*Ibid.*

12)　*Ibid.*

ガン政権期にはウィスコンシン州のみが，検証対象の 1 カウンティにとどまら
ず，州全土を既存の政策から新たな政策への変更の対象とする特区事業の認可
を受けていた．それに対してブッシュ政権期には，7 州 8 事業が，検証対象以
外の地域にまで，革新的アイデアに基づく政策を導入する特区事業として認可
を受けていた[13]．

　例えば，カリフォルニア州が1992 年に認可を得た 2 事業のうちの一つ（Wel-
fare Reform Demonstration Project）は，州全土を既存の政策から革新的ア
イデアに基づく新たな政策への変更の対象にした，5 年間を期間とする事業で
あった．この事業は，州内の要扶養児童家庭扶助受給世帯への給付額を 10 か
ら 15% 削減し，また，受給者に就労努力，受給世帯主の親との同居，就労訓
練もしくは就学などを義務付けるとともに，義務違反を厳罰化した．さらに，
受給世帯の扶養児童の増員への追加支援を撤廃した[14]．

　この事業は，ほぼ州全土を革新的アイデアに基づく新たな政策を導入する地
域としていたが，実際に革新的アイデアの効果を検証するための地域は，より
限定していた．この事業の検証方法は，まず，地域の特性から選ばれた四つの
カウンティ在住の要扶養児童家庭扶助受給世帯から，州全体の受給世帯のうち
10% だけ無作為抽出する．そのうち 3 分の 2 を，革新的アイデアに基づく政
策の対象者とし，残りの 3 分の 1 を既存の政策のままの対象者として，双方の
集団の比較によってその効果を比較する，というものであったのである．した
がって，州の約 90% の受給世帯は，革新的アイデアの効果の検証とは無関係
であったにもかかわらず，そうしたアイデアに基づく新たな政策の対象となっ
たのである[15]．

　検証対象以外の地域まで革新的アイデアに基づく新たな政策の対象に含む特
区事業ばかりが認可を受けるようになっていたという事実には，明らかに，特
区事業の大規模化を容認する一方で，社会工学的発想の下で厳密に革新的アイ

13）　*Ibid.*

14）　UC Data Archive and Technical Assistance, University of California Berkeley,
　　　"Assistance Payments Demonstration Project, Process Evaluation Welfare Reform
　　　in California."

15）　*Ibid.*

デアの効果を検証するために導入された特区事業の本来の目的を軽視する，ブッシュ政権の運用方針が如実に示されているといえよう．実際の運用の面でも，特区事業の実証的側面が軽視され，政策変更の手段として積極的に利用されるようになったのである．

そして，ブッシュ政権が特区認可権の政策変更手段としての有用性を高めるための制度変容を進めた結果，特区事業がより大規模かつ複合的になり，そしてまたより明確に政策変更のために用いられるようになったのである．

他方で，ブッシュ政権期とレーガン政権期の共通点として，州政府との積極的な交流によって協力関係を構築し，議会を介さずに大統領の望む福祉改革の進展を目指したという点を挙げることができる．レーガン政権期と同じく，福祉縮減のために州内で主導的な役割を果たしたい州知事にとって，特区事業は非常に魅力的な手段であった．

3. 裁判所からの圧力

このように，ブッシュ政権期において特区認可権の制度変容が一層進展したが，ブッシュ政権は訴訟が提起されないように努めていたために，一定の抑制が働いていた．上述したように，ブッシュ政権は，1992年5月の政権内部の会議で，「特区事業の統制群と実験群がいかなる規模であろうと，特区事業の効果の検証の厳密性とは無関係である」と前置きして，「広範囲を既存の政策に代わり新たな政策の対象としながらも，小規模な統制群を用意して検証してもよい」との考えを示している．執政府は，特区事業の活用のための改革が，特区認可権の本来の目的に反する行為ではないとして，理論武装していたのだった．

また，ブッシュ政権は，政策変更手段として特区認可権を利用しながらも，革新的アイデアの効果の検証という特区認可権の本来の目的を無視することはなかった．いずれの州政府の特区事業も，効果の検証を適切に実施することが確認されて認可を受けていた．

このようにブッシュ政権は，訴訟が提起されないように努めていたものの，必ずしもうまくはいかなかった．前章で述べたように，司法府はアグアヨ判決とクレーン判決により，執政府による特区認可権の行使に対して，裁判所が判断できるのは，特区事業の認可が恣意的，専断的に，あるいは合理的根拠の欠

如によってなされたものであるかどうかのみを判断することである，という判決を下していた．

　これらの判決を踏まえて 1994 年 6 月に結審したビーノ対シャレーラ事件では，ブッシュ政権による特区事業の認可は，恣意的，専断的に，あるいは合理的根拠の欠如によってなされたものだとして，合衆国控訴裁判所が特区事業の認可を取り消し，結審したのだった[16]．

　訴訟を提起したのは，カリフォルニア州で要扶養児童家庭扶助を受給していた住民たちであった．住民たちは，1992 年 10 月にブッシュ政権が認可し，同年 12 月から開始された補助金実証事業（Assistance Payments Demonstration Project）における要扶養児童家庭扶助の受給額の削減が違法であるとして訴えた．この事業では，カリフォルニア州の指定 4 カウンティ在住の要扶養児童家庭扶助受給世帯から無作為抽出された 5000 世帯（統制群）を除く州全ての要扶養児童家庭扶助受給世帯（82 万 1000 世帯，統計資料の対象外も含む実験群）に対して支給する要扶養児童家庭扶助給付額を，社会保障法が定める最低限度額未満に設定する代わりに，要扶養児童家庭扶助受給者に定められている勤労所得の制限を緩和することで就労を奨励するというものであった．そして州政府は，統制群を抽出したのと同じ指定 4 カウンティ在住の要扶養児童家庭扶助を受給している 1 万世帯を，効果の検証のための実験群として無作為抽出し，統制群と比較して就労奨励の効果を測定するとしていた[17]．

　裁判所は，特区事業の審査過程において，単に当該の事業がどれほど要扶養児童家庭扶助支出を削減できるかという点のみが強調されており，潜在的な影響について考慮されていないことを問題視した．具体的に述べると，裁判所は，この事業が働くことのできない子どものみの世帯なども対象に含んでいることや，この事業の革新的アイデアの効果の測定対象ではないはずの約 80 万世帯にまで要扶養児童家庭扶助給付額の削減を実施することについて配慮がなされていないことを問題として取り上げた．これに対して保健福祉省長官は，これらの問題が「慎重に配慮するに値することは認めるが，そうした配慮は義務と

---

16)　Beno v. Shalala, 30 F.3d 1057, 9th Cir., 1994.

17)　*Ibid.*

して私に課されているわけではない」[18]と主張した.

　しかしながら,裁判所は,特区認可権の下で保健福祉省長官が特区事業を審査する際に考慮すると定められている,当該事業が社会保障法の目的に合致するか否かという点には,当該事業が要扶養児童家庭扶助受給者に与える潜在的影響についての考慮も当然含まれていると指摘した[19].その上で,裁判所は,特区事業が認められる条件として以下の三つを挙げた.

　第一に,当該事業が実験的,実証的事業でなければ特区事業としては認められないと指摘した.合衆国控訴裁判所は,「単に受給額を削減し,支出の抑制が達成できるが,研究上もしくは実証上の目的はない事業はこの条件を満たさない」と述べた[20].

　第二に,裁判所は,当該事業が保健福祉省長官の判断において社会保障法の目的の促進に資するものでなければならないとする条件を示した.裁判所は次のように説明した.

　　「立法史と判例に照らせば,要扶養児童家庭扶助の主要な目的は,貧困児童の支援である.したがって特区事業の審査過程において,保健福祉省長官は,当該事業が,貧困児童やその家族に与える影響を考慮しなければならないことは明らかである.」[21]

　第三に,裁判所は,当該事業の範囲と期間が,妥当かつ適切でなければならないことを条件に挙げた.裁判所は,保健福祉省長官が特区事業を審査する際,当該事業の範囲と期間について,社会保障法の目的に資するものであり,かつ,合理的で適切でなければならないと指摘したのだった.そして,裁判所は,保健福祉省長官がこれらの事項を適切に考慮していたとはいえないとして,カリフォルニア州における特区事業の認可を無効としたのだった.この事件は合衆

---

18)　*Ibid.*
19)　*Ibid.*
20)　*Ibid.*
21)　*Ibid.*

国最高裁判所に上訴されることはなく，合衆国控訴裁判所の判決で結審した[22]．

　司法府は，大統領による特区認可権の新たな運用を明確に問題視し，そうした運用を直接的に妨げることで，特区認可権の制度変容を抑制する役割を果たした．しかも，特区事業を認可する条件を明確に示したことで，その後の大統領による特区認可権の利用に一定の制約を課したのであった．

　しかしながら，こうした司法府の判断が，ブッシュ政権期の特区認可権の制度変容を決定的に防ぐほどの影響力を発揮することはなかった．この事件が合衆国控訴裁判所に提訴された時点で，既にブッシュ政権は任期を終えて政権の座をクリントンに譲っており，結審したのはクリントンが大統領となって 1 年以上も経過していたからである．ただし，次節で述べるように，この判決は，クリントン政権に対する制約として十分な役割を果たすことになり，クリントン政権は訴訟に本格的に備えなければならなかった．

第 2 節　クリントン政権による継受と全米規模化

1. 政策革新のための二つの手段：継受か立法か

　1993 年に政権に就いたクリントン大統領は，「大きな政府」を志向するはずの民主党の大統領であるにもかかわらず，レーガン政権とブッシュ政権での福祉縮減及び州政府への権限委譲の流れを継承し，また促進させた．その理由は，彼の政治的立場が比較的中道だったことにある．大きな政府ではないが積極的に機能する政府というニュー・デモクラットの立場を主張したクリントン大統領にとり，福祉を縮減し州政府へと権限を委譲するというアイデアは決して受け入れられないものではなく，むしろ望ましい政策アイデアですらあった（久保 2002）．

　実際，クリントンは，1980 年代後半からの共和党政権の福祉改革の政策方針に同調し，また協力すらしていたのであった．彼は，アーカンソー州知事を務めている間の 1986 年から 1987 年にかけて，全米知事協会会長として積極

---

22)　*Ibid.*

的に議会での福祉改革法案の立法化を働きかけていただけでなく，レーガン政権やブッシュ政権と積極的に情報交換を行い，政権と協力して既存の制度内での特区認可権の運用拡大に尽力した当事者の一人だった[23]．1988年12月には，レーガン政権の福祉政策の担い手であったホッブズが，ブッシュ政権への引き継ぎ資料の中で，大統領府内に福祉政策の特別委員会を設置する重要性を説き，最も有用な人材の一人としてクリントンを薦めてすらいたのである[24]．

　以上から明白なように，クリントン大統領が，前政権までの特区認可権の運用を継受しないはずがなかった．実際，クリントン政権は，州知事たちとの連携をそれまでの政権以上に深くし，その流れをさらに加速させていくのだった．

　さらに重要なことに，クリントン政権は特区事業の活用による福祉改革と並行して，議会に立法による福祉改革を促す方針を採った．その方針は，クリントン大統領が1995年7月に全米知事協会の年次大会において，州知事たちとの会合で行った演説の中に明確にあらわれている．クリントン大統領は，州政府が特区事業を積極的に活用しなければならないと表明した上で，次のように述べている．

　　「やはり議会が，連邦法として福祉改革法案を可決しなければならない．なぜか．なぜなら私は，既に正しく機能することが判明している事業や，他の州が実施している事業を実施するために，いちいち州政府が執政府から許可を得る必要はないと考えるからだ．」[25]

　他方で，クリントン大統領は，立法による福祉改革の実現こそが究極的な目

---

23) *Congressional Quarterly Almanac, 100th Congress, 1st Session, 1987, Volume XLIII*, Washington, D.C.: Congressional Quarterly, 1988, p. 552; Memo, "Comments on NGA Proposal: Up Participation Requirements," Folder "National Governors Association OA19335," Box Charles Hobbs, Ronald Reagan Library.

24) Memo, Charles Hobbs to Austen Furse, December 15, 1988, "Suggested Presidential Task Force," Folder "Chuck Hobbs 4," Box 3 Peter Germanis, *ibid*.

25) William J. Clinton, "Remarks to the National Governors' Association in Burlington, Vermont," July 31, 1995, *Public Papers of the Presidents of the United States, 1995*, p. 1185.

標だとしながらも，以下のように，州政府による特区事業の積極的活用を通じた福祉改革の進展の必要性も強く訴えた．

> 「私が皆さんにお伝えしたいのは，今ある福祉を終わらせるためには，遅々として進まない議会を待つ必要などない，ということである．既に我々がやってきたことに基づいて事を進めることができる．…（中略）…過去2年半の間に，私は29州に対して各州の望む福祉改革のための特区事業を認可した．…（中略）…今こそ，我々はもっと多くのことができるし，すべきである．議会の状況をただ見守っているべきではない．我々は，就労促進と児童保護に効果的だと州政府が既に知っている方策に基づいて，もっと多くのことができる．…（中略）…もし全ての州が，先ほど私が述べた五つの福祉改革案を実行すれば，我々は福祉を根本的に変革させることが，そしてより良い福祉を実現することができる．」[26]

クリントン大統領の演説は，特区事業の活用と立法を軸とした福祉改革の方針を表明したという点で重要であるが，実は，この演説には他にも，クリントン政権の特区認可権に対する認識の表明という点で，注目すべきところが四つある．

第一に，この演説からは，クリントン大統領が特区事業を，革新的アイデアの効果の検証のための手段としては認識していないことが確認できる．クリントン大統領は，他州で過去に実施された，効果があると判断されたものと同じ特区事業のために，州政府はわざわざ執政府から許可を得なければならないことに不満を述べている[27]．しかしながら，特区事業の本来の目的は，「革新的アイデア」の効果の検証であるから，効果があると判断された特区事業と同じものを，再度，実施する必要はないはずである．

第二に，クリントン大統領が特区事業を，議会を介さずに自身の望むように政策を変更するための有効な手段として認識していることがわかる．立法によらずとも，クリントン大統領が表明した福祉改革案を実施すれば福祉改革が進

---

26)　*Ibid.*, pp. 1183–5.
27)　*Ibid.*, p. 1185.

展するという表明が，そのことをよくあらわしている[28].

　第三に，クリントン大統領が，特区事業の活用は効果的であるものの，法案の成立こそがより望ましいと認識していることがわかる．上述の通りクリントン大統領は，特区事業の活用を声高に主張しながらも，福祉改革法の成立こそが最も望ましいという考えを述べている[29].

　第四に，この演説でクリントン大統領は，大統領と州知事たちを「我々」と呼んでおり，大統領と州知事の協調により，特区事業による福祉改革が実現できると考えていたことがわかる[30].

　こうした認識の下，クリントン政権は，州政府との協調に基づく特区認可権の活用による福祉改革の進展と並行して，福祉改革法の成立を目指したのだった．

2. 特区事業の利用促進

　クリントン政権は，ブッシュ政権とは異なり，政権発足直後から積極的に特区認可権の新たな運用を継受した．クリントン政権は，レーガン政権期に大統領府内に組織された，特区認可権を審査する関係省庁低所得機会諮問委員会を設置せず，審査を保健福祉省に委ねたものの，特区認可権を政策変更手段として有効に活用するための努力を惜しまなかった．クリントン大統領は，全米知事協会の年次大会への参加や各州知事との面会などを通じて，州政府と積極的に交流し，具体的な内容を固めていった[31].クリントン政権は，特区認可権の適用基準についてはそれまでの政権とほとんど同じ条件を設定[32]しながらも，審査の簡略化や特区事業の申請書の雛形の作成によって，特区事業を通じて政権の望む福祉改革を進展させようと努めた．

---

28)　*Ibid*., p. 1185.

29)　*Ibid*., p. 1185.

30)　*Ibid*., p. 1185.

31)　*Ibid*., pp. 1179–85.

32)　Memo, Mary Jo Bane and David T. Ellwood to Carol Rasco, May 14, 1993, "Welfare Reform Waivers," Folder "612964-waivers-3," Box 43 Bruce Reed, William J. Clinton Presidential Library.

第 2 節　クリントン政権による継受と全米規模化　　89

　クリントン政権は，手はじめに，特区事業の審査の簡略化に取り組んだ．ク
リントン大統領とその側近たちは，政権発足前から既に，州政府の特区事業の
申請に対するこれまでの政権による審査があまりに遅かったことを問題視し，
稼働率を高めることが最優先課題だと認識していた．1992 年 12 月，大統領選
挙に勝利したクリントン陣営が組織した政権移行チームは，政権発足直後の最
初の 100 日で実施すべき項目を話し合う中で，次のように特区事業の審査の効
率化の重要性を指摘している．

　　「特区認可権は州政府に改革を促す有効な手段であるにもかかわらず，州政
　　府が特区事業の認可を得るための過程は多くの場合，不必要に困難かつ長
　　期間を要するもので，時には 1 年以上もかかる．したがって，特区事業の
　　審査の効率化は，連邦政府を立て直すための最優先課題である．…（中略）
　　…大統領は，行政命令により特区事業の審査過程を簡略化することで，州
　　政府による改革を促すべきである．」[33]

　そこで，1993 年 10 月 26 日，クリントン大統領は行政命令 12875 号により，
特区事業の審査過程を迅速化し，審査結果を 120 日以内に出さねばならないと
いう命令を下した[34]．さらに，1995 年 7 月 31 日には，クリントン大統領は全
米知事協会の年次大会の場で，「本日，保健福祉省長官に対して，州政府の申請
案の中に以下の五つの改革案のうちいずれか一つ以上を含む場合，そうした申
請は即座に承認するよう命じた」[35] と述べ，条件を満たす申請案についてはそ
れまでの 120 日以内の審査期間をさらに早め，30 日以内にすることを明らか

---

33)　Report, Presidential Transition Domestic Policy Staff, December 1992, "The
　　Clinton Revolution: A Domestic Policy Agenda for the First 100 Days," Folder
　　"1226192-domestic-policycouncil-documentary-annex-ii-6," Box 17 Administration
　　History, *ibid*.

34)　William J. Clinton, October 28, 1993, "Executive Order 12875 of October 26,
　　1993: Enhancing the Intergovernmental Partnership," Federal Register, Vol. 58, No.
　　207, 58093–4. この行政命令は，福祉政策と医療保険政策の双方に関する特区事業を対象
　　としていた．

35)　Clinton, "Remarks to the National Governors' Association in Burlington, Vermont,"
　　p. 1183.

にした[36].

　五つの改革案とは，以下の通りである．第一に，福祉受給者に対して就労を義務付け，また，就労を可能にするために適切な児童保護を提供する．第二に，福祉の受給期間を制限し，また，就労を拒否した受給者の受給資格を剥奪する．第三に，離婚して親権を持たない親に，実子の児童支援費用を負担させるか児童支援費用分の就労を義務付ける．第四に，未成年の母親に，その両親と共に生活し，就学することを義務付ける．第五に，福祉受給者もしくは働くために福祉受給をやめた人を雇用した私企業に対して，その者の賃金の補助金として，その者が雇用されたことに起因する福祉給付金の減額分相当を給付する[37].

　1995年8月17日，大統領の命令を受けた保健福祉省は，職員たちに州政府からの申請に対して迅速に対応するよう周知徹底を図り，審査手続きの更なる簡略化を実現した[38].

　次いで，クリントン政権は，特区事業の申請のための書類の雛形と作成の手引きを用意し，州政府の担当者に配布した．書類の雛形と作成の手引きは，四つの点で重要な役割を果たした．

　第一に，州政府による特区事業の申請の負担を軽減した．これまで，州政府の担当者は，申請にあたり膨大なマニュアルを読み込み，申請に必要な事柄を探し出し，独自に申請書を作成する必要があった．それに対しクリントン政権下では，州政府の担当者は手引きを含めてもわずか20頁の申請書に示されている雛形に沿って記入し，事業の概略を記した書類を添付するだけで申請することができるようになった[39]．州政府による申請の負担が，大幅に低下したのだった．

　以下は，その雛形の一部を日本語に訳したものである．

---

36)　*Ibid.*, pp. 1184–5.

37)　*Ibid.*, pp. 1183–4.

38)　Memo, U.S. Department of Health and Human Services, August 17, 1995, "HHS Fact Sheet," Folder "612964-announcements," Box 2 Bruce Reed, William J. Clinton Presidential Library.

39)　Memo, Mary Jo Bane to Secretaries, August 11, 1995, "Cover Letter," Folder "612964-waivers2," Box 43 Bruce Reed, *ibid.*

「本事業を実施する対象地域

_____州全土

_____次の地域：_____

検証用の標本を抽出する対象地域

_____州全土

_____次の地域：_____」[40]

　「本事業を実施する対象地域」とは，実験群と統制群を合わせた地域を指す．「検証用の標本を抽出する対象地域」とは，事業の実施対象地域のうち，検証用の統計資料収集に利用する地域を指す．上記の雛形の一部を例にとれば，州政府の担当者は，「州全土」か「次の地域」の左側の下線の箇所に印をつけ，「次の地域」を選んだ場合はその右側の下線の箇所に具体的な地域名を記入するだけで，申請書類の一部が完成するのであった．

　第二に，クリントン政権は特区事業の申請のための書類の雛形により，特区事業の大規模化を促した．上掲の雛形の抜粋部分に示されているように，クリントン政権は，特区事業を実施する範囲について，州全土か特定の地域かという二者択一の選択項目を用意した．それによりクリントン政権は，州全土での特区事業を許容する意思を明示し，またそうした特区事業を促したのだった．

　また，上掲の雛形の抜粋部分からは，たとえ州全土を対象とする特区事業の効果を検証するためであっても，州全土の要扶養児童家庭扶助受給者を標本元とせず，特定の地域の要扶養児童家庭扶助受給者を標本元とした特区事業でも執政府の認可を得られることを示唆していることにも注目したい．すなわち，そうした特区事業を希望する州政府は，上記の抜粋箇所において，「本事業を実施する対象地域」として「州全土」を選び，「検証用の標本を抽出する対象地域」として「次の地域」を選び，特定の地域名を記せばよい．

　特区認可権の導入目的から考えれば，標本元として選択されなかった地域は，革新的アイデアの効果の検証とは無関係であるため，本来，特区事業の対象地域として含まれることはないはずである．それにもかかわらず，クリントン政

---

40)　*Ibid.*

権がそうした地域をも対象地域として認めることを示唆する表示をしていることは，クリントン政権が，特区事業を単に革新的アイデアの効果の検証のための手段ではなく政策変更のための手段として認識していることを意味しているのはもちろん，さらにはそうした運用を州政府にも誘導していることを表している．

第三に，クリントン政権は申請書の雛形と作成の手引きを用意することで，政権の望む特区事業の実施を州政府に促し，大統領の政策変更手段としての特区認可権の位置づけを確かなものにした．申請書の雛形からは，クリントン政権が，特区事業の活用により，大別して四つの福祉縮減のための改革を目指していたことがわかる．いずれについても，申請書の雛形には，事業案が非常に具体的に示されている．

まず，就労，就労訓練，就学の義務付けである．要扶養児童家庭扶助受給世帯の者に対して就労や就労訓練を課し，未成年には場合によって就学を義務付けることで，受給者の福祉依存の防止と共に福祉支出の抑制を目指す，というものである．申請書の雛形には，次のように記されている．

> 「就労可能な成人は，要扶養児童家庭扶助の給付を受けてから＿＿＿か月後に就労が義務付けられる．この就労義務付けは，＿＿＿公的な助成事業の下での労働，＿＿＿公的な助成事業の下ではない労働，職場内訓練，＿＿＿地域支援活動のいずれかに従事することで達成される．」[41]

申請書の記入者は，上記の最初の下線の箇所に数字を記入し，残りの下線の箇所には，適宜，実施を希望する事業に当てはまるものに印をつけることが求められた．そして，さらに詳細な文章が，空欄つきで3頁にわたって続く．

次に，就労機会基本技能訓練（JOBS）の対象の拡大である．レーガン政権期に導入された就労機会基本技能訓練は，就労可能な成人の参加を要請していたが，その一方で，免除対象となる者も定められていた．そこで，免除対象者を就労機会基本技能訓練の対象に加えることで，より多くの要扶養児童家庭扶助受給世帯を福祉依存から脱却させることを目指そうというものであった．申請

41）　*Ibid.*

第 2 節　クリントン政権による継受と全米規模化

書の雛形には，次のように記載されている．

「就労機会基本技能訓練の対象者の拡大：既存の要扶養児童家庭扶助の下では就労機会基本技能訓練への参加が免除されている者のうち，以下の者たちは，就労や就労機会基本技能訓練への参加を義務付ける．
　_____ 1 歳から 3 歳までの扶養児童のいる世帯の親や親族
　_____ 生後 12 週から 1 歳までの扶養児童のいる世帯の親や親族
　_____ 扶養児童のいる 16 歳以下の親で就学等を義務付けられている者
　_____ 週に 30 時間以上働いている者
　_____ 妊婦のうち医学的理由から就労不可能と判断された者」[42]

　申請書の記入者は，上記のうち適宜，実施を希望する事業に当てはまるものに印をつけることが求められた．
　そして，受給期間の制限である．本来，要扶養児童家庭扶助受給者には受給期間の制限はないが，特区事業として受給期間を制限することで，受給者の福祉依存の防止と共に福祉支出の抑制を目指す，というものである．受給期間の制限については，5 頁をかけて文章が用意されている．その一部は，下記の通りである．

「要扶養児童家庭扶助が受給できる期間は，最長で 24 か月もしくは_____か月とする．」[43]

　申請書の記入者は，受給期間を 24 か月に制限したい場合はこのまま，それ以外の場合は上記の下線の箇所に，数字を記入することが求められた．
　最後に，違反への制裁である．就労，就労訓練，就学の義務付け等に違反した要扶養児童家庭扶助受給世帯に対して給付額の削減や受給資格の停止などの罰則を科すことで，義務の放棄を抑制することを狙っていた．違反に対する罰則についてはいくつかあるが，例えば次のように記されている．

---

42)　*Ibid.*
43)　*Ibid.*

「もし要扶養児童家庭扶助受給世帯の成人が解雇されたり，正当な理由なし
に離職したり，公的な助成事業ではない要扶養児童家庭扶助給付額以上の
賃金が約束されている職の申し出を断ったりした場合，その世帯は，その
賃金分の要扶養児童家庭扶助給付額の削減が適用された後，＿＿＿＿就労機
会基本技能訓練事業の定める罰則が適用されるか，＿＿＿＿その世帯が＿＿＿＿
か月の間もしくは違反状態の解消まで要扶養児童家庭扶助を得ることがで
きない.」[44]

　申請書の記入者は，上記の最初と二番目の下線の箇所に，適宜，実施を希望
する事業に当てはまるものに印をつけ，最後の下線の箇所には数字を記入する
ことが求められた.

　こうした具体的な特区事業案からも，クリントン政権が，特区事業の当初の
目的である「革新的アイデアの効果の検証」という側面を軽視していたことを
読み取れる. この雛形は，申請者側に独自のアイデアを求めておらず，むしろ
雛形に沿うことを求めていたからである.

　第四に，クリントン政権は申請書の雛形と作成の手引きを用意することで，
訴訟が提起されぬよう，なおかつ訴訟に敗北しないよう努めてもいた. 前節で
述べたように，1994 年に結審したビーノ判決は，一方で，ブッシュ前政権に
よる特区事業の認可に対する司法府の判断であった. 他方で，ビーノ判決は，
司法府が特区事業の認可基準を示したものでもあった. すなわち，そこでは，
特区事業は実証目的であり，要扶養児童家庭扶助の目的である貧困世帯の子ど
もの支援の促進に資するものであり，事業の範囲と期間が事業の目的と照らし
て適当でなければならないという三点が示されたのだった. そこで，クリント
ン政権は，申請書の雛形でこれら三点を考慮し，裁判によって政権の取り組み
が妨げられないように努めたのだった.

　まず，実証目的であることを示すため，雛形には事業の効果を測定する手法
について 5 頁にもわたって詳細に記されていた. 例えば，州政府から独立した
機関に評価を委託すること，数種類の検証方法を採用すること，中間報告と最

44）　*Ibid.*

終報告書を執政府に提出することが記されていた．また，就労義務付け，受給期間制限，就労機会基本技能訓練の対象拡大，違反に対する罰則などといった個別の事業内容それぞれについて，検証されるべき効果が記載されていた．例えば，就労義務付けについては，就労義務付けが家庭の自立を促進したか否かが記されていた[45]．

次に，要扶養児童家庭扶助の目的である貧困世帯の子どもの支援の促進に資することを示すため，申請書の雛形において，就労義務付けや就労機会基本技能訓練の対象拡大の事業の箇所にはその対象者に児童支援を提供する旨が記載されていたり，受給期間制限の事業の箇所にはもし対象者が受給期間満了後に就労できていない場合に就労支援をする旨が記されていた[46]．

最後に，事業の範囲と期間が事業の目的と照らして適当であることを示すため，クリントン政権は事業の効果の測定方法に着目した．すなわち，当該事業の範囲と期間は，事業の効果を適切に測定するために適切なものだということを示せるように注意を払った．申請書の雛形によると，効果測定のための具体的な手法は，州政府が提案する素案をもとに，事業の効果測定の依頼を受けた専門的な機関が作成することになっているものの，その素案には執政府の認可が必要で，また，最終的に完成したものにも執政府の認可が必要とされていた[47]．

以上のようにして，クリントン政権は，申請書の雛形によって訴訟が提起されぬよう，なおかつ訴訟に敗北しないよう努めたのだった．そうした努力の甲斐もあって，クリントン政権による特区認可権の利用が裁判によって妨げられることはなかった．

3. 全米で実施される特区事業

州政府は，クリントン政権が様々な形で特区事業の利用促進のための便宜を図ったことを受けて，それまでの政権期以上に特区事業を申請した．その背景には，州政府が福祉支出の増大に苦しんでいたことに加えて，現状の福祉政策に対する市民からの反発という状況に直面するようになったことがある．

---

45) Memo, Mary Jo Bane to Secretaries, August 11, 1995.

46) *Ibid.*

47) *Ibid.*

連邦政府支出を含まない全州合計の福祉支出は1970年には22億ドルだった
のに対し，1980年には62億ドルに，そして1990年には97億ドルにまで増
大し，州政府の財政はますます苦しくなっていた[48]．また，世論調査の結果に
よれば，81%もの人々が，福祉受給者の大多数は働けるはずであると認識して
おり，64%もの人々が，福祉支出が多すぎると考えており，56%もの人々が，
現在の福祉制度が害であるとすら捉えていたのだった[49]．

　したがって，州政府には特区事業を活用する誘因があった．クリントン政権
内部の一次資料を参考にすると，クリントン政権は1996年福祉改革法，すな
わち「個人責任及び就労機会調整法（Personal Responsibility and Work Op-
portunity Reconciliation Act of 1996）」の成立によって要扶養児童家庭扶助
が廃止される代わりに貧困家庭一時扶助（Temporary Assistance for Needy
Families: TANF）が導入されるまでに，福祉縮減を意図した特区事業の実施
を41もの州で認めた[50]．そのうち36州が，州全土を既存の政策から革新的ア
イデアに基づく新たな政策へと変更する対象とした事業であった．クリントン
政権期に認可を受けた41州のうち20州が受給期間制限を，39州が就労，就
労訓練，就学の義務付けを，36州が違反への制裁を，16州が扶養児童増員に
対する追加支援の撤廃を，26州が就労機会基本技能訓練の対象拡大を導入して
いた[51]．

---

48)　U.S. Department of Health and Human Services, "Appendix A."

49)　Kaiser Family Foundation, "National Survey of Public Knowledge of Welfare
　　Reform and the Federal Budget," December 30, 1994, http://www.kff.org/medicaid/
　　poll-finding/national-survey-of-public-knowledge-of-welfare/.

50)　内訳は，アリゾナ州，アーカンソー州，カリフォルニア州，コロラド州，コネチカット
　　州，デラウェア州，フロリダ州，ジョージア州，ハワイ州，アイダホ州，イリノイ州，イ
　　ンディアナ州，アイオワ州，カンザス州，ルイジアナ州，メイン州，メリーランド州，マ
　　サチューセッツ州，ミシガン州，ミネソタ州，ミシシッピ州，ミズーリ州，モンタナ州，
　　ネブラスカ州，ニューハンプシャー州，ノースカロライナ州，ノースダコタ州，オハイオ
　　州，オクラホマ州，オレゴン州，サウスカロライナ州，サウスダコタ州，テネシー州，テ
　　キサス州，ユタ州，ヴァーモント州，ヴァージニア州，ワシントン州，ウェストヴァージ
　　ニア州，ウィスコンシン州，ワイオミング州．

51)　U.S. Department of Health and Human Services, "HHS Approves Hawai Welfare
　　Waiver," August 16, 1996, http://archive.hhs.gov/news/press/1996pres/960816d.
　　html; U.S. Department of Health and Human Services, "HHS Approves Idaho as

第 2 節　クリントン政権による継受と全米規模化　　　97

　クリントン政権期に認可を受けた，福祉縮減と州政府への権限委譲を目的とした特区事業は，クリントン政権の期待通り，ブッシュ政権期のそれと比較して，一段と規模の拡大，事業内容の複合化，政策変更のための運用が進んだ．

　まず，事業規模の更なる拡大について触れたい．ブッシュ政権は，わずか7州に対して州全土を既存の政策から革新的アイデアに基づく新たな政策へと変更する対象とした事業の実施を認可していたのに対し，クリントン政権は，36州に対して州全土を既存の政策から革新的アイデアに基づく新たな政策へと変更する対象とした事業の実施を認可した[52]．

　次に，事業内容の更なる複合化である．確かにブッシュ政権期にも，単一の事業内において給付額削減，就労・就労訓練・就学の義務付け，違反への罰則，扶養児童増員への追加支援の廃止など，実に様々な内容が実施されていた．しかしながら，ブッシュ政権期に実施されていた特区事業の多くは，それらのうち2, 3の内容を実施する事業がほとんどであった．それに対してクリントン政権期に認可を受けた特区事業は，その多くが，受給期間制限，就労・就労訓練・就学の義務付け，扶養児童増員に対する追加支援の撤廃，就労機会基本技能訓練の対象拡大，違反への制裁のうち，三つ以上の内容を含んだより複合的なものであった[53]．

　最後に，政策変更のための運用である．既に述べたように，クリントン政権期に認可を受けた41州のうち，36もの州で州全土を既存の政策から革新的アイデアに基づく新たな政策へと変更する対象とする特区事業が認可を受けてい

　　43rd State Welfare Demonstration," August 19, 1996, http://archive.hhs.gov/news/press/1996pres/960819b.html; General Accounting Office, "Welfare Reform: States' Early Experiences with Benefit Termination," GAO-HEHS-97-74, May 1997, pp. 60–87, https://www.gao.gov/assets/160/155861.pdf; Memo, January 25, 1996, "Welfare Waiver Status Report," Folder "612964-waivers-2," Box 43 Bruce Reed, William J. Clinton Presidential Library; Office of Human Services Policy, U.S. Department of Health and Human Services, "State Implementation of Major Changes to Welfare Policies, 1992–1998," 1999, http://aspe.hhs.gov/hsp/waiver-policies99/policy_cea.htm; White House Council of Economic Advisers, "Technical Report: Explaining the Decline in Welfare Receipt, 1993–1996," May 9, 1997, http://clinton4.nara.gov/WH/EOP/CEA/Welfare/Technical_Report.html.

52)　*Ibid.*

53)　*Ibid.*

た．こうした事業が，革新的アイデアの効果を検証する上で州全土を既存の政策から革新的アイデアに基づく新たな政策へと変更する対象として実施しなければならないとする明確な理由もなしに認可されていたことは，厳密に革新的アイデアの効果を検証するという特区事業の本来の目的に対して，クリントン政権が重きを置いていなかったことをよく表しているといえよう．また，41 もの州で実施された特区事業の多くが，クリントン政権の望む福祉改革の内容をいくつも含んでいた．すなわち，受給期間制限，就労・就労訓練・就学の義務付け，就労機会基本技能訓練の対象拡大，違反への制裁である[54]．このように，クリントン政権は，ブッシュ政権が推し進めた，特区事業の大規模化，複合化，そして政策変更のための運用を，さらに進めたのだった．

　以上から，クリントン政権もまた，レーガン政権やブッシュ政権と同じく，立法府を介さずに州政府と協調することで，アメリカ全土で福祉改革を進展させる手段として特区認可権を利用し，州政府が特区事業を活用した結果，福祉改革が進展してきたことが明らかになった．クリントン政権の高官は，特区認可権の利用による全米規模での福祉改革について，「議会がしばらく機能不全に陥っているにもかかわらず，執政府は福祉システムの改革に大きな進展をもたらすことに成功した」と自賛した[55]．

　同時にクリントン政権の高官は，「もちろん，議会が福祉改革法を通過させることを期待しているが，私たちは，そうした法案が議会を通過するのをとても長い時間待たされている．したがって，私たちはできるかぎりの手段を講じて福祉改革をしたい」と述べ，福祉改革法の通過を期待しながらも特区認可権を多用している理由を説明している[56]．

4. 議会による懸念の表明

　クリントン政権による，前政権から継受した特区認可権の運用と，そうした

---

54) *Ibid*.

55) Memo, Donna Shalala to William Clinton, March 6, 1996, "Executive Action on Welfare Reform," Folder "1491025-hhs-memorandums-for-president-1996," Box 31 DHHS, William J. Clinton Presidential Library.

56) Memo, Melissa Skolfield to Bruce Reed, July 15, 1996, "Executive Action on Work," Folder "612964-executive-actions," Box 10 Bruce Reed, *ibid*.

第 2 節　クリントン政権による継受と全米規模化　　99

運用を効率的に実現するための制度整備に対して，訴訟が提起されることはなかった．それでは，議会は何らかの反応を示したのだろうか．クリントン政権の振る舞いを抑制しようと努めたのだろうか．また，もし抑制しようと試みたならば，それは成功したのだろうか．

　当時，クリントン政権は，議会からの反発を恐れていた．1993 年 5 月 21 日，保健福祉省計画評価局次官補（Assistant Secretary for Planning and Evaluation）であり，また大統領府内の国内政策会議の下に設置された福祉改革作業部会（Working Group on Welfare Reform）の共同議長であったデイヴィッド・エルウッドは，国内政策会議議長キャロル・ラスコに宛てたメモの中で，次のように指摘している．

　　「法律の条文と立法の経緯を見れば明らかなように，1115 条特区認可権は，特定の期間を設定して，革新的な特定のアイデアの効果を検証することを目的とした実証事業のためのものであり，単に州政府の裁量を増大させるものではない．議会は，特区認可権が議会の定めた規則を免れるために用いられているのではなく，真に革新的なアイデアの実証事業のために用いられているか，大変強い関心を持って注視している．」[57]

　さらにエルウッドは，「もし議会が政権の 1115 条特区認可権の運用を濫用だと認識した場合，その権限は簡単に奪われてしまうだろう」[58]と警告した．1994 年 11 月 3 日には，大統領特別補佐官（Special Assistant of Domestic Policy to President）のキャシー・ウェイもまた，ラスコに対し，「1115 条特区認可権を積極的に用いることは，上下両院の議員たちにも疑問視されるようになっている」[59]と伝えている．

　こうした執政府の危惧は現実のものとなった．議会は，特区事業認可の審査

---

57)　Memo, David T. Ellwood to Carol Rasco, May 21, 1993, "Re: AFDC and Medicaid Waivers," Folder "612964-waivers-3," Box 43 Bruce Reed, *ibid.*

58)　*Ibid.*

59)　Memo, Kathi Way to Carol Rasco, November 3, 1994, "Follow-up to Welfare Reform Meeting," *ibid.*

過程の不透明性，特区事業の革新的アイデアの効果の検証という側面の軽視，執政府に政策変更の決定権が委ねられていることという三点を指摘した．

第一に，特区事業認可の審査過程の不透明性について，1993 年 11 月 24 日，89 名もの民主党の下院議員が連名でクリントン大統領宛てに送った書簡の中で，次のように批判した．

「保健福祉省による特区事業の認可の審査過程は，公正でなければならず，また公開の場で実施されなければならない．一部の州では，特区事業が単なる福祉縮減と懲罰的な受給資格制限の導入のための抜け穴として用いられている．福祉受給者が特区事業のせいで虐げられないよう注意深く対処する必要がある．」[60]

また 1994 年 9 月 29 日，下院政府運営委員会の人的資源及び州間関係小委員会によって開催された特区事業についての公聴会でも，同様の主張が見られる．ニューヨーク州選出の民主党下院議員エドルフス・タウンズ議長は，公聴会の冒頭で次のように特区事業の審査過程[61]について懸念を表明した．

「1994 年 4 月，われわれ小委員会は保健福祉省との議論を開始した．その中で小委員会は，特区事業の審査基準や指針を定める文書のコピーの提出を要請した．幾度かの会合や書簡のやり取りを経て，1994 年 6 月 17 日，小委員会は，特区事業の審査基準や指針などの原則が全く存在していないと記された書簡を受け取った．特区事業の審査過程は，もし許可を与えるべきと執政府が判断したら与えるし，そうではなかったら決断を遅らせるという状況にあったのだった．」[62]

---

60) Letter, Group of Democratic Representatives to William Clinton, November 24, 1993, "President William J. Clinton," Folder "612964-legislation-2," Box 17 Bruce Reed, William J. Clinton Presidential Library.

61) 特区事業の評価基準の変遷については，Fishman and Weinberg (1992) が詳しい．

62) Hearing before the Human Resources and Intergovernmental Relations Subcommittee of the Committee on Government Operations, *AFDC Waiver Demonstration Programs: Necessary Flexibility or Ad Hoc Decisionmaking?* House,

第2節　クリントン政権による継受と全米規模化　　IOI

　第二に，議会は，革新的アイデアの効果の検証という特区事業の本来の意図の軽視を問題視した．この点についても，前述した下院の小委員会での議論の中で触れられている．タウンズ議長は，「州全土を対象とした複合的な事業ではなく，小規模で限定的な範囲であり，かつ単純な事業を実施させたほうが，［革新的アイデアの］効果を評価しやすいのではないか」[63] と指摘した．

　第三に，議会は，執政府に政策変更の決定権が委ねられていることに懸念を示した．1996年6月27日の下院予算委員会の報告書は，クリントン政権による特区事業の活用に基づいた福祉改革の進展の限界と問題点を指摘している．

　　「立法による福祉改革の代替案として特区事業の利用を支持する人々は，この手法の基本的な欠陥を見逃している．この手法を支持する人々は，ワシントンにいる連邦政府の官僚が，貧困者を攻撃する意図を持って設計された特区事業に対する最終決定権を有すべきという考えに疑問を持たないままである．特区事業は，官僚の手によって廃止させられうるものであり，ワシントンに権力を維持させるものである．特区事業は，州政府と地域社会が彼ら自身の判断で彼らの住民に必要なものに取り組むことを可能にする権限を与えるほどの根本的な変化をもたらすものではない．」[64]

　そしてこの報告書は，連邦政府による介入を抑制するために，立法による改革こそが望ましいと結んでいる[65]．

　他方で，議会は，大統領による特区認可権の活用を阻止すべく，社会保障法の条文修正を試みることはなかった．なぜなら，クリントン大統領は民主党所属であったが，特区認可権の活用は，レーガン政権期と同様に，福祉縮減及び州政府への権限委譲の手段として保守的な共和党議員から支持を得ていたからである．例えば，フロリダ州選出のジョン・L.マイカ共和党下院議員は，「連

　　103rd Cong., September 29, 1994, pp. 1–2.
　63)　*Ibid*., p. 19（括弧内は筆者加筆）.
　64)　Report of the Committee on the Budget, *Welfare and Medicaid Reform Act of 1996*, 104th Cong., June 27, 1996, p. 6.
　65)　*Ibid*.

邦政府は州政府が必要とする全ての権限を州政府に与えなければならないと確信している」[66] と指摘した上で，特区事業について，「連邦の次元にある多くの福祉事業を，真に責任を有し，より良く実施でき，より効率よく実施できる州の次元に返す」[67] ための手段だと述べていた．

　加えて，レーガン政権期と同様に，クリントン政権期においても，特区事業には，現状の福祉政策を改善する知見を模索する手段として強い期待が集まっていたことも，議会が一致して大統領に対抗し得なかった要因として挙げられる．例えば，前述の人的資源及び州間関係小委員会の公聴会の冒頭においてタウンズは，特区認可権の運用に疑問を呈する一方で，特区事業について，「こうした裁量の付与は重要である．これにより州政府は，連邦の次元で活用可能な画期的，革新的な知見を切り拓くことができる」[68] と述べていた．レーガン政権以来，特区事業は肥大化する福祉支出の抑制と，貧困者への就業支援のための新たな事業を模索する効果的な手段としてみなされ続けていたのである．

　クリントン政権一期目の第 103 議会は上院が民主党 57 議席，共和党 43 議席で，下院が民主党 258 議席，共和党 176 議席であり，第 104 議会は上院が民主党 47 議席，共和党 53 議席で，下院が民主党 204 議席，共和党 230 議席であったので，いかに民主党がクリントン政権に反発しても，共和党の協力なしに，クリントン大統領による特区認可権の活用を阻止することは難しかったのである．

　もちろん，クリントン政権が，議会の動向を常に警戒し，反発を招かないよう，特区認可権の利用に細心の注意を払っていたことも無視できない．1995 年 7 月に，保健福祉省長官は，クリントン大統領に宛てた文書の中で，次のように述べている．

　　「貴方もご承知の通り，社会保障法の条文には，特区認可権は，実証実験とその評価のためのものであると明確に記されております．ですから貴方は，

---

66)　Hearing before the Human Resources and Intergovernmental Relations Subcommittee of the Committee on Government Operations, September 29, 1994, p. 9.

67)　*Ibid.*, p. 9.

68)　*Ibid.*, p. 2.

本来の政策変更の実施主体としての議会の特権を侵しているように見えてはならないと認識しておられるので，常に，特区事業にとって重要なのは，きちんと事業を評価し，事業から学ぶことである，ということを強調なさっている．」[69]

　以上のように，議会は特区認可権の制度変容に懸念を表明していたものの，議会がまとまって大統領による特区認可権の利用に反対しなかったために，議会は特区認可権の制度変容を妨げることはなかったのである．

第3節　1996年福祉改革法成立とその影響

1. 法改正による政策革新の追求と議会の追認

　既に述べたように，クリントン政権は特区認可権の運用によるアメリカ全土での福祉改革を目指したが，その一方で，連邦法改正による福祉改革も目指していた．その理由としてクリントン大統領は，対外的には，州政府がいちいち執政府から許可を得ずとも，独自の福祉縮減政策を導入できるようにすべきであるからと述べていた[70]．政権内部では，他の理由についても議論されていた．1994年11月3日，ウェイがラスコに宛てた前述のメモには，次のようにその理由が語られている．

　　「1115条特区事業の有効性は明らかであるが，明確な限界もある．第一に，立法なしには真の受給期間制限を実現することはできない．受給者は，ある州での受給記録をもたずに別の州に移動できる．また，州政府の手法も

---

69)　Memo, The Secretary of Health and Human Services to the President, July 20, 1995, "Family Caps and the Massachusetts Waiver," Folder "42-t-647851-20091414-S-067-014-2015," Box Welfare-State Waivers, the National Archives of the United States.

70)　Clinton, "Remarks to the National Governors' Association in Burlington, Vermont," p. 1185.

州毎に大きく異なる．第二に，ほとんどの特区事業は，受給者に対して給料が発生する就労ではなく，地域での実務体験を課している．」[71]

　すなわち，クリントン政権は，特区事業の運用の限界を認識していたために，特区認可権を通じて州政府に実施させていたことと同様の福祉改革を，立法によっても実現したいと考えていたのである．

　1994年6月14日にクリントン政権が示した福祉改革法案（S.2224, H.R. 4605）からも，クリントン政権が，特区認可権を活用して進展させている福祉改革を，立法によってさらに推し進めようとしていたことがわかる．その福祉改革法案の中でも，特区事業との関係で重要な点は，次の五つである．

　第一に，受給期間の制限である．クリントン政権が示した法案には，就労できる者が公的扶助を受けられる期間は生涯で最長2年とする旨が記されていた．

　第二に，就労等の義務付けである．この法案には，1971年以降に生まれた全ての扶助受給者に就労，就労訓練，就学のいずれかを義務付けるという旨が規定されていた．

　第三に，違反への罰則である．就労，就労訓練，就学のいずれかの義務を果たさない者に対しては，給付額の減額や全額削減などの制裁を科すということが記されていた．注目すべきは，これらが，クリントン政権が用意した特区事業の申請書の雛形の中に用意されていた事業案と同様の内容であるということである．

　第四に，この福祉改革法案は，多くの州で特区事業によって実施されていた，扶養児童増員に対する追加支援の撤廃についても定められていた．

　第五に，州政府への裁量の付与が指摘できる．この福祉改革法案は，受給期間を最長で2年と設定しながら，さらに期間を短くする裁量を州政府に委ねていた．また，全ての扶助受給者への就労等の義務付けについても，どのような者に就労，就労訓練，就学のいずれを義務付けるのかなどを州政府の裁量に委ねた．違反への罰則についても，州政府に大きな裁量を認めた．扶養児童増員に対する追加支援の撤廃についても，州政府の裁量とされた．こうした州政府

---

71)　Memo, Kathi Way to Carol Rasco, November 3, 1994.

の裁量は，それまで特区事業の認可を通じて州政府に与えられていたものであった．

　上記の五点から明らかなように，クリントン政権の福祉改革法案は，州政府が，それまで特区事業を通じて裁量を得て実施してきたことを，特区事業を利用せずとも実施できるようにすることを意図したものであった．

　クリントン大統領は，法案を提案するだけでなく，議会に法案成立のための圧力をかけることも欠かさなかった．1995 年 10 月，クリントン大統領は議会で審議中の福祉改革法案について，「もし議会が，私の許容できる法案を承認しないのだったら，私は特区事業の認可によって，より多くの州政府が革新的な福祉事業を実証できるよう努めるだろう」[72]と釘を刺していた．彼はまた，政権の望まない修正が加えられた場合，「私は拒否権を行使して法案を廃案にするだろう．そして私は，議会が正しい選択をするまでの間，今ある福祉を終わらせるため，特区認可権を利用せざるを得ない」[73]とも警告していた．

　これらのクリントン大統領の発言からは，拒否権をちらつかせる一方で，政権として特区認可権を活用することで，議会の協力が得られずとも福祉改革を進展させる大統領と，破綻した福祉政策に対処できない議会という印象を世論に与える意図があったことが読み取れる．実際，議会は世論の反発を恐れたこともあり，特区事業として既に実施されていた内容をなぞる福祉改革法を成立させたのだった．

　1996 年に成立した福祉改革法は，上記の五点全てを満たすものであった．この法律により，これまで公的扶助事業として実施されていた要扶養児童家庭扶助は，新たに「貧困家庭一時扶助」と呼ばれる事業に代わった．この事業では，福祉受給者が生涯で福祉を受給できる期間は最長で 5 年と定められた．また，福祉受給者は就労，就労訓練，就学のいずれかを義務付けられ，この義務に違反した者は最も厳しい場合，それ以降の公的扶助が一切給付されないなどの制裁が科されると定められた．扶養児童増員に対する追加支援についても州政府の義務から外された．そして，これら全てについて，具体的内容については州

---

72)　Robert Pear, "President Draws Line On Welfare," *New York Times*, October 10, 1995.

73)　*Ibid.*

政府の裁量に委ねられた.

したがって，1996 年福祉改革法は，大統領が特区認可権を利用することで進めてきた福祉改革を，議会が追認したものだといえるだろう．特区認可権は，議会を迂回して大統領が自身の望む政策を実現する手段であると同時に，議会にそうした現状変更を追認させるほどの手段になりえるのである．実際，クリントン政権の高官は「特区認可権の行使が，福祉受給者に働くよう促し，また福祉改革法の導入の基礎をなした」[74] と自賛している.

それでは，議会の追認の過程は，どのように説明できるのだろうか．特区認可権によって実施される特区事業の持つ，政策アイデアの波及という特徴に着目して簡単に考察したい．特区事業は，誰の目にも触れない実験室ではなく，多くの人の目に触れる実際の社会で検証する．それゆえ，特区事業は，政策アイデアを有権者や政治家たちに普及させるという特徴を有する.

1996 年に福祉改革法が成立するまでに多くの専門家や政治エリートは，多くの州政府が実施していた特区事業によって得られた様々な知見に注目していた．彼らは，そこで得た就労促進や福祉縮減につながる知見を活かして福祉改革法案を作成・修正したり，意見を述べたりしたのであった．新聞紙上はもちろんのこと，福祉改革法案に関する公聴会の場でも，過去の特区事業から得られた知見は，重要な情報として利用された．州政府の福祉改革担当者や特区事業の効果を検証した者の多くは，新聞紙上や公聴会の場で，受給期間制限，就労等の義務付け，違反への厳罰などの政策内容が就労促進や福祉縮減効果をもたらしたのかどうか，そしてそれはどの程度だったのか，について意見を求められた．そしてそうした意見が価値のあるものとみなされ，就労促進や福祉縮減に最も効果がある福祉改革法案が議論された．その結果，クリントン政権と州政府が協調して実施していた特区事業の内容ばかりが議論の対象となり，クリントン政権や州政府が望む福祉改革を実現できる改革案がまとまった[75].

---

74) Memo, Donna Shalala to Lawton Chiles, January 29, 1997, "The Honorable Lawton Chiles," Folder "647386-national-governors-association-dc-winter-meeting-february-1997," Box 119 Bruce Reed, William J. Clinton Presidential Library.

75) Kevin Sack, "Welfare Experiment Showing Signs of Success," *New York Times*, June 11, 1992; Jason Deparle, "Study Finds That Education Does Not Ease Welfare

第3節　1996年福祉改革法成立とその影響　　107

　しかも，特区事業の成果を参考にして作成された福祉改革法案は，実社会で既に効果があることが示されたアイデアを下地にしていた．したがって，法案の内容には不確実な点が少なく，また信頼できて有用なものだとする主張が支持を得やすかった．多くの議員たちは，実際に福祉縮減や就労の促進を実現したとされる特区事業の成果によって，そうした特区事業の内容を多く含む福祉改革法案を魅力的だと感じるようになっていた[76]．

　世論も同様に，多くの州で既に特区事業として実施されており，かつ福祉改革法案の骨子でもあった福祉縮減のための方策を支持していた．1994年のカイザー家族財団（Kaiser Family Foundation）の調査によれば，56％もの人々が，福祉受給者に就労，就労訓練，就学などを義務付けることを支持し，68％もの人々が，福祉の生涯受給期間を2年に制限することを支持していたのである[77]．

　加えて，1994年の州知事選挙において，各州で福祉改革を主導してきた州知事たちの多くが再選されたことも，特区事業と方向性を同じくする福祉改革法が支持を得られるようになった要因として無視できない．当時の共和党の現職州知事6名と民主党の現職州知事3名[78]は，特区事業を通じた福祉改革の実

Rolls," *New York Times*, June 22, 1994; Susan Chira, "Teen-Age Mothers Helped by Ohio Plan, Study Finds," *New York Times*, September 20, 1994; Hearings before the Committee on Ways and Means and the Subcommittee on Human Resources of the Committee on Ways and Means, *Welfare Reform Proposals, Including H.R.4605, The Work and Responsibility Act of 1994*, House, 103rd Cong., July 14, 26, 27 and 28, 1994, pp. 53–4, pp. 64–5, pp. 67–70, pp. 126–7; Hearings before the Committee on Ways and Means and the Subcommittee on Human Resources of the Committee on Ways and Means, *Welfare Reform Proposals, Including H.R.4605, The Work and Responsibility Act of 1994*, House, 103rd Cong., July 29, August 9 and 16, 1994, pp. 801–4, pp. 859–60, pp. 880–1, pp. 894–905, pp. 910–1; Hearing before the Committee on Finance, *Administration's Views on Welfare Reform*, Senate, 104th Cong., March 10, 1995, pp. 4–5, pp. 10–9; Jonathan Rabinovitz, "Welfare in Transition: Connection – Here, the Federal Overhaul Looks Very Familiar," *New York Times*, September 21, 1995.

76)　*Ibid.*

77)　Kaiser Family Foundation, "National Survey of Public Knowledge of Welfare Reform and the Federal Budget."

78)　共和党現職州知事6名は，カリフォルニア州知事ピート・ウィルソン，イリノイ州知事

施及び進展を成果として掲げ，再選を果たした．特に，ウィスコンシン州知事トンプソンが，福祉縮減の成功を掲げて 67% もの得票率で三選を果たしたことはよく知られている[79]．

特区事業は，クリントン政権や州政府の望む福祉改革法案の作成に寄与するだけでなく，議員たちや世論からの支持を得るのにも重要な役割を果たしたのだった．

2. クリントン政権による特区認可権の運用の減少

1996 年福祉改革法が成立すると，州政府から新規の特区事業が申請されることはなくなった．また，大統領が積極的に特区認可権を活用しようとすることもなくなった．なぜなら，要扶養児童家庭扶助に代わって導入された貧困家庭一時扶助により，州政府はそれまで特区事業として認可を得る必要があった福祉政策を，そういった認可を得ずとも実施できるようになったからである．クリントン政権にとっても州政府にとっても，受給期間制限，就労等の義務付け，違反への罰則などの事業の実施のために特区事業に頼る必要がなくなったのである．

それまで認可を受けてきた事業内容だけではなく，全く新たな内容の特区事業も現れなかった．その理由は三つある．第一に，現状に対する不満は 1996 年福祉改革法によって概ね解消され，州政府の自由裁量も増したため，特区事業に頼らずとも州政府は独自の政策を実施できるようになったことが挙げられる．

第二に，州政府は要扶養児童家庭扶助に代わって新たに導入された貧困家庭一時扶助を実施するために多くの労力を割く必要があり，特区事業を実施するという負担を背負いきれなくなったことを指摘できる．

　ジム・エドガー，アイオワ州知事テリー・ブランスタッド，マサチューセッツ州知事ウィリアム・ウェルド，ミシガン州知事ジョン・エングラー，ウィスコンシン州知事トミー・トンプソンである．民主党現職州知事 3 名は，ジョージア州知事ゼル・ミラー，メリーランド州知事パリス・グレンデニング，ヴァーモント州知事ハワード・ディーンである．

79)　Norman Atkins, "Governor Get a Job: Tommy Thompson," *New York Times*, January 15, 1995.

第3節　1996年福祉改革法成立とその影響　　109

　第三に，クリントン政権が新規の特区事業について，1996年福祉改革法で新たに定められた規定を免れる手段として用いてはならないとする立場を明確にしたからである．クリントン政権は，1996年10月11日，新規の特区事業の扱いについて，議会の代表者たちと話し合いの場を設け，次のように伝えた．

　　「クリントン政権は，特区事業によって州政府が就労義務付けや受給期間制限といった新福祉改革法に定められている規定を回避することを望んではおらず，むしろそうした州政府の試みには反対するだろう．クリントン政権は，就労義務付けと受給期間制限が新福祉改革法の中核をなしていると確信しており，またこれらの適切な執行を保障するために議会と協力する．」[80]

　それでは，1996年福祉改革法成立以前に認可を得ていた既存の特区事業は，1996年福祉改革法成立によってどのような影響を受けたのだろうか．実は，1996年福祉改革法は，既存の特区事業の更新は認めないとしながらも，同法第415条により，たとえ1996年福祉改革法と「相容れないもの」であっても，既に認可を得ていた期限までは事業を継続して実施することを認めていた．

　ただし，「相容れないもの」が具体的に何を指すのか曖昧であったため，議会と執政府が協議した上で[81]，1999年4月12日，執政府は連邦官報で第415条を次のように執行すると定めた．すなわち，「この規定は，州政府の特区事業が貧困家庭一時扶助の就労等の要件と受給期間制限と相容れない場合に適用される」[82]と定められた．

　それにより，就労等の義務付け，受給期間制限，就労等の義務付けに関連する違反への罰則についての特区事業の継続が認められた．保健福祉省が州政府

---

80)　Memo, John Monahan to Bruce Reed, October 11, 1996, "Final Talking Point: State Welfare Waivers and the New Welfare Reform Legislation," Folder "612964-waivers-2," Box 43 Bruce Reed, William J. Clinton Presidential Library.

81)　*Ibid.*

82)　U.S. Department of Health and Human Services, Administration for Children and Families, April 12, 1999, "Temporary Assistance for Needy Families Program (TANF): Final Rule," Federal Register, Vol. 64, No. 69, 17731.

に対して，1999 年 10 月 1 日までに，貧困家庭一時扶助とは相容れない事業を継続するか否かを回答するよう求めた結果，実に 20 もの州が，継続して特区事業を実施すると回答した[83]．いずれの州の特区事業も，就労等の義務付け，受給期間制限，就労等の義務付けに関連する違反への罰則などを設ける事業であり，事業の期限は，最短で 2000 年まで，最長で 2007 年までであった[84]．

3．G. W. ブッシュ政権による特区事業の即時廃止の訴え

G. W. ブッシュ政権もまた，貧困家庭一時扶助の下での特区事業の活用に対して否定的であった．ブッシュ政権期にも，州政府から新規の申請がなされることはなかった．加えてブッシュ政権は，実施中の特区事業の即時廃止すら求めていた．ブッシュ政権は，貧困家庭一時扶助の再授権法案の中で，1996 年以前に認可を得て継続して実施されている特区事業をすぐにでも廃止するよう求めた．2001 年のブッシュ政権の発足後も，未だに 18 州が特区事業を継続して実施していた[85] 状況に対して，ブッシュ大統領は，次のように不満を表明した．

　　「既存の法の下での裁量の付与により，州政府は特区事業なしで貧困家庭一時扶助の目的全てを成し遂げることができる．…（中略）…既存の特区事業を廃止することで，全ての州が平等の立場に立つのだ．」[86]

ブッシュ大統領は，特区事業を活用しない旨を明言しただけに留まらず，既

---

83) 内訳は，アリゾナ州，コネチカット州，デラウェア州，ハワイ州，インディアナ州，カンザス州，マサチューセッツ州，ミネソタ州，ミズーリ州，モンタナ州，ネブラスカ州，ニューハンプシャー州，オハイオ州，オレゴン州，サウスカロライナ州，テネシー州，テキサス州，ユタ州，ヴァーモント州，ヴァージニア州．

84) U.S. Department of Health and Human Services, "Temporary Assistance for Needy Families (TANF) Program: Third Annual Report to Congress," August 2000, pp. 201–3, pp. 234–5.

85) *Ibid.*

86) White House, "Working toward Independence: Maximize Self Sufficiency through Work and Additional Constructive Activities," February 2002, http://georgewbush-whitehouse.archives.gov/news/releases/2002/02/welfare-book-04.html.

存の特区事業の即時廃止が貧困家庭一時扶助の目的の遂行にとって望ましいと主張したのだった.

　既存の特区事業の即時廃止というブッシュ政権の主張の背景には，ブッシュ政権が 2002 年の貧困家庭一時扶助の再授権法案（H.R.4737）の中で，より福祉受給者に厳しい福祉政策を目指していたことがあった．ブッシュ政権は，福祉受給者にそれまで以上の就労義務を課すことを州政府に求める法案の成立[87]を目指していたので，そうした義務から自動的に免除される，既に特区事業を実施している州政府の存在に対して否定的な立場をとったのだった.

　しかしながら，ブッシュ政権は，既存の特区事業の即時廃止にも，就労義務付けの強化にも失敗した．同法案において示した，既存の特区事業の廃止や，福祉受給者に対するより厳しい就労の義務付けについての提案は，州政府の裁量を広く認めるという貧困家庭一時扶助の目的から逸脱しているとして，民主，共和両党からの反発を受けたためである[88]．その後，紆余曲折を経て，2006 年 2 月になってようやく成立した再授権法には，ブッシュ政権のこれらの提案は含まれていなかったのである.

　以上のように，レーガン政権二期目から始まった，特区認可権の政策変更手段としての新たな運用と，そうした手段としての特区認可権の利便性向上のための制度整備という制度変容は，1996 年福祉改革法の成立により一旦その役目を終えた．福祉政策における特区認可権が再び大統領の政策変更手段として注目を集めるのは，オバマ政権に入ってからのことである．この点については第 7 章で論じる.

　なお，ブッシュ大統領は，必ずしも特区認可権そのものに対して否定的であったわけではない点には注意が必要である．確かにブッシュ大統領は，当時実施されていた特区事業の即時廃止を求めていたが，その一方で，特区認可権の有

---

87)　具体的には，福祉受給者に対して課される最低就労時間を，それまでの週 30 時間から週 40 時間へと引き上げたり，州政府に課されている，州内の就労等に従事する福祉受給者の割合の最低基準を，それまでの 50% 以上から 70% 以上へと引き上げるといった内容である.

88)　Report of the Committee on Finance, *Work, Opportunity, and Responsibility for Kids Act of 2002*, 107th Cong., July 25, 2002, p. 7.

用性を認め，その拡大を試みていた．この新たな特区認可権は，当時，「超特区認可権（superwaiver）」として広く知られていた[89]．超特区認可権の導入は，全米知事協会からの強い支持を得ていたものの[90]，議会を中心に，三権分立制を脅かしうるという反発を招き，頓挫した[91]．

おわりに

本章では，レーガン政権による特区認可権の新たな運用を，G. H. W. ブッシュ政権，クリントン政権が継受し，またそうした運用の利便性を高める制度を整備していったことを明らかにした．特区認可権の制度変容によって，大統領は福祉政策において議会を介さずに政策変更を実現する能力を高めていったのである．

前章および本章は，福祉国家研究に一定の貢献を果たしうる[92]．ジェイコブ・ハッカーは，アメリカの福祉国家の衰退を，政策変化の一形態である「政策漂流（policy drift）」とみなして論じている．彼によれば，1970年代以降のアメリカでは，社会的，経済的状況が変化したことで，既存の社会福祉政策が想定しておらず十分に対応できない新たな社会リスクが生じた一方で，政策が変更されない状況が続いた結果，実質的にアメリカの福祉国家の縮減が進展していたという．政策が変更されなかった理由としてハッカーは，政策決定過程にお

---

89) 従来の特区認可権は，社会保障法に定められる貧困家庭一時扶助，メディケイド，メディケア，フードスタンプなどの事業の実施について，それらの事業の枠内で州政府に自由裁量を与えるために利用されてきた．ところが，この超特区認可権は，連邦政府が補助金を出して州政府が運営している様々な低所得世帯への支援事業を統合して，新事業を実施することを州政府に認めるものであった（White House, "President Announces Welfare Reform Agenda," February 26, 2002, http://georgewbush-whitehouse.archives.gov/news/releases/2002/02/20020226-11.html）.

90) Hearing before the Subcommittee on Human Resources of the Committee on Ways and Means, *Welfare Reform Success*, House, 107th Cong., April 2, 2002, p. 7.

91) Center for Effective Government, "Nonprofit Organizations around the Country Oppose Super-Waiver," May 10, 2002, http://www.foreffectivegov.org/node/595.

92) 福祉政策，福祉改革，福祉国家について，邦語の優れた研究が多く存在する．例えば，新井（2002, 2005），渋谷・渡瀬・樋口編（2003），渋谷・ウェザーズ編（2006），根岸（2006），木下（2007），渋谷・中浜編（2010a, 2010b）など．

いて拒否権を行使するだろう政治主体が多いために，立法による政策変化が難しいことと，政策が一度できるとその政策を支持する強力な連合が形成されるために政策変化が難しくなることという二点を指摘している．その一方で彼は，福祉政策では政策漂流が生じず，立法による改革，すなわち1996年福祉改革がなされたと指摘する．彼によれば，政策決定過程において福祉縮減に反対する政治主体が少なく，また福祉縮減に反対するだろう福祉政策の受益者である貧困者が強力な協力関係を構築することができないため，福祉政策では立法による福祉縮減のための改革がなされたのだという（Hacker 2004）．

しかしながら，前章と本章で示したように，福祉政策は1996年福祉改革法が成立する前から，政策漂流でも立法による改革でもない方法で大きく変わっていた．大多数の州で特区事業として福祉縮減の改革が実施され，1995年6月の時点で特区事業対象者は要扶養児童家庭扶助受給者の48%にも上っていたのである[93]．既存研究は，こうした変化を説明できていないどころか，それに目を向けてすらいない．その理由として，先行研究は連邦制を視野に入れた見地から福祉国家の衰退を考察するという意識が薄かったことが指摘できる．そのために，州政府と協力すれば，手間や時間や負担のかかる立法によらずとも政策を変更できるという，大統領の新たな戦略に気づくことができなかったと考えられる．

前章と本章では，大統領が手間のかかる立法によらずとも，特区認可権の新たな運用により州政府と協力して政策転換を行うことが可能との認識を持ったために，既存研究が指摘する政策変更のパターンではなく，特区認可権の利用を通じた政策変化が生じ，福祉国家の衰退の一因となりうる福祉縮減が進展したことが示されている．

---

93) Memo, Carol Rasco to the President, June 13, 1995, "Waivers and Welfare Reform," Folder "612964-waivers-3," Box 43 Bruce Reed, William J. Clinton Presidential Library.

第5章 クリントン政権以降の医療保険政策への波及

　第3章，第4章では，福祉政策において，大統領が特区認可権を用いることで，議会を介さない政策変更を実現していたことを明らかにした．福祉縮減を目指す大統領と州政府の協調により，福祉政策における特区認可権の制度変容が進展したのだった．本章では，特区認可権が医療保険政策の政策変更手段としても用いられるようになっていったことを明らかにする．

　1962年社会保障法改正によって導入された特区認可権は，社会保障法の定める事業全てを対象範囲としていた．そのため，1965年社会保障法改正によって医療保険政策分野のメディケイドやメディケアが社会保障法に定められると，これらも特区認可権の対象となった．しかしながら，それぞれの政策領域を管轄する部署が異なるため，福祉政策を対象とした特区認可権の運用に変化が生じても，自動的に医療保険政策を対象とした特区認可権の運用に変化が生じるわけではない．それにもかかわらず，クリントン政権を境に，特区認可権の制度変容は，メディケイドを対象とした特区認可権の運用にも及んでいったのである．なぜ，どのように，こうした制度変容が生じたのだろうか．

第1節 クリントン政権発足前までの公的医療保険

1. メディケイド支出の増大

　貧困者への公的医療保険政策であるメディケイドは，1965年社会保障法改正によって導入されてからクリントン政権発足前まで，緩やかに変化してきた．実はこうした変化は，後にクリントン政権が医療保険制度改革を目指す原因となる．この時期，どのような変化が生じ，そしてそれがクリントン政権に対してどういった影響を与えたのだろうか．

第 5 章　クリントン政権以降の医療保険政策への波及

　導入当初から，メディケイドは，州政府が主体となって，どのように運営するか，どのような医療支援を提供するかを決定できた．ただし，州政府は，連邦政府が定める基準や枠組みに従ってメディケイドを実施することが課せられたので，裁量の範囲は決して広くなかった．また，州政府が受け取るメディケイドのための連邦補助金額は，州政府のメディケイド支出額に比例して算出されたので，一方の支出の増加は他方の支出の増加も意味していた．

　1970 年代まで，メディケイドの受給要件は非常に厳格であった．連邦政府が義務付けていた受給対象者は，要扶養児童家庭扶助や補足的所得保障（Supplemental Security Income: SSI）などの連邦政府が実施する公的扶助の受給世帯の構成員に限られていた．前者の要扶養児童家庭扶助は扶養児童のいる貧困家庭に対する公的扶助であり，後者の補足的所得保障は，貧困な高齢者や障碍者に対する公的扶助である．つまり，メディケイドの受給対象者は，扶養児童，高齢者，障碍者のうち，世帯所得が低い者に限られていた．こうした受給対象者に加えて，州政府は任意で，メディケイド受給対象の所得基準を独自に設定して，より多くの扶養児童，高齢者，障碍者をメディケイド受給対象に加えてもよいとされていた．州政府独自の基準でメディケイド受給対象に加わった者は，「医療支援が必要な者（medically needy）」と呼ばれる．

　1980 年代からは，無保険状態にある貧困者の増大が社会問題となる中で，メディケイドの受給要件が次第に緩和されていった．まず，公的扶助を受給している者に限るという受給要件がなくなった．1986 年包括予算調整法（Omnibus Reconciliation Act of 1986）や 1989 年包括予算調整法（Omnibus Reconciliation Act of 1989）などの一連の立法は，メディケイドの受給要件を，貧困であることと，子ども，妊婦，高齢者，障碍者のうちいずれかであること，という二つの条件を満たすことへと変更した[1]．さらにこの新たな二つの条件は，時代を経て少しずつ緩和されていく[2]．

---

1)　ただし，一つ目の条件である貧困状態の認定基準は，二つ目の各条件ごとに異なっていた．

2)　例えば，メディケイド導入当初，子どもや妊婦は，要扶養児童家庭扶助の受給世帯でなければメディケイドの受給対象となりえず，要扶養児童家庭扶助の受給要件となる貧困基準は非常に厳しかった．ところが，1986 年包括予算調整法によって，州政府はメディケ

第1節　クリントン政権発足前までの公的医療保険　　117

　受給要件の緩和や医療費の高騰に伴い，次第に連邦政府と州政府はメディ
ケイド支出の急激な上昇に悩まされることになった．1980年には連邦政府と州
政府を合わせて260億ドルだったメディケイド支出は，1990年には3倍近く
の730億ドルにまで膨れ上がり，そうした増大傾向は続いた[3]．連邦政府と州
政府は，メディケイド支出の増大傾向に歯止めをかけるべく，貧困者に医療支
援を提供する新たな方策を模索しなければならなかった．

2. 特区認可権の消極的な運用

　メディケイド支出の増大に対処するため，特区認可権を利用するというのは
魅力的な手段のように思える．1962年社会保障法改正により，同法第1115条
に特区認可権が定められた．そこには，州政府の特区事業の実施のために執政
府が，州政府に課されている社会保障法の様々な要件を免除できるという旨が
規定されている．免除される要件は，例えば，メディケイドの州全体への適用
の義務，メディケイド対象者へ提供される医療の量，期間，範囲についての義
務，メディケイド対象者の定義，介護認定の水準の定義など多岐にわたってい
る．

　したがって，一見すると，大統領にはメディケイド支出の抑制方法を模索す
るために特区認可権を利用する誘因があるように見える．しかしながら，1980
年代まで，特区認可権はメディケイド支出の抑制のために用いられるどころか，
そもそも積極的に用いられることがなかった．特区認可権が用いられた場合で
も，基本的に，専門家の間で効果的だと判断された医療制度を実験的に導入し

　　イドの受給対象として，要扶養児童家庭扶助の受給の有無を問わず，連邦貧困基準（Fed-
　　eral Poverty Line）100%以下の1歳以下の乳児，貧困基準100%未満の妊婦を加えて
　　もよいとされ，受給要件が緩和された．1989年包括予算調整法では，全ての州が，連邦
　　貧困基準の133%未満の子ども（6歳まで）と妊婦をメディケイド受給対象として加える
　　義務が課された結果，受給資格を得る条件がさらに緩和された．さらには，1990年包括
　　予算調整法（Omnibus Reconciliation Act of 1990）では，連邦貧困基準の100%未満
　　の子ども（6歳から18歳）にも受給資格が与えられるようになった．
　3）　Centers for Medicare and Medicaid Services, "National Health Expenditure Data,"
　　http://www.cms.gov/Research-Statistics-Data-and-Systems/Statistics-Trends-and-
　　Reports/NationalHealthExpendData/NationalHealthAccountsHistorical.html.

検証するためのものであった[4].

　この時期，特区認可権がメディケイド支出の抑制のために積極的に用いられることがなかった理由としては，三点指摘できる．第一に，福祉政策の場合と同様に，州政府にとって，特区事業の申請のための負担が大きかったことが挙げられる．州政府の担当者は，申請のために，膨大なマニュアルを読み込み，関係する連邦省庁に掛け合い，連邦政府から許可を得る必要があった．第二の理由として，第2章第2節で詳述したように，保健教育福祉省が人体実験の被験者保護のために導入していた行政規制が存在していたことも指摘できる．第三に，本書で論じている特区認可権とは異なる，二種類の「特区認可権」を通じたメディケイド改革に関心が集まり，多くの労力が割かれていたことも指摘できる[5]．すなわち，1981年に導入された，「医療の選択の自由に関する特区認可権（freedom-of-choice waiver authority）」[6]と，「在宅地域密着医療に関

4）　唯一の例外が，アリゾナ州の特区事業であった．アリゾナ州は様々な意味で例外的な州である．アリゾナ州は，メディケイドが1965年社会保障法改正で導入されてしばらくの間，それに参入することを拒み続けていた．その理由は，アリゾナ州にある既存の貧困者のための医療保険事業と，メディケイドの事業内容に大きな差異があり，導入することの損失が大きいためであった．1982年，アリゾナ州はようやくメディケイドに参入したが，その際，アリゾナ州は，州の既存の貧困者のための医療保険事業を継続することを希望し，特区事業として認可を得て，その継続が認められたのだった．その後，アリゾナ州は，その特区事業の認可の期限が切れるたびに更新が認められてきた（Arizona Health Care Cost Containment System, "Arizona Section 1115 Demonstration Project Waiver," http://www.azahcccs.gov/reporting/federal/waiver.aspx）．

5）　もちろん他の種類の特区認可権もあるが，それらは医療保険政策における重要度も低く，また利用される頻度も少ないので，議論の焦点を絞るために，本書では割愛する．例えば，1967年社会保障法改正で同法第402条（a）項として導入され，1972年社会保障法改正で第222条（b）項に移ったものと，1972年社会保障法改正で第222条（a）項（1）（A）として導入されたものがある．これらの特区認可権は，立法府が，州政府のメディケイドやメディケイドの還付金設定に自由裁量を与えるという目的のために導入された．これらにより州政府は，州政府に課されている適正原価と適正料金に関する要件が免除され，還付金設定に一定程度の自由裁量を得る．他には，1972年社会保障法改正で第222条（a）項（1）（B）として導入された特区認可権や，1984年財政赤字削減法（Deficit Reduction Act of 1984）の第2355条の特区認可権もある．

6）　医療の選択の自由に関する特区認可権は，1981年包括予算調整法第2175条によって社会保障法第1915条（b）項に挿入された．1915条（b）項特区認可権は，メディケイド対象者が医療支援を受ける機関を限定する仕組みを州政府が設定することを認める，執政府の権限である．1915条（b）項特区認可権の適用を受けた州政府は，通常の外来診療

する特区認可権 (home and community based waiver authority)」[7] である．前者は，被保険者に提供される医療サービスの内容を保険者側が定める制度である，いわゆるマネジドケア (managed care) の普及に一役買ったとされ (Rowland and Hanson 1996)，後者は，長期医療 (long-term care) を在宅地域密着型に転換させるのに重要な役割を果たしてきたとされている (Miller, Ramsland, and Harrington 1999)[8]．

第2節　医療保険制度改革の失敗と特区認可権の活用

1. 立法による大規模な医療保険制度改革の失敗

クリントン政権発足前まで，メディケイドにおける 1115 条特区認可権の利用は限定的であった．しかしながら，クリントン政権期からは，メディケイドにおいても福祉政策と同様に，特区認可権が政策変更の手段として利用されるようになっていく．クリントン政権による運用の変更は，なぜ，そしてどのように生じたのだろうか．以下では，まず立法による二つの医療保険制度改革の試みについて論じる．クリントン政権は当初，医療保険制度改革の手段として立法と特区認可権の利用を並行して進めたが，立法による改革に失敗し，特区

の利用を促進させ，またメディケイドの費用を抑制するための症例管理 (case management) と指名契約協定 (selective contracting arrangements) を実施できる．

7)　在宅地域密着医療に関する特区認可権は，1981 年包括予算調整法第 2176 条によって社会保障法第 1915 条 (c) 項に挿入された．1915 条 (c) 項特区認可権は，州政府が，長期的な医療が必要だと思われるメディケイド対象者に対して，その者の暮らす地域の非医療施設による医療の提供を認める，執政府の権限である．1915 条 (c) 項特区認可権は，医療施設による医療の代替として，より効果的で費用のかからない医療支援の提供を促進させるためのものである．これら二種類の 1915 条特区認可権の利用により，連邦政府と州政府はメディケイドの支出抑制を試みたのだった．

8)　なお，これら二種類の特区認可権は，1115 条特区認可権とは異なり，大統領が自身の望む政策実現のために利用する手段としては適さなかった．1115 条特区認可権は，広範な目的のために利用できるのに対して，これら二つの特区認可権は，医療選択の自由や在宅地域密着医療に関する目的のためにしか利用できないからである．そのため，これら二つの特区認可権は，クリントン政権が望む大規模なメディケイド改革の手段としては適当ではなく，その後も大統領による政策変更手段として用いられることもなかった．

認可権の利用によって改革を目指すことになるのである.

　クリントン大統領は，政権発足直後から積極的に立法による医療保険制度改革を目指した．1993年1月25日，大統領に就任して間もないクリントンは，医療保険制度改革問題特別専門委員会 (Task Force on National Health Care Reform) を設置し，委員長に，大統領夫人のヒラリー・クリントンを据えることを表明した[9]．この委員会は，同年5月30日に解散されるまでのわずかな間に，20回以上もの会議を開き，医療保険制度改革の草案を作成し，大統領に提出した[10]．

　クリントン大統領は，上記の委員会の解散後も，委員会に所属していた元委員らとの会議を重ねた．1993年9月22日，クリントン大統領は，議会の上下両院合同会議の場で大々的に医療保険制度改革案の骨子を明らかにした．クリントン大統領は，まず，「私たちは，全てのアメリカ市民に，永続的で喪失することのない医療保険を提供するという最優先事項を緊急に達成しなければならない」[11] と述べ，自身の医療保険制度改革の目標を力強く宣言したのだった.

　クリントン大統領は，自身が掲げた医療保険制度改革案の骨子について，「全てのアメリカ市民に，全米上位500社のほとんどが社員に提供しているものにほぼ比肩する，包括的で一生涯を保障する医療保険証を提供する．この医療保険証は決して取り上げられることはない」[12] と述べ，医療保険の永続性を何度も強調した.

　さらに，クリントン大統領は，医療保険制度改革が必要不可欠な理由として，次のように現状の問題点を指摘している.

　「何百万ものアメリカ市民は，自らの医療保険を喪失する事態を防げず，ま

---

9) William J. Clinton, "Remarks and an Exchange with Reporters on Health Care Reform," January 25, 1993, *Public Papers of the Presidents of the United States, 1993*, pp. 13–5.

10) William J. Clinton, "Statement by the Press Secretary on the President's Task Force on National Health Care Reform," June 4, 1993, *ibid.*, p. 812.

11) William J. Clinton, "Address to a Joint Session of the Congress on Health Care Reform," September 22, 1993, *ibid.*, p. 1557.

12) *Ibid.*, p. 1558.

た，たった一度の重い病によって全財産を失う事態を防げない．何百万ものアメリカ市民は，自分もしくは自らの家族が一度でも病にかかると，既往歴（preexisting condition）[13] と呼ばれるもののために，今現在の勤め先から転職することができない．アメリカには，3700万人以上もの無保険状態の市民がおり，しかもそのほとんどが勤労者及びその子どもである．それにもかかわらず，アメリカの治療費は消費者物価指数の対前年上昇率の2倍以上の速度で上昇しており，またアメリカ市民は医療費に所得の3分の1以上も支出している．…（中略）…この制度を抜本的に改善するためには，議会による立法が不可欠である．」[14]

　上記の演説に明確に示されているように，クリントン大統領は，国民皆保険と医療費削減を目的として，医療保険制度改革のための法案作成に取り組んだのだった．1993年11月20日，クリントン政権は，1342頁にも及ぶ医療保障法案（Health Security Act; H.R.3600, S.1757）を上下両院に提出した．医療保障法案は，高騰する医療費を抑制するための仕組みを導入することはもちろん，無保険者を削減するために医療保険への加入をアメリカ市民に義務付け，事業主が従業員の医療保険費用の一定割合を負担することを定め，貧困者の医療保険加入を支援する地域団体を組織することを目指したものだった[15]．

13)　一般に，医療保険加入前の一定期間に診療等を受けている病気には保険は適用されない，という条件．

14)　Clinton, "Address to a Joint Session of the Congress on Health Care Reform," p. 1557.

15)　具体的には，この法案は，次の四点を柱としていた．第一に，国家医療委員会（National Health Board）を設置し，医療保険料や医療保険適用範囲などを規制する権限を与え，医療関連の費用の上昇を抑制する．第二に，地域医療保険組合を設置し，その地域の民間医療保険事業の医療保険内容の調整，医療保険予算の執行，そこに新たに加入する事業主や従業員の登録，医療保険料の徴収，規則や規制の強制などを担わせる．大企業の従業員以外の全てのアメリカ市民は，この地域医療保険組合を通じて医療保険への加入が義務付けられる．要扶養児童家庭扶助や補足的所得保障の対象者もしくは世帯所得が連邦貧困基準の150%未満の者に対しては，医療保険料の自己負担額を減額し，その分は地域医療保険組合が負担する．第三に，この地域医療保険組合を通じて提供される医療保険は，連邦政府が詳細に定める基本的な医療保険内容を最低限とするよう定める．第四に，全ての事業主は，従業員に前述のような医療保険を提供しなければならず，また，その保険料の80%以上を負担しなければならないと定める．

クリントン政権は，法案作成と同時に，国民皆保険の導入を世論に訴える戦略を実行していた．1993年8月16日の全米知事協会の夏季大会における演説[16]を皮切りとして，広く国民に皆保険の必要性を訴えたのだった．

当初，クリントン政権による医療保険制度改革の取り組みは，州知事や市民にも好意的に受け止められていた．しかしながら，保守派や医療保険会社，そして多くの企業から，医療への政府の介入だとして強い抵抗に遭うと，状況は一変し，反対の声が巻き起こった．クリントン政権が最も積極的に支持を働きかけたと言っても過言ではない州知事たちも，改革に難色を示すようになった．ついに全米知事協会は，事業主が従業員の医療保険料の大部分を負担するというクリントン政権の改革案について，明確に不支持を表明するに至った[17]．民主党所属の州知事たちは，クリントン政権の国民皆保険導入という目的自体には賛同していたが[18]，共和党所属の州知事たちは，さらに踏み込んで，国民皆保険自体への反対を表明していた[19]．

1994年9月，多方面から強い抵抗に遭った医療保障法案は，廃案となった．1994年11月の中間選挙で，共和党が勝利して議会の多数を握ったので，立法による国民皆保険の導入という抜本的な改革は，事実上，不可能なものとなってしまったのだった．

2. 立法による小規模な医療保険制度改革の成功

クリントン大統領は，立法による抜本的な医療保険制度改革に失敗したものの，無保険者を減らす取り組みを諦めはしなかった．1996年の一般教書演説では，次のように述べている．

---

16) William J. Clinton, "Remarks to the National Governors' Association in Tulsa, Oklahoma," August 16, 1993, *Public Papers of the Presidents of the United States, 1993*, pp. 1381–9.

17) Douglas Jehl, "The Health Care Debate: The Campaign – Coverage of 95% Might Be Enough, Clinton Concedes," *New York Times*, July 20, 1994.

18) *Ibid.*

19) John Fairhall, "Clinton Offers Health Care Deal, but Governors, GOP Don't Buy," *The Baltimore Sun*, February 1, 1994.

第2節　医療保険制度改革の失敗と特区認可権の活用　123

「もしアメリカの勤労世帯が，この新しい経済の中で成功を収めたいと願う
ならば，彼らに必要なのは，勤め先を変えたり，世帯の誰かが病にかかっ
たという理由では資格を喪失しない医療保険を購入できることである．過
去2年の間に，100万人以上の勤労世帯のアメリカ市民が医療保険を喪失
した．私たちは，全てのアメリカ市民が利用できる医療保険制度のために
熱心に取り組まねばならない．」[20]

　現状の医療保険制度に対する強い危機感の下，クリントン大統領は，メディ
ケイドの受給資格の緩和による無保険者の削減と，無保険児童への公的な医療
保険の提供を目指し，小規模な改革ではあるが，双方の立法化に成功した．前
者は，医療保険の大規模な改革に比べると抑制的であり，後者は，貧困世帯の
子どもを対象とした事業であるため，超党派的な合意が得られたと考えられる．
いずれも，後に特区事業の土台として用いられることになるので，特区認可権
にとって極めて重要な改革となった[21]．

---

20)　William J. Clinton, "Address before a Joint Session of the Congress on the State
of the Union," January 23, 1996, *Public Papers of the Presidents of the United States,
1996*, p. 82.

21)　クリントン政権は，他にも，立法によらずに重要なメディケイド改革にも成功している．
1998年8月の，連邦規則の変更による100時間規定 (100-hour-rule) の削除である．100
時間規定とは，主たる家計支持者の直近2か月の労働時間が，各月それぞれ100時間以
内であり，また，次の1か月も同様に1か月当たりの労働時間が100時間以内であると
予期される場合，その世帯は失業状態とみなす，という規定である (45 C.F.R. 233.100,
1971)．基本的に，扶養児童のいる世帯がメディケイドの受給対象となるには，要扶養児
童家庭扶助の受給要件を満たす親である必要があり，その要件は，片親もしくは両親が死
亡，不在，能力の欠如，失業状態であった．そのため，両親が健在な世帯のメディケイド
の受給の可否は，失業状態か否かで判断されることがほとんどであった (U.S. Department
of Health and Human Services, August 7, 1998, "Medicaid and Title IV-E Programs:
Revision to the Definition of an Unemployed Parent," Federal Register, Vol. 63,
No. 152, 42270–5)．それでは「失業状態」はどのように判断すべきか，という問題が生
じ，1971年，執政府は失業状態の判断基準として，100時間規定を設定した．ところが，
100時間規定は，メディケイドのみならず，要扶養児童家庭扶助の受給者や受給希望者の
労働意欲を削ぐとして，批判の対象となった (Robert Pear, "Clinton to Expand Med-
icaid for Some of the Working Poor," *New York Times*, August 4, 1998)．しばしば
特区事業として，この規定を免除する事業が実施され，メディケイド受給者に対して就労
を促すこともあった．労働意欲を削ぐという批判を受け，要扶養児童家庭扶助については，

第一の改革は，メディケイドの受給資格の緩和である．1996年福祉改革法の成立によって，クリントン政権の期待通り，メディケイドの受給要件について州政府に裁量が与えられた．この改革でメディケイドの対象者は二種類の群に分類された．一つは，義務的提供群[22]であり，州政府は義務的提供群に対してメディケイドを提供することが義務付けられ，その費用は連邦政府と州政府が共同で負担するとされた．

もう一つの群は，任意提供群[23]であり，州政府は任意提供群に対して任意でメディケイドを提供することができる．そのための費用は，義務的提供群と同様に，連邦政府と州政府が共同で負担する．任意提供群のメディケイド受給者に対して提供される医療保険の内容は，義務的提供群のメディケイド受給者に与えられているものと同じものでなければならないとされた．すなわち，州政府は任意提供群の中から任意でメディケイド受給対象を設定するという意味で，受給範囲設定に関して裁量を得たのだった．

第二の改革は，1997年財政均衡法（Balanced Budget Act of 1997）の成立

1996年福祉改革法によって貧困家庭一時扶助へと変更された際，100時間規定が適用されなくなった．しかしながら，メディケイドについては，1996年福祉改革によって，メディケイド受給資格要件の一つとして，「1996年7月16日時点での要扶養児童家庭扶助の受給要件を満たす親」という条件が設定されたために，100時間規定が維持されてしまった．そこで，1998年8月，執政府は連邦官報で，その条件を撤廃することを定めた（U.S. Department of Health and Human Services, "Medicaid and Title IV-E Programs"）．その結果，両親と扶養児童のいる勤労世帯であってもメディケイドの受給対象となり，州政府は，100時間規定を免除するために特区事業を申請する必要がなくなった．

22) 義務的提供群は，以下のいずれかに当てはまる人々である．第一に，物価の変動を調整した上で，1996年7月16日時点での要扶養児童家庭扶助の受給要件を満たす親．第二に，世帯所得が連邦貧困基準の133%以下の妊婦と6歳未満の子ども．第三に，世帯所得が連邦貧困基準の100%未満の19歳未満の子ども．第四に，補足的所得保障の受給者．第五に，里親制度によって里親家庭に委託された子ども．第六に，世帯所得が連邦貧困基準の100%未満のメディケア受給者．

23) 任意提供群は，以下のいずれかに当てはまる人々である．第一に，世帯所得が連邦貧困基準の185%未満の妊婦と幼児．第二に，要扶養児童家庭扶助の受給要件を満たす親，妊婦，子ども，高齢者，障碍者のいずれかの属性の者のうち，医療費を控除した世帯所得が州政府の定める基準より低い者．第三に，補足的所得保障を受給していないものの，州政府独自の公的扶助を受給している者．第四に，世帯所得が連邦貧困基準の300%未満の者のうち，医療機関に長期滞在しているか地域の長期介護支援を受けている者．第五に，労働に励む障碍者のうち，世帯所得が高いために義務的提供群に含まれなかった者．

による，公的児童医療保険の導入である．公的児童医療保険は，非常に例外的
ながらクリントン政権と共和党の議員たちとの協力を背景にして成立した[24]．
この法律の制定により，新たに社会保障法第21編が導入され，州児童医療保
険事業（State Children's Health Insurance Program）が誕生した．

州児童医療保険事業は，メディケイドと同様に，連邦政府と州政府が協力し，
連邦政府が定める基準を満たす範囲で州政府によって運営される[25]．メディケ
イド受給資格を得るほど貧困ではない，子どものいる勤労世帯が，子どもの医
療保険の提供を受けられるようになったのであった．

州児童医療保険事業がメディケイドと大きく異なるのは，メディケイドの連
邦補助金は受給者に応じて無制限に州政府に給付されるのに対し，州児童医療
保険事業の連邦補助金には上限があるという点である．他方で，メディケイド
と同様に，州児童医療保険事業もまた，特区認可権の対象となる事業として位
置づけられた，ということは注目に値する．クリントン政権は，無保険者を減
らす取り組みとして，メディケイドだけでなく州児童医療保険事業の対象範囲
を拡大するため，特区認可権を積極的に利用するようになる[26]．

3. 特区認可権を用いた政策革新の始まり

クリントン政権は，立法による国民皆保険導入の試みの傍らで，独自に無保
険者を減らす試みを開始していた．その手段こそが，メディケイドについての

---

24) *Congressional Quarterly Almanac, 105th Congress, 1st Session, 1997, Volume LIII*,
Washington, D.C.: Congressional Quarterly, 1998, 6–3–6–12.
25) 州政府は，州児童医療保険事業を実施するに当たり，次の三つの制度設計を選ぶことが
できる．対象とする貧困世帯の子どもをメディケイドの対象に含める形でメディケイドを
拡大するか，対象とする貧困世帯の子どもへの医療保険提供のために新たな独立した州事
業を創設するか，これら二つの手法を組み合わせるか，である．州政府は，州児童医療保
険事業の対象となる子どもの世帯の貧困基準を，一定の上限があるものの，自由に設定で
きるとされた．その上限とは，連邦貧困基準の200％か，州児童医療保険事業導入より前
に州政府が独自に定めていた，子どものメディケイド受給のための貧困基準値にさらに
50％追加した数値のどちらかであった．
26) その他に州児童医療保険事業の重要な点として，州政府に対して1915条(c)項特区認
可権の認可なしでも，新たなマネジドケア事業が実施できる選択肢と要件が設定されたこ
とも挙げられる．

特区認可権である.

　前政権まで，医療保険政策において特区認可権は，専門的観点から革新的アイデアの効果の検証のために非常に限定的に運用されていたにもかかわらず，クリントン政権は特区認可権を政治目標の実現のための手段として積極的に利用するようになった．なぜだろうか．

　その理由は，クリントン政権が，福祉縮減の手段として用いられていた特区認可権に目をつけ，医療保険制度改革の手段としても特区認可権は有効な手段だと認識していたことにある．以下は，1993 年 5 月にラスコがブルース・リード政策開発担当大統領補佐官補に宛てた書簡の一部である.

　　「州政府に実験場となるよう奨励するという政権の方針ゆえに，私たちは，州政府に特区事業を実施しないよう警告していると誤解されかねない行為は慎まなければならない．私たちは特区事業を通じた医療保険制度改革と福祉改革の双方を進展させようとしているのだから.」[27]

　ただし，クリントン政権の発足前までに簡略化や迅速化が進展しつつあった福祉政策についての特区事業の審査過程とは異なり，メディケイドについてのそれは，未だに手続きが煩雑だった．そのため，上記の書簡に先立ち 1993 年2 月 1 日に，クリントン大統領は，全米の州知事たちとの会合の場で，次のように述べている.

　　「全米の州知事たちは，何年もの間，連邦政府から課されていたメディケイドに関わる義務を免除するための特区認可権の審査手続きが，非常に複雑で非生産的であると主張し続けてきた．彼らは正しい．今日，私は保健福祉省と同省の医療保険財政管理局（Health Care Financing Administration）に対して，州政府が多くの人々に低費用で医療を提供できるようにするために，メディケイドについての特区事業の審査過程を合理化するよ

---

　27)　Letter, Carol Rasco to Bruce Reed, May 27, 1993, "Welfare Reform," Folder "612964-waivers3," Box 43 Bruce Reed, William J. Clinton Presidential Library.

う指示した.」[28]

さらにクリントン大統領は，具体的な審査過程の改革方針を示した.

「この指示の中には，今日より，医療保険財政管理局と同局地域課が，州政府の特区事業の審査に関わる追加の情報や説明を州政府に求める機会は一回に限られる，というものも含まれている. 他にも，例えば，医療保険財政管理局が自動的に州政府の特区事業案を承認するための基準を作成するよう指示した. 全米知事協会との協議を通じて私は，特区事業の審査は迅速に行われるべきとの考えに至ったため，追加の勧告内容を提示する期限を 60 日以内と定めた.」[29]

この演説からは，クリントン政権が，特区認可権を革新的なアイデアの効果の検証のためではなく，無保険者の削減とメディケイド支出の抑制という政策の実現手段として用いることを表明したことに加えて，実際に行政機関に具体的な指示を出していたことがわかる. 福祉政策における特区認可権の運用目的の変更と同様の制度変容が，医療保険政策の一部であるメディケイドにまで波及したことを示す，極めて重要な発言であった.

また，上記のクリントン大統領の発言からは，単に特区認可権をメディケイド改革の手段として用いることを表明したに留まらず，特区認可権の利便性を高めるための制度整備をも進めることを示唆していることが読み取れる.

大統領のみならず，州知事たちもまた，特区認可権を政策変更手段として用いてメディケイド改革を進めたいと考えていただけでなく，そうした運用の効率を向上させるための制度改革も必要だと認識していた. 1993 年 7 月 7 日の全米知事協会の会議資料には，次のように記されている.

「全米知事協会の目標は，メディケイドにおける特区事業の審査過程を簡略

---

28) William J. Clinton, "Remarks following a Meeting with the Nation's Governors," February 1, 1993, *Public Papers of the Presidents of the United States, 1993*, p. 27.

29) *Ibid.*, p. 26.

化することで，州政府が，メディケイドの効率性を高め，また革新的なマ
ネジドケアを実施できるようにすることである.」[30]

　大統領と州政府の間の，政策課題と解決手段についての認識の合致は，レー
ガン政権や G. H. W. ブッシュ政権による福祉政策における特区認可権の利用
と同様に，大統領と州政府の協力関係の構築を促した．クリントン政権は，大
統領と州政府が煩雑で非効率的だとみなした特区事業の審査手続きを改革すべ
く，積極的に州政府と協議を続けていった．前出の 1993 年 7 月 7 日の全米知
事協会の資料には，次のように，特区認可権の政策変更手段としての利便性向
上のための制度改革に関して，大統領と州政府らが協力関係にあったことが示
されている.

　　「メディケイドの効率性を高め，また革新的なマネジドケアを実施するため
　　…（中略）…全米知事協会は，同協会の 6 人の代表者と保健福祉省の代表
　　者たちとの作業部会を設置した．この作業部会は，すでに 1115 条特区認
　　可権に基づく特区事業…（中略）…の審査手続きの簡略化の方法を模索する
　　ため，議論を進めている.」[31]

　また，ドナ・シャレーラ保健福祉省長官は，クリントン大統領に，「全米知事
協会との協力のもと，特区認可権の運用に関わる新たな原則と特区事業の審査
手続きの合理化を行い，1993 年 8 月 11 日には既に，新しい原則等について全
ての州知事との共有も済ませております」[32] と伝え，次のように続ける.

　　「州政府との日々の交流の中で，双方の間の協力こそが特区認可権の運用に

---

30)　Memo, National Governors' Association, July 7, 1993, "NGA Legislative Issues
　　and Regulatory Issues," Folder "647386-national-governors-association-nga-2,"
　　Box 119 Bruce Reed, William J. Clinton Presidential Library.

31)　*Ibid.*

32)　Memo, Donna Shalala to William Clinton, November 8, 1993, "Recent Ac-
　　complishments in Medicaid Waivers," Folder "1491025-hhs-memorandums-for-
　　president-1993," Box 31 DHHS, William J. Clinton Presidential Library.

とって重要なのだということが徐々に明らかになってきております．州政府と連邦政府が新たな関係を構築するという全米の州知事たちと執政府の方針が，特区事業を利用した政策改革にとって最も必要なものだということが明らかになったといえます．」[33]

大統領と州政府の緊密な協力関係の中で，特区認可権の制度変容がなされていたことを裏付けている．

このような大統領と州政府の間の協力関係の構築の下で，メディケイドにおける特区認可権の制度改革が進められた．具体的な改革内容は，大きく分けて二種類あった．特区事業の審査過程を合理化するための三つの改革と，特区事業を通じた，アメリカ全土での政策変更を促進させるための五つの改革である．以下で指摘する制度改革はいずれも連邦官報に記されたので，後の政権にまで効力を及ぼすことになる．

まず，特区事業の審査過程の合理化のために，三つの改革が行われた．第一に，書類の追加提出の要請回数の制限である．それまで，執政府は，メディケイドにおける特区事業の審査過程において，州政府の提出した申請書類が不十分だと判断した場合，そのたびごとに，追加の情報を提供するよう，その州政府に要請していた．しかしながら，州政府にとって，何度も追加の情報提出を求められることは他の業務の妨げとなり，望ましいものではなかった．そこで，執政府は，審査を開始して一定期間後に，まとめて州政府に追加的な情報の提出を要請するようにした[34]．

第二の改革内容は，州政府への専門的，技術的支援の実施であった．特区事業は法的に大変複雑であり，またメディケイド自体も専門的知識が不可欠な政策領域である．そのため執政府は，州政府との申請前の事前協議を増やし，州政府に対して専門的，技術的な支援を行うようにした[35]．

---

33)　*Ibid.*

34)　U.S. Department of Health and Human Services Office of the Secretary, September 27, 1994, "Medicaid Program: Demonstration Proposals Pursuant to Section 1115 (a) of the Social Security Act – Policies and Procedures," Federal Register, Vol. 59, No. 186, 49249–51.

35)　*Ibid.*

第三に，審査の迅速化である．それまでメディケイドにおける特区事業の審
査手続きは，医療保険財政管理局，行政管理予算局（Office of Management
and Budget: OMB），そしてその他の関係する連邦の諸機関が順次，一機関ず
つ審査を行っていた．それゆえ，審査に非常に多くの時間を必要とした．そこ
で，これら関係する機関が同時並行で審査をするようにした[36]．また，審査結
果を 120 日以内に出さねばならないとした[37]．

　これら三点の改革は，実際に大きな成果をあげた．1993 年 11 月 8 日，シャ
レーラ保健福祉省長官は，こうした執政府の取り組みについて，クリントン大
統領に宛てた文書の中で次のように自賛している．

　　「メディケイドの特区事業の審査過程の合理化と迅速化は大きな成功を収め
　　ております．合理化された審査過程によって，単に審査が早まったことで
　　州政府の手間が少なくなっただけでなく，州政府との協力関係が強まった
　　ことで執政府と行政組織内の生産性を高めることも可能になりました．」[38]

　クリントン政権は，上記の三点の改革によって州政府との連携を深め，州政
府が特区事業を申請する負担を軽減し，州政府に対して特区事業の積極的な利
用を促すことで，政策変更手段としての特区認可権の利便性を高めたのだった．
　次に，クリントン政権は，アメリカ全土での政策の現状変更のための特区事
業の利用を促すために，五つの改革を行った．クリントン政権は，これらの改
革について，それぞれ，注意深く説得的な理屈を示していた．その理由は，ク
リントン政権が訴訟の提起や訴訟での敗北を恐れてもいたことにある．前章で
見たように，1994 年に結審したビーノ判決では，司法府が，福祉政策につい
ての特区事業の認可基準を示した．すなわち，特区事業は実証目的であり，法
の目的に資するものであり，事業の範囲と期間が適当でなければならないとさ
れたのだった．
　そこで，クリントン政権は，メディケイドについての特区認可権の利用に際

---

36) *Ibid.*
37) Clinton, "Executive Order 12875 of October 26, 1993."
38) Memo, Donna Shalala to William Clinton, November 8, 1993.

第2節　医療保険制度改革の失敗と特区認可権の活用　　131

しても，同様の判断がなされうるとして，諸改革を単に連邦官報に記載するのではなく，いかにそうした改革が司法府の示した基準に沿っているのかにも注意を払った．

　第一に，1983年にメディケイドについての特区事業の認可要件として導入されていた費用中立性の基準を緩和し，その理由として，特区事業の実証目的の追求にとって必要な措置であるからだとした．この緩和は，費用中立性を単年度ではなく事業期間単位で測定し，また，費用中立性を計算する際に必要な評価基準や将来のメディケイド支出予想の計算についても，州政府の意見を聞き入れる，というものであった[39]．なお，メディケイドについての特区事業の認可要件としての「費用中立性」は，あくまでメディケイドについての特区事業の審査の際に適用されるものであり，第3章で述べたレーガン政権が福祉政策についての特区事業の認可のために導入した「費用中立性」とは別のものである．そのため，一方の基準が緩和されたからといって，もう一方の基準も自動的に緩和されるわけではない[40]．

　一方の，測定期間の変更の理由は，費用中立性を単年度で測定すると，特区事業の開始年度の初期投資を大きくすることができず，結果的に，大掛かりな特区事業を実施できないことへの対応であったり，効果が単年度ではなく次年度以降に現れる特区事業への配慮だという．他方の，費用中立性を計算する際の様々な基準や予測に関して，州政府の意見を聞くのは，それまで，その州の事情を良く知るだろう州政府の意見を聞き入れず，執政府が独自に判断を下していたことに対する批判を受けたものだという[41]．

　第二に，特区事業として認められる規模を明示し，認可基準として，実証目的であることと，法の目的に資するものであることを強調した．それまで，特区事業の規模について，明確な認可基準は示されていなかった．それに対して，

---

39)　U.S. Department of Health and Human Services Office of the Secretary, "Medicaid Program."

40)　さらに言えば，メディケイドについての特区事業の認可要件としての「費用中立性」は，導入当時に実施されていた特区事業が，連邦政府の支出増大を招いていることを行政管理予算局が問題視し，保健福祉省と交わした合意の産物である（Andersen 1994, 227–8）．

41)　U.S. Department of Health and Human Services Office of the Secretary, "Medicaid Program."

執政府は，小規模な事業から州全土にも及ぶ大規模な事業まで，上述の認可基準を満たしている限りは，州政府の希望に沿った規模の特区事業を認めると定めた[42].

　第三に，特区事業の規模に応じて，その期間も長くするよう定め，それは特区事業の範囲と期間の妥当性のためであるとした．執政府は，特区事業が大規模であるほど，そして複雑であるほど，導入までの準備に時間がかかり，また，適切に効果を検証するためには多くの時間が必要になるので，その事業の期間を長くしなければならないと規定した．とくに，州全土の規模の特区事業である場合は，5年の期間は必要だと明記した[43]．州政府は，州全土に及ぶ大規模な，しかも5年もの長い期間の特区事業を実施できるようになったのである．

　第四に，永続的な特区事業を認め，それは特区事業の範囲と期間の妥当性のためであるとした．それまで，特区事業は，基本的に3年程度の期間とされ，その延長は認められなかった[44]．それに対して，執政府は，成功を収めた特区事業の期間について，妥当なだけ延長するとした．その根拠は，三点目と同じく，特区事業が大規模であるほど，そして複雑であるほど，導入までの準備に時間がかかり，また，適切に効果を検証するためには多くの時間が必要になるので，その事業の期間を長くしなければならない，というものであった[45]．ついに，特区事業の「一時性」や「革新的なアイデアの効果の検証」という要素が失われた．特区事業は，まさしく，政策変更のための手段とされたのである．

　第五に，類似した事業の実施を明確に認め，その理由として，特区事業の実証目的の追求のためだとした．本来，特区事業は，革新的なアイデアの効果の検証のために実施されるものであったが，クリントン政権は，同様もしくは類似したアイデアをもとにした特区事業を複数の州で実施することを容認したのである．クリントン政権はその根拠として，再現実験は効果を検証するのに非

---

42)　*Ibid.*

43)　*Ibid.*

44)　Congressional Research Service, "Medicaid Source Book: Background Data and Analysis," 1988, pp. 149–64; Congressional Research Service, "Medicaid Source Book: Background Data and Analysis," 1993, pp. 371–418.

45)　U.S. Department of Health and Human Services Office of the Secretary, "Medicaid Program."

第 2 節　医療保険制度改革の失敗と特区認可権の活用　　133

常に有効な手段だと主張した[46]．その結果，州政府は他の州政府が実施している
ものと同様の特区事業を実施することができるようになった[47]．

　これら五点の改革は，特区事業がもはや空間的，時間的に限定されたもので
はないことと，アメリカ全土で特定の政策を導入する手段として特区事業を利
用することができるということを意味していた．クリントン政権は明確に，政
策変更手段としての特区認可権の利便性向上を狙っていたのであった．

　以上の五点の改革からは，訴訟が提起されぬよう，なおかつ訴訟に敗北しな
いようにするための理論武装もみてとれる．クリントン政権は，州全体に及ぶ
特区事業であっても認可すること，特区事業の更新を何度でも認めること，そ
して他の州と同様の特区事業であっても認可することを連邦規則に定め，また
その改革が司法府の示した基準に沿った適切なものであるという旨についても
丁寧に記したのであった．

　これまで述べてきた，特区事業の審査過程の合理化のための三点の改革と，
アメリカ全土での政策の現状変更のために特区事業の利用を促進させるための
五点の改革は，医療保険政策における特区認可権の転換点といえる．

　なお，既に何度か指摘しているように，メディケイドにおける特区事業と福
祉政策におけるそれとは，管轄する部署が異なるため，一方の審査過程を変更
しても，他方が自動的に変更されるわけではない．メディケイドは主に医療保
険財政管理局が，福祉政策は主に児童家庭局（Administration for Children
and Families）が担っていた．そのため，これまで述べてきたように基本的に
それぞれ別々に制度が整備されていった．実は，福祉政策とメディケイドそれ
ぞれの特区事業の審査過程が異なることは，クリントン政権も問題視していた．
申請を希望する州政府が混乱しかねない，という懸念であった．どちらの部署
も保健福祉省の下部組織であったため，クリントン政権は審査過程の統一を試
みたものの，緩やかな方針の合意に留まり，失敗に終わった[48]．

---

46)　*Ibid.*

47)　この他に重要な改革としては，他の事業との連携が挙げられる．執政府は，メディケア
　　や要扶養児童家庭扶助の特区事業と連携したメディケイドの特区事業を認めるとした．こ
　　れにより，州政府は，公共政策全般の抜本的な改革の実施が可能になったのである．

48)　Memo, David T. Ellwood to Carol Rasco, "Re: AFDC and Medicaid Waivers."

4. 支出抑制と無保険者削減のための特区事業

　クリントン政権期から，大規模な特区事業が多数認可された．特区事業の審査等を主に請け負っていた保健福祉省の医療保険財政管理局の資料によれば，クリントン政権期に特区事業の認可を得て実施していたのは 16 州であり，いずれもが州全土を既存の政策から革新的アイデアに基づく新たな政策へ変更する対象とした事業であった[49]．特区認可権を用いて福祉改革を目指したレーガン政権が認可した特区事業のうち，州全土を既存の政策から革新的アイデアに基づく新たな政策へ変更する対象とした事業が二つに過ぎなかったのと比較すれば，際立って多いことがわかる[50]．

　特区事業を主導した州知事たちに党派的な傾向はみられず，州知事が共和党の州は 9，民主党の州は 7 であった．特区事業を実施した全 16 州のうち，13 州がマネジドケア導入のための，5 州が医療支援の制限のための，11 州が保険料や医療費の自己負担制の拡充のための特区事業を実施した．また，全 16 州のうち 12 州が，クリントン政権の期待通りに，マネジドケアの導入，医療支援の制限，自己負担制の拡充などによってメディケイド支出を抑制し，捻出した予算の一部を，メディケイドの受給者の拡大のために充てる特区事業を実施した[51]．

　具体的に，どのように州政府は，メディケイド支出を抑制したのだろうか．二つの方法があった．一つは，メディケイド対象者の医療支援を出来高払い（fee-for-service）制からマネジドケアへと移行するという手法である．

　それまで，メディケイド受給者は，出来高払いと呼ばれる制度の下で，自由に医療機関等を選び，メディケイドが認めている医療を受けることができた．また診察内容は医師に委ねられていた．州政府は医療機関等に対して，実際に

---

49)　内訳は，アーカンソー州，デラウェア州，ハワイ州，メリーランド州，マサチューセッツ州，ミネソタ州，ミズーリ州，モンタナ州，ニューメキシコ州，ニューヨーク州，オクラホマ州，オレゴン州，ロードアイランド州，テネシー州，ヴァーモント州，ウィスコンシン州．

50)　Centers for Medicare and Medicaid Services, "Waivers," http://www.medicaid.gov/ Medicaid-CHIP-Program-Information/By-Topics/Waivers/Waivers_faceted.html.

51)　*Ibid*.

提供した医療サービスの内容に応じて算出した報酬額を直接支払っていた[52].

それに対して，マネジドケア型の医療支援を受けるメディケイド受給者は，州政府と契約を結んだマネジドケア型保険提供会社（Managed Care Organizations）が構築している医療機関等のネットワーク内に限り，医療支援が得られる．州政府と契約を結んだマネジドケア型保険提供会社には，提供した医療サービスとは無関係に，州政府から毎月，メディケイド受給者の人数に応じてあらかじめ決められた一定額が支払われる．この手法は，マネジドケア型保険提供会社及びその会社が構築している医療機関ネットワーク内において医療費を抑制させるものであった．なぜなら，州政府と契約を結んだマネジドケア型保険提供会社には，州政府から給付される，あらかじめ決められたメディケイド受給者一人当たりの支払金額以上の医療を提供する誘因がないからである[53].

もう一つのメディケイド支出の抑制方法は，メディケイド受給者の保険料や医療費の自己負担制の拡充と，医療支援の給付額の削減であった．例えば，テネシー州の特区事業では，世帯所得が連邦貧困基準の100% 以上のメディケイド受給者が世帯所得に応じて保険料の一部を支払うことを，世帯所得が連邦貧困基準の400% 以上の者は保険料の全額を支払うことを義務付けられた[54].

また，オレゴン州の特区事業では，割高であったり患者数が少ないといった理由で，肝臓癌患者の肝臓移植，肥満患者への栄養カウンセリング，妊娠支援，一般的な風邪や慢性的腰痛の治療といった数多くの医療行為を，メディケイド受給者に適用される医療範囲から除外し，医療支援の給付額を削減した[55].

特区事業を利用したメディケイド改革の試みは，アメリカでの医療保険の状況に歴史的な変化をもたらした．クリントン政権が1996 年12 月に実施した分

---

52) General Accounting Office, "Medicaid Section 1115 Waivers: Flexible Approach to Approving Demonstrations Could Increase Federal Costs," GAO-HEHS-96-44, November 8, 1995, pp. 1–20, https://www.gao.gov/assets/160/155296.pdf.

53) *Ibid.*, pp. 1–20.

54) *Ibid.*, pp. 1–20.

55) Robert Pear, "White House Expected to Back Oregon's Health-Care Rationing," *New York Times*, March 18, 1993; The Kaiser Commission on Medicaid and the Uninsured, "The New Medicaid and CHIP Waiver Initiatives," February 1, 2002, pp. 14–5, https://kaiserfamilyfoundation.files.wordpress.com/2013/01/the-new-medicaid-and-chip-waiver-initiatives-background-paper.pdf.

析によれば，特区事業を通じたメディケイド改革は，連邦政府のメディケイド支出の増大傾向を抑制し，また，無保険者数の削減にも貢献した．連邦政府のメディケイド支出の年間増加率は1993年には9%だったが，1996年には3%にまで抑制され，また，この期間だけで，220万人もの無保険者が保険に加入できたと分析している[56].

クリントン政権が2001年にまとめた報告書は，これらの傾向が2000年まで継続していたと自賛している．2000年の連邦政府のメディケイド支出の年間増加率も6%未満に抑制でき，また，1998年から2000年の間には，特区事業により200万人（うち子どもが160万人）もの無保険者を保険に加入させる成果を挙げたという[57].クリントン政権は，1987年以来初めて，増大の一途を辿っていた無保険者数を減らすことに成功したと成果を誇ったのだった[58].

5. 議会の黙認

それでは，クリントン政権期のメディケイドに関する特区認可権の運用目的の変更と，その後の制度整備に対して，立法府はどのように応じたのだろうか．また，なぜ特区認可権の制度変容の進展が阻止されなかったのだろうか．

議会は，大統領による特区認可権の積極的な利用について，高い関心を示していた．1995年3月23日，上院の財政委員会の「貧困家庭のためのメディケイド及び保健医療小委員会」が，大統領によるメディケイドに対する特区認可権の行使についての公聴会を開いた．

出席した上院議員たちの関心は，次の二点であった．第一に，特区事業が，連邦政府の費用負担額を増大させるものなのかどうか，という点である．上院

---

56) Memo, Donna Shalala to William Clinton, December 6, 1996, "Accomplishments," Folder "1491025-hhs-memorandums-for-president-1996," Box 31 DHHS, William J. Clinton Presidential Library.

57) Report, Domestic Policy Council and National Economic Council, 2001, "Health Care Accomplishments of the Clinton Administration," Folder "1226192-domestic-policy-council-healthcare-accomplishments-clinton-administration," Box 17 DPC, *ibid.*

58) Report, William J. Clinton Presidential History Project, 2001, "A History of the White House Domestic Policy Council 1993–2001," Folder "1226192-domestic-policy-council-1," Box 16 DPC, *ibid.*

第2節　医療保険制度改革の失敗と特区認可権の活用　　137

議員たちは，執政府が採用している費用中立性について非常に高い関心を示し，いかなる場合においても特区事業が連邦補助金の追加的な支出をもたらさないことを，表現を変えて繰り返し担当官らに確認した[59].

　第二の関心は，特区事業の審査が適切に実施されているか否かであった．ウェストヴァージニア州選出の民主党上院議員ジョン・ロックフェラーは，クリントン政権がそれまでの政権と比べてあまりに多くの特区事業を認可しており，しかも現段階では申請に対する不認可は一つもない点を指摘した．その指摘に対して，メディケイド局（Medicaid Bureau）局長のサリー・リチャードソンは，執政府が州政府と綿密な事前協議を行っているために，不認可数が少ないに過ぎない，と応じた[60].

　このような公聴会が開催されたことからわかるように，大統領によるメディケイドについての特区認可権の積極的な利用は議会の関心にとまったものの，それを直接的に妨げる動きにまでは発展しなかった．議会は，大統領による特区認可権の活用を阻止すべく，社会保障法の条文の修正のための立法までは試みることはなかったのである．

　その理由として，そもそも，クリントン政権期の第103議会から第106議会の間には，いずれの政党も，3分の2以上の多数の議席数を確保するには至らなかったことが指摘できる．第103議会は上下両院ともに民主党が過半数の議席を，第104議会以降は全て，上下両院ともに共和党が過半数の議席を確保していたものの，いずれの会期においても，政党が単独で大統領の拒否権を乗り越えるのに必要な議席数を確保することはなかったのである．

　そのため，二大政党が一致団結して抵抗しなければ，大統領の試みを阻止することはできない状況にあったが，そのようなことにはならなかった．むしろ，大統領による特区認可権の利用を支持する勢力の方が大きかったといえる．共和党議員たちにとって，メディケイド支出が急増する中で，マネジドケア，医療支援の制限，受給者の保険料や医療費の自己負担制の拡充などといった取り

---

59)　Hearing before the Subcommittee on Medicaid and Health Care for Low-Income Families of the Committee on Finance, *Medicaid 1115 Waivers*, Senate, 104th Cong., March 23, 1995, p. 9.

60)　*Ibid.*, pp. 10–2.

組みを行う特区事業は，小さな政府を志向する彼らの政治信条と一致していたため，望ましいものであった．また，特区事業が，州政府へと権限を委譲する側面もあったことも，共和党議員たちの目に好ましく映っていた．

実際，ロードアイランド州選出の共和党上院議員ジョン・チェイフィーは，次のように述べている．

> 「現在までに，メディケイドについての特区認可権の利用により，多くの成果が挙がっている．1115 条特区認可権の下で特区事業を実施しているアリゾナ州などの多くの州では，他の州と比べ，医療支援の質の向上，顧客の満足度の上昇，メディケイドの支出増加傾向の抑制などが見られた．」[61]

民主党議員たちも，メディケイド支出への対応が不可欠との認識を共有していたこともあり，必ずしも，特区事業に対しては否定的ではなかった．例えば，ロックフェラー上院議員は，特区事業の審査手続きに関しては問題視していたものの，近年のメディケイド支出に強い懸念を表明しつつ，特区事業の内容にまでは踏み込むことはなかった[62]．また，イリノイ州選出の上院議員キャロル・モーズリー・ブラウンも，イリノイ州で実施されていた特区事業について，多くの点で制度上の不備があったなどと指摘してはいるものの，特区事業の内容を非難することはなかった[63]．

したがって，大統領の拒否権を乗り越え，特区認可権の修正に成功するのに必要な 3 分の 2 以上の多数の支持を上下両院内で集めることは困難な状況であったため，大統領の行動を阻止するための試みがなされず，大統領は議会に妨げられることなく特区認可権の利用によるメディケイド改革を推進できたと推察される．

裁判所によって特区認可権を用いた政策変更が押し留められることもなかった．既に述べたように，クリントン政権は，訴訟が提起されぬよう，なおかつ訴訟に敗北しないようにするため，特区認可権の積極的利用についての理屈を

---

61) *Ibid.*, p. 1.

62) *Ibid.*, pp. 10–2.

63) *Ibid.*, pp. 14–5.

並べ立てたのだった．クリントン政権は連邦官報に，州全体に及ぶ特区事業であっても認可すること，特殊事業の更新を何度でも認めること，そして他の州と同様のアイデアをもとにした特区事業であっても認可することを連邦規則として定め，また同時に，その根拠についても丁寧に記した．こうした政権の努力もあり，特区認可権の制度変容が進展していった．

第3節　G. W. ブッシュ政権による継受と拡大

1．運用の継受と特区事業構想

　G. W. ブッシュ政権もまた，クリントン政権に引き続き 1115 条特区認可権を積極的に活用した．ただし，ブッシュ政権は，クリントン政権とは異なり，政権発足直後から積極的に特区認可権を政策変更手段として用いることも，特区認可権について州知事たちと交流を図る必要性を感じることもなかった．

　ブッシュ政権の態度に痺れを切らしたのが，州知事たちであった．2001年2月末に開催された全米知事協会の冬季大会において，州知事たちは，「これまでの政権と同様に現政権とも，より健康なアメリカ社会を築くという目標に向かって協力して取り組みたい」[64] と述べ，ブッシュ政権に医療保険制度改革のための特区認可権の積極的運用を強く要請した．加えて州知事たちは，公的医療保険について州政府に裁量を与え，そして無保険者を減らす取り組みに誘因を与えるための改革を連邦政府に要請した[65]．

　全米知事協会が訴えた公的医療保険制度改革は，社会保障法上，州政府が任意でメディケイドを提供できる人々に対する支援について，州政府に大きな裁量を与えてほしい，というものであった．州政府が求めた裁量は，それらの人々に対する保険適用範囲の縮小や，保険料と医療費の自己負担制の拡充などであった．加えて，特区事業の審査の迅速化，より柔軟な費用中立性の試算の導入な

---

64)　National Governors Association, "NGA Policy Position HR-32: Health Care Reform Policy," February 2001, http://www.givehealthachance.org/Reform/NGA_ReformPolicy.htm.

65)　*Ibid.*

どを訴え，特区事業の利便性の向上を求めた[66].

州知事たちは，ブッシュ政権に対して，前政権が効率化した特区事業の審査過程を，さらに利用しやすいよう整備することを求めるだけでなく，積極的に特区認可権を活用して，州政府にメディケイド改革の実施を促すよう求めた．

州知事たちの訴えからは，特区認可権に対する期待が読み取れる．州知事たちは，クリントン政権期に州政府が実施した特区事業によるメディケイド改革の成果から，特区事業によるメディケイド改革が魅力的だという認識を強め，ブッシュ政権にも前政権の方針を踏襲するよう求めたのだと推察される．

連邦政府と州政府の双方にメディケイド改革を進展させたい事情があったことも指摘できる．前述の通り，クリントン政権によって連邦政府のメディケイド支出の年間増加率は幾分か抑制されたものの，連邦政府と州政府の支出の総額自体はかなりの額になっていた．1990年に連邦政府と州政府を合わせたメディケイド支出は730億ドルであったのに対して，2000年には，約3倍近くの2000億ドルにまで急激に増大していた[67]．ブッシュ政権期においても，連邦政府と州政府の双方にとって，メディケイド支出の急増に対処するための改革が最重要課題であった．

ブッシュ政権は，全米知事協会からの圧力もあり，特区認可権の積極的活用へと踏み出した．2001年6月14日，ブッシュ政権は，医療保険財政管理局の名称をメディケア及びメディケイド支援課（Centers for Medicare and Medicaid Services）へと改称し，特区事業によるメディケイド改革に取り組もうとする州政府に協力すると宣言した[68]．さらに，同年8月4日には，「医療保険の柔軟性及び結果責任のための特区事業構想（Health Insurance Flexibility and Accountability Demonstration Initiative）」（以下，特区事業構想）を発表した[69]．特区事業構想は，特区認可権に関するブッシュ政権の政策の最大の目

---

66) *Ibid*.

67) Centers for Medicare and Medicaid Services, "National Health Expenditure Data."

68) U.S. Department of Health and Human Services, "The New Centers for Medicare & Medicaid Services (CMS)," http://archive.hhs.gov/news/press/2001pres/20010614a. html.

69) 特区事業構想については，以下が詳しい．The Kaiser Commission on Medicaid and the Uninsured, "Side-by-Side Comparison of HIFA Guidance and Medicaid and

第 3 節　G. W. ブッシュ政権による継受と拡大　　141

玉であった．この構想を発表した演説の中で，ブッシュ大統領は，次のように
メディケイド及び特区事業の課題を指摘している．

　「今日ここに，私は，メディケイドの受給要件の緩和による，無保険者の削
　減のための新たな構想を宣言する．メディケイドは低所得のアメリカ市民
　に医療保険を提供するために設計されている．それは崇高な目的であり，
　また重大な課題である．メディケイド支出は劇的に増大しているが，無保
　険状態の低所得のアメリカ市民は依然として多い．明らかに，この重要な
　問題を解決する必要がある．だが，連邦政府が求める複雑かつ厄介な要件
　のために，州政府が各州のメディケイドを改革するのは非常に困難である．
　州政府が，連邦政府の行っている支離滅裂で混乱を招く審査過程を通過す
　ることは非常に難しい．いや，難し過ぎるといっても過言ではない．」[70]

　ブッシュ大統領は，メディケイド支出の劇的な増大，無保険状態の貧困者の
多さ，そしてそれらを解決する手段である特区事業の審査の厳しさについて強
い口調で指摘したのだった．その上で，そうした課題の解決策として特区事業
構想の概要を簡潔に述べた．

　「今日，私たちはそうした現状を変更する．執政府は，州政府による，居住
　する市民に適した改革案の提示を促進させるための新しい制度を導入する．
　私たちは州政府の提案に対して，何か月，何年も待たせることなく，迅速
　に審査結果を通達する．州政府に裁量を与える代わりに，私たちは州政府
　に，彼らの実施するメディケイド改革が，より多くの貧困者にメディケイ
　ドを提供するものであるよう要請する．…（中略）…新しい制度の下では，
　私たちは事前に州政府に，責任あるメディケイド改革のための事業案の雛
　形を提供する．もし州政府がその雛形に沿った案を申請するならば，執政

　　CHIP Statutory Provisions," http://kaiserfamilyfoundation.files.wordpress.com/
　　2013/01/appendix-side-by-side-comparison.pdf.
70)　George W. Bush, "The President's Radio Address," August 4, 2001, *Public Papers
　　of the Presidents of the United States, 2001*, p. 944.

府は最も援助が必要な人々へとメディケイド受給の対象範囲を拡大するための改革を支援する用意ができている．そこには不確かさも，たらい回しの心配もない．」[71]

　前節で指摘した，クリントン政権による医療保険政策における特区事業の審査過程の効率化と比べ，ブッシュ政権のそれが，より踏み込んだものであったことがわかる．特区事業構想の概要を示す中でブッシュ大統領が述べている，「改革案の提示を促進させるための新しい制度」とは，州政府が特区事業を申請するための詳細かつ具体的な雛形の用意，それに基づく審査手続きの整備，州政府への申請の支援であった．ブッシュ大統領は，特区事業案の雛形を作成し，州政府に定型的な特区事業の実施を促したのだった．

　肝心なのは，ブッシュ政権による特区事業の雛形の作成が，単に州政府による特区事業申請の負担の軽減や，特区事業の審査過程の簡略化だけを意味していたわけではないということである．そうした雛形が，大統領の推し進めたい政策案を反映していたことに注意を払う必要がある．ブッシュ政権は，既存のメディケイド受給者の便益の減少，負担の増大，受給者数の上限設定などによってメディケイド支出を抑制する一方で，特定の層へとメディケイドの受給資格範囲を拡大するという政策を実現する手段として，特区事業の詳細かつ具体的な雛形を作成し，その利用を州政府に勧めたのだった．

　ブッシュ政権が用意した，特区事業構想に基づく特区事業の雛形は，メディケイド支出抑制のための非常に具体的な6種類の事業案であった．第一に，州児童医療保険事業の連邦補助金の未使用分を利用する事業案である．本来，その未使用分は全て，州政府から連邦政府に戻され，州児童医療保険事業の運営に追加的な連邦補助金が必要な州政府へと再配分される．それに対して，特区事業構想では，州児童医療保険事業のための連邦補助金の未使用分を連邦政府に返却せず，その州政府のメディケイドの任意提供群の拡大のために用いるという費用捻出案を提示した[72]．

---

71)　*Ibid*., p. 944.

72)　Centers for Medicare and Medicaid Services, "Report on the Health Insurance Flexibility and Accountability (HIFA) Initiative: State Accessibility to Funding for

第 3 節　G. W. ブッシュ政権による継受と拡大　　143

　第二に，ブッシュ政権は，既存の任意提供群のメディケイド受給者に対する
医療支援を制限する事業案を示した．既存のメディケイドでは，州政府は任意
提供群のメディケイド受給者に対して，義務的提供群のメディケイド受給者に
与えられているものと同じ医療保険を提供することが義務付けられていた．特
区事業構想は，そうした義務を免除し，最低限の医療保険の提供のみを州政府
に義務付ける事業案を提示した[73]．
　第三に，ブッシュ政権は，既存の任意提供群のメディケイド受給者に対して
医療費の自己負担制が適用される医療範囲を拡大し，また医療費の自己負担額
を増額する事業案を提示した．既存のメディケイドでは，任意提供群のメディ
ケイド受給者に対する医療費の自己負担制の適用は，義務的提供群のメディケ
イド受給者と同様に厳しく制限されていた[74]．それに対して，特区事業構想で
は，医療費の自己負担制の制限を取り払い，州政府に幅広い裁量を与える事業
案が示された．具体的には，子どもに対する医療費の自己負担制に対してのみ，
家計所得の 5% を超える自己負担を求めてはならないとしてはいるものの，そ
の他の人々に対しては，自己負担額に制限を設けないとされた[75]．
　第四に，ブッシュ政権は，任意提供群のメディケイド受給者総数に上限を設
定する事業案を用意した．既存のメディケイドの下では，州政府は社会保障法
が定める特定の属性（要扶養児童家庭扶助の受給要件を満たす親，妊婦，子ど
も，高齢者，障碍者，医療機関に長期滞在しているか地域の長期介護支援を受
けている者）のうち，どの属性の人々がどの程度の貧困度合いであれば任意提
供群としてメディケイド受給対象として認めるかについて裁量が与えられてい

　　　Coverage Expansions," U.S. Department of Health and Human Services, Washing-
　　　ton, D.C., October 4, 2001.
73)　*Ibid.*
74)　具体的には，自己負担した医療費に対する払い戻し金額から毎月 2 ドル控除されるか，
　　　0.5 ドルから 3 ドルの自己負担か，州の支払い割合の 5% の自己負担か，という三つのう
　　　ちいずれかであった．また，子どもや妊婦に対してや，緊急的な医療行為や家族計画
　　　(Family Planning) 支援に対しては医療費の自己負担制の適用が禁じられていた．ただ
　　　し，任意提供群のメディケイド受給者のうち，労働に励む障碍者に対しては，より高い割
　　　合の自己負担を求めてもよいとされていた．
75)　Centers for Medicare and Medicaid Services, "Report on the Health Insurance
　　　Flexibility and Accountability (HIFA) Initiative."

た．その一方で，州政府は自身が設定した任意提供群の条件を満たす全ての人々に，任意提供群としてメディケイドを提供しなければならなかった．それに対して，特区事業構想では，州政府が新たに任意提供群の総数を設定し，その総数を超えるメディケイド受給希望者がいた場合，その人が任意提供群としての要件を満たしていても，州政府はメディケイドを提供しなくてもよいとされた[76]．

　第五に，ブッシュ政権は，州政府が保険料を徴収するという事業案を提案した．既存のメディケイドの下では，州政府は，義務的提供群に対して保険料を徴収することは認められていないが，任意提供群については，そのうち「医療支援が必要な者」に対して毎月19ドルを上限とした保険料を，労働に励む障碍者に対して所得に応じた保険料を徴収することが認められていた．特区事業構想では，そうした任意提供群に対する保険料徴収の制限を取り払い，州政府が上限なしに自由に保険料を徴収できるとされた[77]．

　第六に，ブッシュ政権は，民間医療保険への加入を支援するという事業案を作成した．既存のメディケイドの下では，州政府は義務的提供群と任意提供群の双方のメディケイド受給者について，メディケイドの連邦補助金を医療費負担として用いるのではなく，民間医療保険の購入に充てることが認められていた．ただし，その際に充てられるメディケイドの連邦補助金は，その人へ本来，与えられるはずであった医療費用を超えてはならず，また，その民間医療保険は，メディケイドの及ぶ医療範囲と同等のものでなければならないとされていた．特区事業構想では，そうした民間医療保険の購入に充てられる金額とその保険内容について，州政府に裁量を与える事業案が提案された[78]．

　以上のように，ブッシュ政権が推奨する特区事業案を提示したということは，事実上，政権側が，州政府に委ねられていた特区事業の原案作成段階に直接的に介入するようになったことはもちろんのこと，特区事業の本来の目的である，革新的アイデアの効果の検証からの完全な決別をも意味していた．特区事業は，

76）　*Ibid.*

77）　*Ibid.* ただし，子どもに対しては，家計所得の5%を上限とした．

78）　Centers for Medicare and Medicaid Services, "Report on the Health Insurance Flexibility and Accountability (HIFA) Initiative."

第3節　G. W. ブッシュ政権による継受と拡大　　145

クリントン政権期以上に，大統領の望む政策を実現するための手段となったのである．

ブッシュ政権の精力的な取り組みを受け，州政府は，積極的に特区事業の実施を目指した．保健福祉省の医療保険財政管理局の資料によれば，ブッシュ政権期，14 州の 14 事業が特区事業構想に基づく特区事業の認可を受け，それらはいずれも州全土を既存の政策から革新的アイデアに基づく新たな政策へ変更する対象にした事業であった[79]．特区事業を主導した州知事たちに党派的な傾向はみられず，共和党州知事と民主党州知事がそれぞれ 7 州ずつであった．14 州 14 事業のうち既存の特区事業の更新によるものが 2 州 2 事業であり，残りの 12 州 12 事業が新規のものであった[80]．

特区事業構想に基づく特区事業の認可を受けた 14 州のうち，アリゾナ州，ミシガン州，ニューメキシコ州，オレゴン州の 4 州が，扶養児童のいる世帯の構成員だけでなく，扶養児童のいない世帯の構成員にも，州児童医療保険事業の連邦補助金の未使用分を用いてメディケイドを提供した[81]．残りの 10 州が，扶養児童のいる世帯の構成員に対してのみ，州児童医療保険事業の連邦補助金の未使用分を用いていた．また，特区事業構想に基づく特区事業の認可を受けた 14 州のうち，9 州が医療支援の制限，11 州が保険料や医療費の自己負担制の拡充，13 州が民間保険との連携を実施した．そして，全 14 州のうち，6 州が任意提供群の数の上限を設定した[82]．

14 州の 14 事業のいずれもが，これらの医療費削減策のいずれかを導入してメディケイド支出の抑制を図った一方で，その抑制分を用いて，無保険者削減のため，メディケイド受給資格を拡大した[83]．

ブッシュ政権は，自身が用意した特区事業構想の雛形には一致しない特区事

---

79)　内訳は，アリゾナ州，アーカンソー州，カリフォルニア州，コロラド州，アイダホ州，イリノイ州，メイン州，ミシガン州，ネヴァダ州，ニュージャージー州，ニューメキシコ州，オクラホマ州，オレゴン州，ヴァージニア州．

80)　Centers for Medicare and Medicaid Services, "Waivers."

81)　後述するように，これら 4 州の特区事業の利用には，立法府から強い反対があり，執政府は 2005 年以降，同様の特区事業を認可することができなくなった．

82)　Centers for Medicare and Medicaid Services, "Waivers."

83)　*Ibid.*

業の申請についても，蔑ろにすることはなく，認可した．ただし，そうした特
区事業は，完全には特区事業構想の雛形に当てはまっていないだけに過ぎず，
多くのアイデアは特区事業構想の下で示されたものと類似していた．

　保健福祉省の医療保険財政管理局の資料によれば，ブッシュ政権期に特区事
業構想に基づかない形で認可を受けたのは，22州24事業であった．いずれの
事業も，州全土を既存の政策から革新的アイデアに基づく新たな政策へ変更す
る対象としたものだった．そのうち，単なる既存の特区事業の更新に過ぎない
ものを除くと，16州19事業であった[84]．特区事業を主導した州知事たちに党
派的な傾向はほとんどみられず，州知事が共和党であったのは11州，民主党
であったのは5州であった．16州19事業の内訳は，新規が14州15事業，既
に実施されている特区事業についての大きな変更を認める更新が4州4事業[85]
であった[86]．16州19事業のうち，7州7事業がメディケイドの規模縮小を目
指した事業であり，11州12事業が特定のメディケイド支出を抑制する一方で，
受給資格の拡大を目指した事業であった．そして，それら多くの特区事業が，
医療支援の制限，保険料や医療費の自己負担制の拡充，任意提供群の上限設定，
民間保険との連携などの手法を組み合わせたものであった[87]．

　以上をまとめると，ブッシュ政権は単なる既存の特区事業の更新を除くと，
特区事業構想を含めて27州で33事業もメディケイド改革を進めるための特区
事業に認可を与えていた[88]．それら特区事業に関係する連邦政府の補助金は約

84）　内訳は，アラスカ州，アーカンソー州，カリフォルニア州，フロリダ州，インディアナ
　　州，アイオワ州，マサチューセッツ州，ミネソタ州，ミシシッピ州，ニューヨーク州，オ
　　クラホマ州，ロードアイランド州，テネシー州，ユタ州，ヴァーモント州，ワシントン州．
85）　2001年ニューヨーク州で実施されている事業（New York Partnership Plan），2005
　　年及び2006年オクラホマ州で実施されている事業（Oklahoma SoonerCare），2006年
　　マサチューセッツ州で実施されている事業（MassHealth Medicaid Section 1115
　　Demonstration），2008年ミネソタ州で実施されている事業（Prepaid Medical Assistance
　　Program Plus）の一部変更である．
86）　フロリダ州は新規事業が二つ，ミネソタ州とニューヨーク州はそれぞれ新規事業が一つ，
　　大きな修正を伴う既存事業の更新が一つ，認可を得ていた．オクラホマ州とマサチュー
　　セッツ州はそれぞれ，大きな修正を伴う既存事業の更新が一つ認可を得ていた．
87）　Centers for Medicare and Medicaid Services, "Waivers."
88）　アーカンソー州，カリフォルニア州，オクラホマ州の3州は，特区事業構想の下での特
　　区事業だけでなく，特区事業構想の雛形に当てはまらないメディケイド改革を進めるため

第3節　G. W. ブッシュ政権による継受と拡大　　147

424 億ドルにもなり，メディケイドに対する連邦支出の約 24%，州児童医療保険事業に対する連邦支出の約 19% にも及んだ．また，特区事業の対象となったメディケイドもしくは州児童医療保険の受給者は約 1150 万人であった[89]．

　ブッシュ政権は，特区認可権を積極的に用いて公的医療保険事業の権限を州政府に委譲するとともに，州政府に対して，一人当たりの医療支援費用を下げる一方で，より多くの人に公的医療保険を提供するための医療保険制度改革を実施するよう促し，それに成功したといえよう．

2. 会計検査院の調査と議会の抗議

　ブッシュ政権期における特区認可権の制度変容の進展に対して，それを阻止し得る立場にある議会はどのように応じたのだろうか．以下では，立法府の抵抗が特区認可権の制度変容に対して与えた影響を明らかにする．

　これまで，福祉政策においても医療保険政策においても，歴代政権による特区認可権の利用を通じた政策革新の試みに対して，議会の抵抗はわずかであった．それに比べ，ブッシュ政権による特区認可権を用いた医療保険制度改革の試みに対する議会の抵抗は大きかった．

　議会の反発の端緒は，連邦上院財政委員会の要請を受けて会計検査院が作成した報告書であった．第3章で述べたように，会計検査院は，議会のために様々な調査や監査といった業務を担う機関である．2002 年 7 月 12 日，会計検査院は報告書の中で，執政府によって認可されたいくつかの特区事業が，執政府の権限を逸脱していると断じた[90]．

　報告書によれば，法的な問題が二つあるという．一つは，州児童医療保険事業の目的との不一致である．執政府が認可した特区事業の一部は，州児童医療保険事業の連邦補助金を用いて，扶養児童のいない成人のみの世帯の構成員へ

　の特区事業の認可を得ていた.

89)　National Conference of State Legislatures, *Using Medicaid Dollars to Cover the Uninsured*, April 4, 2009, http://www.dhcs.ca.gov/provgovpart/Documents/Waiver%20Renewal/All%20States%20Chart.pdf.

90)　General Accounting Office, "Medicaid and SCHIP: Recent HHS Approvals of Demonstration Waiver Projects Raise Concerns," GAO-02-817, July 12, 2002, pp. 1–5, https://www.gao.gov/assets/240/235107.pdf.

とメディケイドを新たに提供することを認めているが，会計検査院は，州児童医療保険事業の目的は貧困世帯の子どもへの医療保険の拡大であるから，執政府が特区認可権をそのように利用する権限はないと結んだ[91]．

もう一つの法的問題は，連邦補助金の未使用分の再配分である．執政府が認可したいくつかの特区事業は，その州政府に与えられた州児童医療保険事業の連邦補助金の未使用分を，その州政府が扶養児童のいない世帯の構成員への公的医療保険拡大に充てることを許可している．会計検査院は，こうした特区事業を執政府が認めてしまうと，議会による，州児童医療保険事業の連邦補助金を既に使い果たした州政府への，他の州政府の州児童医療保険事業の連邦補助金の未使用分の再配分を妨げてしまうことを問題視した[92]．

加えて，会計検査院は，執政府が執政府自身の定めていた二つの審査方針を無視していると指摘した．まず，費用中立性からの逸脱である．特区事業を認可する審査方針として，執政府は長年，費用中立性を掲げていた．しかしながら会計検査院の試算によれば，明らかに費用中立性に反する特区事業が認可されているという[93]．

そして，会計検査院は，執政府が，審査過程で意見公募手続（public comment）を採用するという独自に定めた方針から逸脱していると非難した．1994年，保健福祉省は，法的義務はなかったものの，特区事業の審査の際，意見公募手続により審査中の特区事業について意見を求めることを公に広く表明した．しかしながら，報告書では，保健福祉省は連邦の次元では意見公募手続を用いていなかったことが明らかにされた[94]．

以上のような問題点を指摘した上で，会計検査院は立法府と執政府に次の要請を行った．立法府に対しては，社会保障法の修正案を三つ挙げている．第一に，州児童医療保険事業の連邦補助金を，扶養児童のいない世帯の構成員に医療保険を提供するために用いてはならないということを明記すること．第二に，特区事業は費用中立性を満たすものでなければならないということを明記する

---

91) *Ibid.*, pp. 14–9.
92) *Ibid.*, pp. 14–9.
93) *Ibid.*, pp. 19–24.
94) *Ibid.*, pp. 25–9.

こと．第三に，保健福祉省に対して，特区事業の審査過程における意見公募手続の利用を義務付けること[95]．

また，会計検査院は，執政府に対して以下の三つの要請を行った．まず，会計検査院が法に反すると判断した特区事業の認可を取り消すこと．次に，より妥当な費用中立性の試算をすること．最後に，意見公募手続を利用すること[96]．

2002年8月6日，会計検査院の報告書を受けて，民主党と共和党の双方の議員が立ち上がった．民主党のモンタナ州選出マックス・ボーカス上院財政委員会委員長と共和党のアイオワ州選出チャック・グラスリー上院財政委員会少数党筆頭委員は，ブッシュ政権に対して書簡を送った．書簡の中で彼らは，次の三つの要求を執政府に突きつけた．

一点目は，州児童医療保険事業の予算を，扶養児童のいない世帯の成人への医療保険の提供のために用いる特区事業に関する要求である．彼らは，「公的医療保険を無保険の成人に提供するという目的は大いに結構であるが，だからといって，議会の意図に反する行為が正当化されるわけではない」[97]と述べ，さらに，「貧困状態にある無保険の子どもに使うよう議会が用意した予算を，扶養児童のいない世帯の成人のために用いることは，州児童医療保険事業の不適切な執行である」[98]と強く抗議した．その上で，こうした特区認可権の利用を改めるよう要求し，従わなかった場合は，「我々は立法によりこうした議会の意思に背く執政府の行為に対抗する」[99]と警告した．二点目の要求は，特区事業の審査過程をより民衆に開かれたものにするように，というものである．最後の要求は，費用中立性を厳格に守ることであった[100]．

立法府からの要求に対して，執政府は強気の姿勢を貫いた．保健福祉省は，

---

95) *Ibid.*, p. 31.

96) *Ibid.*, p. 32.

97) Letter, Max Baucus and Chuck Grassley to Tommy Thompson, "Projects Divert Money from Uninsured Kids, Threaten Budgets," August 6, 2002, https://www.grassley.senate.gov/news/news-releases/baucus-grassley-projects-divert-money-uninsured-kids-threaten-budgets.

98) *Ibid.*

99) *Ibid.*

100) *Ibid.*

それまで同様，州児童医療保険事業の連邦補助金を扶養児童のいない世帯の構成員への医療保険の提供のために用いる特区事業を認め続けた．また，費用中立性の計算や意見公募手続についても，会計検査院や議員らの指摘を無視し続けた[101]．

そこで議会は，超党派で執政府に対抗した．議会は，特に，州児童医療保険事業予算を扶養児童のいない世帯の成人への医療保険の提供のために用いる特区事業を禁ずるべく，特区認可権が規定されている社会保障法の修正を目指した．しかし，社会保障法の修正案は，2002 年には一つ（S.3018），2003 年には三つ（S.10, H.R.4, H.R.2）も提案されたものの，いずれも法案そのものが廃案となるか提案が否決されるなどして，失敗に終わった．

幾度もの失敗を経て，ついに立法府は，2005 年財政赤字削減法（Deficit Reduction Act of 2005）の成立により，州児童医療保険事業の連邦補助金を扶養児童のいない世帯の構成員のために用いる特区事業の新規，更新，修正による認可は認められないとする規定を，社会保障法に導入することに成功した．

議会は，州児童医療保険事業の連邦補助金を扶養児童のいない世帯の構成員への医療保険の提供に用いることが，議会の立法意図と合致していないとして，政党の垣根を越えて強く抵抗し，ついには立法により，大統領の試みを阻止するに至ったのだった．

しかしながら，立法府の抵抗は，以上に留まった．政策変更手段としての特区認可権の利用そのものを問題視して妨げることはなかったのである．

例えば，ボーカス上院議員とグラスリー上院議員は，ブッシュ政権に対して送った前述の書簡で三つの要求を提示する前に，「私たちは，特区認可権が今後適切に用いられることを望むがゆえに，近年に認可された特区事業に対する懸念をお伝えする」[102] と述べている．すなわち，特区認可権の用いられ方に疑問を投げかけていた議員たちですら，政策変更手段としての特区認可権の運用については問題視せず，反発の声すら上げていなかったのである．

---

101)　General Accounting Office, "SCHIP: HHS Continues to Approve Waivers That Are Inconsistent with Program Goals," GAO-04-166R, January 5, 2004, pp. 1–10, https://www.gao.gov/assets/100/92413.pdf.

102)　Letter, Max Baucus and Chuck Grassley to Tommy Thompson, August 6, 2002.

第 3 節　G. W. ブッシュ政権による継受と拡大　　151

　ブッシュ政権期においても，議会は，超党派的に団結しなければ，大統領の行動を阻止するために立法を行うことが難しかった．ブッシュ政権期のいずれの会期（第107議会から第110議会）においても，共和党も民主党も一政党だけで大統領の拒否権を乗り越えるのに十分な議席数を確保してはいなかったからである．

　そのため，特区認可権を政策変更手段として使うことそれ自体を議会が阻止することもなく，ブッシュ政権による特区認可権の制度変容が阻まれることなく進展したのだった．

　なお，G. W. ブッシュ政権による特区認可権の利用について訴訟が提起され，裁判所が不適切だとする判決を下した事例がある．2011年に結審した，ニュートン - ネイションズ対ベトラッチ事件判決である．訴訟を提起したのは，アリゾナ州のメディケイド受給者たちであった．この事件では，保健福祉省長官が特区認可権に基づいて新たに認可した，アリゾナ州のメディケイドの特区事業であるアリゾナ医療保険費用抑制制度（Arizona Health Care Cost Containment System）について争われた[103]．

　2003年，アリゾナ州は保健福祉省長官から，特区認可権に基づいて，メディケイド受給者の医療費の自己負担額の増額及び対象者の拡大を認められた．それにより，メディケイド受給者のうち，社会保障法の下で実施されている公的扶助の受給対象者を除く全ての者に対して，医療費の自己負担が義務付けられた．

　裁判所は，保健福祉省長官の判断が，メディケイドの本来の目的の促進に寄与するか否かについて正しくなされていないと断じた．さらに，保健福祉省が提出した資料からは，明らかに，アリゾナ州が，メディケイド支出の抑制のために特区事業の認可を得ようとしていたことがわかるとして，以下のように続けた．

　　「保健福祉省長官が特区認可権の下で課せられている義務は，当該の事業が
　　実証する価値のあるものかどうかについて判断を下すことであり，単純に

---

103)　Newton-Nations v. Betlach, No. 10–16193., 9th Cir., 2011.

費用削減をもたらしうるが実証目的ではない事業に対して認可を与えることはできない.」[104]

しかも, この事業が実証する価値を有するかすら疑問であると指摘した. これまでの研究成果によれば, 医療費の自己負担の義務付けによって, メディケイド受給者は, 真に必要な医療措置を受けられなくなってしまう. それにもかかわらず, 保健福祉省長官は, 当該特区事業により, これまでの研究成果とは異なる知見が得られるかどうかについて, 適切に考慮していない. このように裁判所は断じた. したがって, 裁判所は, 保健福祉省長官の決定が恣意的かつ専断的なものであるとして, 下級審に差し戻した[105].

この司法府の判決は, 特区認可権の本来の運用意図である革新的なアイデアの効果の検証のためではなく, メディケイド支出抑制のために特区認可権が用いられていることに対して, 合法とは言い難いという立場を示したものであった. そのため, 司法府が大統領の試みに歯止めをかけた事例だといえるかもしれないが, 他方で, この裁判が結審したのが, ブッシュ政権期ではなく, オバマ政権期の 2011 年であった点は無視できない. 事実上, ブッシュ政権の特区認可権の利用は妨げられることはなく, その意味で, 司法府の影響は, あくまで限定的であったといえよう.

それでは, この司法府の判決がオバマ政権に影響を与えたのかというと, それもなかった. 第 4 節で後述するように, オバマ政権は特区認可権の利用を通じてではなく, 立法によってメディケイド改革を進展させようとし, それに成功したからである. また, 次章で述べるように, オバマ政権期には教育政策における特区認可権の政策変更手段としての利用が進展したが, その根拠は初等中等教育法の特区認可権であり, 上記の裁判で争われた社会保障法の特区認可権とは全く別のものだからである.

---

104) *Ibid.*
105) *Ibid.*

3. 立法による医療保険制度改革の失敗

実は，ブッシュ政権は，特区認可権を用いた医療保険制度改革を進める一方で，立法による改革を試みてもいた．2003年2月，ブッシュ大統領は2004年度予算教書を発表し，メディケイドと州児童医療保険事業の大幅な予算削減と，州政府への大幅な裁量の付与を伴う改革案を提示した．そのために，メディケイドと州児童医療保険事業を統合し，州政府への連邦補助金を特定補助金（categorical grant）から，上限ありの一括補助金にすることが目指された[106]．

特筆すべきは，ブッシュ政権によって示された改革案が，州政府に幅広い裁量を与える内容であったことである．改革案では，既存の制度下では特区事業の認可を得ることでしかできないとされる，扶養児童のいない世帯の成人をも公的医療保険の対象範囲に含めることを，特区事業の認可なしでも州政府の自由裁量で実施できるようにしていた．具体的には，州政府は，連邦政府の定める基準を満たすメディケイド受給資格者のうち，3分の2の人々に対して包括的なメディケイドを提供しなければならないが，その一方で，州政府は，特区事業の認可を受けずとも，メディケイド受給資格や受給内容などを含むメディケイドの基本的な内容について，大幅な裁量を得るという案であった[107]．

ブッシュ政権は，州知事との連携を重視しながら，改革を目指した．ブッシュ政権は，分極化状態にある議会で自身の望む改革を成し遂げるには，大統領自身が議会に提案するのではなく，超党派的な州知事連合が議会に提案した方が良いと判断した．大統領の意向を受け，全米知事協会は，超党派的な州知事たちで構成された専門部会を置いて，会合を重ねていった[108]．

しかしながら，ブッシュ政権と全米知事協会の試みは失敗に終わった．当初は，彼らの熱心な取り組みにより，部会で立法府に提案するための法案作成が順調に進んでいた．ところが，ついに超党派的な合意に至るという段階で，ブッ

---

106) Office of Management and Budget, *Budget of the U.S. Government, Fiscal Year 2004*, Washington, D.C.: U.S. Government Printing Office, 2003, pp. 125–7.

107) *Ibid.*, pp. 125–7.

108) Ceci Connolly, "Governors' Effort to Revise Medicaid Stalls: GOP Group Looks to the White House," *Washington Post*, June 13, 2003.

シュ政権の望む改革に対して激しく反発していた民主党の一部の上院議員らが，この会合の参加者に積極的に働きかけ，法案作成を断念させたのだった．結局，ブッシュ政権は，既に述べたように立法によってではなく，特区認可権の活用によって，法改正では実現できなかった政策目標を追求することになった[109]．

第4節　オバマ政権期における運用の停滞とオバマケア

1. 特区事業活用の誘因の低下

クリントン政権とブッシュ政権は，州知事たちとの密接な協議に基づき，州政府が特区事業を利用しやすいように申請のための負担を軽減し，大統領の望む特区事業を州政府に実施させるために規則を変更し，特区事業の活用を促した．両政権は，実際に多くの特区事業を認可し，アメリカ全土でメディケイドの現状を大きく変更した．それに対して，オバマ政権は，特区事業に関して州知事たちと協議することもなく，また，特区事業に関わる規則変更はもちろんのこと，特区認可権に対する大統領の方針すら明確に表明しなかった．演説や会合などの場でも，特区認可権の活用について触れることはなかった．オバマ政権は，特区事業について指導力を発揮しないどころか，ほとんど関心を示さなかったのである[110]．

こうした違いが生じた理由として，オバマ大統領が，特区認可権を通じてではなく，立法によってメディケイド支出の抑制と国民皆保険の実現を目指していたことが指摘できる．オバマ政権が発足する2009年1月までに，28もの州が，メディケイド支出の抑制とメディケイドの受給資格拡大を含む特区事業の認可を受け，州全土を既存の政策から革新的アイデアに基づく新たな政策に変更する対象とした事業を実施していた[111]．それにもかかわらず，メディケイド

---

109)　*Ibid.*

110)　Barack Obama, "Remarks following a Meeting on Health Care Reform and an Exchange with Reporters," June 24, 2009, *Public Papers of the Presidents of the United States, 2009*, pp. 888–9.

111)　Centers for Medicare and Medicaid Services, "Waivers."

第4節　オバマ政権期における運用の停滞とオバマケア　　155

支出は依然として上昇し，無保険者の減少も限定的であった．

　オバマ政権はそうした実態に鑑み，特区認可権の積極的活用によるメディケイド改革が，既に成熟して限界に達したものと考え，それよりも，立法によるメディケイド改革を通じた無保険者の削減及び州政府への裁量の付与が肝要だと判断したのだった[112]．

　州政府もまた，オバマ政権の方針に反発することも，特区認可権の積極的活用を訴えることもなかった．本章でこれまで述べてきたように，かつて州政府は，クリントン政権やブッシュ政権に対して，全米知事協会などを通じて，特区認可権の政策変更手段としての利用や利便性向上のための制度整備を強く要求し続けていた．それらの政権は，州政府の要望に応え，特区認可権の運用拡大，合理化などを進めた．それに対し，オバマ政権期において，州政府は，特区認可権について大統領に強く働きかけることをしなかった[113]．

　州政府が態度を変化させた理由として，三つが挙げられる．第一に，既に，メディケイド改革を州政府が実施するのに十分なだけ，特区認可権の利便性向上のための制度整備が進展していたことを指摘することができる．前節までで述べてきたように，クリントン政権やブッシュ政権の努力により，特区事業が，永続的にメディケイドの受給資格拡大と支出の抑制のための裁量を州政府に委ねる有効な手段として，十分に制度化されていた．また，両政権の取り組みにより，既に，特区事業の申請は容易になり，また審査過程も合理化されていた．

　第二に，上述したように，多くの州政府が，前政権までに，必要な特区事業の認可を得て，メディケイド改革を進めていたことも，州政府の態度の変化の要因として指摘できる．

　第三に，州政府自身が，特区事業の活用には限界があり，更なる改革を進め

---

112)　Barack Obama, "Address before a Joint Session of the Congress on Health Care Reform," September 9, 2009, *Public Papers of the Presidents of the United States, 2009*, pp. 1362–70.

113)　National Governors Association, "2009 NGA Winter Meeting Plenary Session Transcripts," February 21, 2009, http://www.nga.org/files/live/sites/NGA/files/pdf/ 2009NGAWinterMeeting.pdf; National Governors Association, "2010 NGA Winter Meeting Plenary Session Transcripts," February 20, 2010, http://www.nga.org/files/ live/sites/ NGA/files/pdf/2010NGAWinterMeeting.pdf.

るには連邦政府による医療保険制度改革が必要であると認識していたことも指摘できる．2009 年 5 月 5 日，医療保険制度改革法案についての公聴会に出席した全米知事協会の代表は，それまで半数以上の州政府が特区事業として無保険者削減とメディケイド支出抑制のための改革に取り組んできたことを述べた後，次のように，特区事業の活用には限界があること，そして現状の打開のためには連邦政府による医療保険制度改革が不可欠であることを表明した．

　「近年の景気後退の状況からして明らかなように，州政府は長期的に医療保険対象の拡大を支えるような十分な財政を有していない．加えて，州政府は医療保険制度の合理化を達成するのに必要な権限も有していない．」[114]

　以上のように，オバマ政権期においては，クリントン政権期やブッシュ政権期とは異なり，大統領と州政府の双方が，メディケイド改革に相応しい手段は，特区認可権の積極的活用ではなく，立法だと考えるようになっていた．そのため，特区認可権の制度整備が進展せず，また特区認可権が政策変更手段として積極的に用いられることもなかったのである．

　実際，オバマ政権期に認可を得たメディケイド関連の特区事業はそれなりにあるものの，クリントン，ブッシュ両政権期に認可を得た特区事業とは異なり，そのほとんどが，既存の特区事業の単なる更新か，医療保険制度改革法の施行前の一時的な措置のための特区事業に過ぎなかった．

　保健福祉省の医療保険財政管理局の資料によれば，オバマ政権期に認可を得た特区事業は 33 州 40 事業もあり，大多数が州全土を既存の政策から革新的アイデアに基づく新たな政策へ変更する対象にして実施されていた．そのうち既存の特区事業の更新によるものは，23 州 25 事業であった．本章で既に述べたように，医療保険政策についての特区事業は，その事業にとって妥当な期間だけ延長できると定められていたため，それらの事業は，特にオバマ政権の方針

---

114)　Transcript, Ray Scheppach, "Testimony-Health Care Reform," May 5, 2009, http://www.nga.org/cms/home/federal-relations/nga-testimony/hhs-testimony/col2-content/main-content-list/may-5-2009-testimony---health-ca.html.

第 4 節　オバマ政権期における運用の停滞とオバマケア　　　157

や意向に影響を受けることなく認可された[115].

　また，33 州 40 事業のうち，10 州 11 事業は，医療保険制度改革法の施行前の一時的な措置のための特区事業であった[116]．これは，どういった事業だったのだろうか．オバマ政権期に成立した医療保険制度改革法は，州政府に，この法が施行される 2014 年 1 月 1 日より前の 2010 年 4 月 1 日より，扶養児童のいない世帯の成人に対するメディケイド受給資格の拡大を実施することを認めた．その方法は，二つあった．一つは，医療保険制度改革法が定める規定に従った形での，受給資格の拡大である．もう一つは，特区事業の認可を得た上での，州政府独自の手法による受給資格の拡大である．医療保険制度改革法成立前までは，後者の手法を採用する州政府は，新たな受給資格者に対して必要な追加予算を連邦政府から受け取ることはできず，自らの予算でもって補う必要があったが，医療保険制度改革法は，州政府が執政府の認可を受けて，特区事業を用いて，扶養児童のいない世帯の成人へと受給資格を拡大する場合，新たな受給者に対する追加的な支援を連邦政府から受け取ることができるように変更した．その特区事業というのが，医療保険制度改革法の施行前の一時的な措置のための特区事業であった．

　それでは，扶養児童のいない世帯の成人に対するメディケイド受給資格の拡大のための手段として，特区事業を用いる以外にも，上述したように，医療保険制度改革法が定める規定に従って受給資格を拡大する手段があったにもかかわらず，なぜ，10 もの州は，特区事業を選んだのだろうか．

　ルイジアナ州，ミズーリ州，オハイオ州の計 3 州 3 事業は，特定のカウンティに限定して，扶養児童のいない世帯の成人への受給資格拡大を実施するため，特区事業の認可を得た．コロラド州，ニュージャージー州（2 事業），ウィスコンシン州の計 3 州 4 事業は，医療保険制度改革法が定めるよりも厳格な貧困基準を導入すべく，特区事業の認可を得た．アーカンソー州，ニューヨーク州，ワシントン州の計 3 州 3 事業は，医療保険制度改革法と同じ範囲で，扶養

---

115)　Centers for Medicare and Medicaid Services, "Waivers."
116)　内訳は，アーカンソー州，コロラド州，ルイジアナ州，ミネソタ州，ミズーリ州，ニュージャージー州，ニューヨーク州，オハイオ州，ワシントン州，ウィスコンシン州．そのうちニュージャージー州のみが 2 事業であった．

児童のいない世帯の成人に対して受給資格を拡大する一方で，医療支援の制限，保険料や医療費の自己負担制の拡充，受給者数の上限設定，民間保険との連携などについて裁量を得るために，特区事業の認可を得た．ミネソタ州の1事業は，医療保険制度改革法が定めるよりも緩やかな貧困基準を導入する一方で，医療支援の制限，保険料や医療費の自己負担制の拡充，受給者数の上限設定などについて裁量を得るために，特区事業の認可を得た[117]．

残りの4州4事業だけが，医療保険制度改革法成立までに執政府から，受給資格拡大のための新規もしくは変更の認可を受けた事業であった[118]．以上のように，オバマ政権期に認可を受けた33州40事業の特区事業のうち，わずか4州の4事業のみが，政策の現状を特区事業によって変更させるものであり，他は現状維持かそれに類するものだったのである．

この事実からは，オバマ政権期には，既に多くの州で特区事業が実施されていたため，特区事業を活用したいという誘因が，大統領と州政府の双方の間で，かなり小さくなっていたことを読み取ることができる．オバマ政権期には，特区認可権に対する大統領と州政府の認識が変化しており，メディケイドにおける特区認可権の利便性向上のための制度整備や政策変更手段としての特区認可権の積極的な利用が持続しなかったのである．

2. 議会による追認の結果としてのオバマケア

かくしてオバマ大統領は，立法によるメディケイド改革に力を注ぐ方針を採用した．2009年9月，上下両院で医療保険制度改革法案が審議されている中で，オバマ大統領はメディケア，メディケイド，州児童医療保険事業などの医療保険制度の現状について，以下のように断じた．

> 「無駄と悪習に溢れているために，私たちが汗水流して得たあまりに多くの貯蓄や税金が医療制度に投入されているにもかかわらず，私たちを健康に導いてはくれない．」[119]

---

117) Centers for Medicare and Medicaid Services, "Waivers."
118) *Ibid.* 内訳は，アイダホ州，ミシガン州，オレゴン州，ヴァーモント州．
119) Obama, "Address before a Joint Session of the Congress on Health Care Reform,"

第4節　オバマ政権期における運用の停滞とオバマケア　　159

　そこで，無駄を削減してその余剰分を医療制度の改善に充てることで無保険者を減らし，多くのアメリカ市民の望む医療保険制度が実現できるとして，オバマ大統領は上下両院での法案通過を強く求めた[120]．

　オバマ大統領の医療保険制度改革法案は，多方面から反発を受けていた．とりわけ共和党からは強い反発の声が上がっていた．彼らは，その改革案がオバマ政権による医療制度の接収以外の何物でもなく，医療費の増大，中所得者の税金の増大，企業による従業員の解雇の拡大を招くとして，徹底的に争っていた[121]．

　また，州知事たちも，民主党，共和党を問わず，医療保険制度改革法案について強い抵抗を示していた[122]．州知事たちは，特に，医療保険制度改革法案における，メディケイドの受給資格の大幅な拡大に伴って予想される，州政府の費用負担の増大に難色を示していた．単にメディケイド受給者を増大させるだけでは，州政府のメディケイド支出が大幅に増大してしまい，近年の厳しい経済状況では州政府は破産してしまうとして，州知事たちは，連邦政府の負担増が不可欠であることをオバマ政権と議会に訴えていた[123]．州知事たちからの圧力もあり，医療保険制度改革に伴うメディケイド支出の増大の大部分については，連邦政府が負担することとなった．

　2010年3月23日，様々な方面から強い抵抗を受けながらも，医療保険制度改革法である「患者保護及び医療費負担適正化法（Patient Protection and Affordable Care Act)」が成立し，30日にはその修正法（Health Care and Education Reconciliation Act of 2010）が成立した．医療保険制度改革法は，国民に医療保険に入ることを義務付け，低所得者に対して連邦政府と州政府が支援することを定めるなどして，無保険者をなくすことを目的としていた．

---

　　p. 1367.

120)　*Ibid.*, pp. 1362–70.

121)　*Congressional Quarterly Almanac, 111st Congress, 1st Session, 2009, Volume LXV*, Washington, D.C.: Congressional Quarterly, 2010, 13–3–13–14.

122)　Kevin Sack and Robert Pear, "Governors Fear Medicaid Costs in Health Plan," *New York Times*, July 19, 2009.

123)　Shailagh Murray, "States Resist Medicaid Growth," *Washington Post*, October 5, 2009.

医療保険制度改革法は，特区認可権にとって三つの重要な意味があった．一つ目は，執政府による特区認可権の利用への，議会による恒常的な監視制度の導入である．二つ目は，クリントン政権やブッシュ政権が特区認可権を利用して進めてきたメディケイド改革の追認である．三つ目は，同法を対象とした新たな特区認可権が第1332条に定められていたことである．最後の点については，第7章で扱う．

医療保険制度改革法によって導入された，特区認可権に対する監視制度は，大別すると二種類あった．特区事業の審査過程の透明性の確保の義務付けと，特区事業の審査についての議会への報告書提出の義務付けである．

まず，特区事業の審査過程の透明性確保については，医療保険制度改革法が成立するまで，連邦法による義務付けはなかった．そのため，ブッシュ政権期に会計検査院や議員が執政府に対して，透明性の確保を要請していたものの，執政府が取り合うことはなかった．

ところが，医療保険制度改革法によって，執政府に対して透明性の確保が義務付けられた．同法第10201条は，特区認可権を定めている社会保障法第1115条に，新たな条文として (d) 項 (2) (A) を挿入した．その条文は，メディケイドと州児童医療保険事業についての特区事業の審査の際に，「告示と公聴会といった意見公募手続の期間を州政府に設けさせ，市民からの意見を十分に取り入れることができるよう規則を制定することを保健福祉省長官に命じる」と定めた．執政府は，法に定められた手順に従って意見公募手続を実施し，透明性を追求することが要請されたのだった．

次に，特区事業の審査についての議会への報告書提出の義務付けも，特区認可権にとって重要な変化であった．医療保険制度改革法が成立するまで，執政府は，特区認可権の運用について，立法府から恒常的な監視を受けることはなかった．たとえ立法府が監視を試みたとしても，それは一時的なものであり，議会のいくつかの委員会や小委員会が特区認可権に関わる公聴会を開催し，執政府の関係者を証人喚問するに過ぎなかったため，立法府による監視が弱かった．

しかしながら，医療保険制度改革法によって，監視が強化された．同法第10201条は，社会保障法第1115条に，新たな条文として (d) 項 (3) を挿入した．その条文は，「[保健福祉省] 長官は，[メディケイドと州児童医療保険事業

についての]特区事業の適用に関する自らの決定などについて,議会に年次報告書を提出しなければならない」[124]との規定を加えた.保健福祉省長官は毎年,議会にその年の特区事業の審査に関する報告書を提出することが義務付けられた.執政府は,特区認可権の用い方について,常に立法府に監視されることになったのである.

興味深いのは,これらの条文の原案作成に,ブッシュ前政権期に特区認可権について同政権と争っていたボーカス上院議員が関わっていた,ということである.例えば透明性の確保については,彼が2009年10月に提出した法案(S.1796)が原案となっている.彼が提出した法案についての委員会報告書には,社会保障法第1115条に新たな条文を挿入するよう定めた条文案の主旨として,「メディケイドと州児童医療保険事業に関する1115条特区事業についての,審査,実施,評価に対する透明性の法的な義務付け」[125]であることが強調されている.また,議会による監視の強化については,ボーカス上院議員が2009年12月に他の上院議員と共同で提出した法案の修正案(S.Amdt.3277)が原案となっている[126].

したがって,審査過程での透明性の確保の義務付けと,議会への審査についての報告書の提出の義務付けという,特区認可権そのものの修正は,立法府が大統領による特区認可権の利用を監視し,適宜,影響力を及ぼすために導入されたといえよう.ただし,これらの修正は,上記の通り医療保険政策に限ったものであり,福祉政策についての特区認可権には適用されない.

医療保険制度改革法は,執政府による特区認可権の利用に対して,議会による監視制度を導入しただけではなく,クリントン政権やブッシュ政権が特区認可権を利用して進めてきたメディケイド改革の追認という側面もあった.これについては主に二点,指摘できる.

一つは,両政権が進めてきた,メディケイドの受給資格の拡大の追認である.

---

124) 括弧内は筆者加筆.

125) Report on Providing Affordable, Quality Health Care for All Americans and Reducing the Growth in Health Care Spending, and for Other Purposes, *America's Healthy Future Act of 2009*, Senate, 111th Cong., October 19, 2009, pp. 79–80.

126) Congressional Record, *Amendments Submitted and Proposed*, Senate, 111th Cong., December 19, 2009, S.13501.

医療保険制度改革法の成立前まで，メディケイドを受給するには，自身が児童，妊婦，高齢者，障碍者であるか，扶養児童のいる親である必要があり，さらに，世帯所得が連邦貧困基準の一定程度以下であることが要求されていた．そのため，ある州政府が扶養児童のいない世帯の成人に対してメディケイドの提供を望んだ場合，その州政府は特区事業の認可を得る必要があった．またその州政府は，そうしたメディケイド受給資格拡大に伴い連邦政府から追加で補助金を受け取ることはできず，特区事業の実施前と等しい連邦補助金しか得ることができなかった．

保健福祉省の医療保険財政管理局の資料によれば，医療保険制度改革法が成立した 2010 年 3 月までに，メディケイドの受給資格拡大を目的の一つとした特区事業を実施していたのは，28 州にも及んでいた[127]．そのうち 20 州が，貧困か否かという基準のみで，扶養児童のいない世帯の成人に対してもメディケイドの受給資格を与えていた[128]．残りの 8 州は，所得要件を緩和して受給資格を拡大していた[129]．

すなわち，医療保険制度改革法は，既にアメリカの 4 割の州で，扶養児童のいない世帯の成人にまでメディケイドの受給資格を拡大する事業が実施されている中で成立したのだった．医療保険制度改革法により，メディケイド受給要件は，個人の属性とは無関係に，世帯所得が連邦貧困基準の 138% 以下であることのみと定められ，扶養児童のいない世帯の成人に対するメディケイドの提供が特区事業の認可なしに実施できるようになった[130]．したがって，医療保険制度改革法は，それまで 20 もの州で既に導入されていた特区事業の内容を追認するものに他ならない．

さらに重要なことに，医療保険制度改革法の成立は，特区事業によって扶養

---

127) Centers for Medicare and Medicaid Services, "Waivers."

128) 内訳は，アリゾナ州，アーカンソー州，カリフォルニア州，デラウェア州，フロリダ州，ハワイ州，インディアナ州，アイダホ州，アイオワ州，メイン州，マサチューセッツ州，ミシガン州，ニューメキシコ州，ニューヨーク州，オクラホマ州，オレゴン州，ロードアイランド州，テネシー州，ユタ州，ヴァーモント州．

129) 内訳は，コロラド州，イリノイ州，ミネソタ州，ミズーリ州，ネヴァダ州，ニュージャージー州，ヴァージニア州，ウィスコンシン州．

130) 社会保障法第 1902 条．

児童のいない世帯の成人にメディケイドを提供していた州政府にとって，特区事業を利用する必要すらなくなるほどの変化をもたらした．特区事業の下では，州政府が独自にメディケイド受給対象者を拡大しても，連邦補助金が増額することはなかった．そのため，州政府は既存のメディケイド受給者に対するコストを削減し，資金を捻出する必要があった．足りない分は，州政府の予算で補塡しなければならなかった．ところが，医療保険制度改革法の下では，世帯所得が連邦貧困基準の138% 以下の者であれば連邦補助金の支給対象のメディケイド受給者となるため，州政府の負担が減ったのである[131]．

　もう一つ，クリントン政権やブッシュ政権が特区認可権を利用して進めてきたメディケイド改革の追随として指摘できるのは，州政府への大幅な裁量の付与である．医療保険制度改革法の成立前まで，州政府は，1996 年福祉改革法によって定められた任意提供群の中から，任意でメディケイド受給対象を設定するという裁量を有していた．ただし，州政府は，連邦法に示された任意提供群以外にメディケイド受給対象者を定めることはできなかった．また，任意提供群から選ばれたメディケイド受給者に対して提供される医療保険の内容は，義務的提供群のメディケイド受給者に与えられているものと同じものでなければならないとされ，州政府の裁量はなかった．

　州政府がこうした制約を回避して，一人当たりの医療支援費用を下げる一方で，より多くの人に公的医療保険を提供したい場合，特区事業の認可を得る必要があった．保健福祉省の医療保険財政管理局の資料によれば，医療保険制度改革法が成立した 2010 年 3 月までに，メディケイドの受給資格拡大，医療支援の制限，保険料や医療費の自己負担制の拡充などの州政府独自の政策を特区事業によって実施していたのは，上述した 28 州に 2 州[132]を加えた 30 州にもなっていた[133]．

　すなわち，医療保険制度改革法は，アメリカの 6 割の州において，州政府が裁量を得て，独自の事業を実施している最中に成立したのであった．同法第

---

131)　*Ibid.*; U.S. Department of Health and Human Services Office of the Secretary, "Medicaid Program."

132)　内訳は，メリーランド州とモンタナ州．

133)　Centers for Medicare and Medicaid Services, "Waivers."

1331 条により，世帯所得が連邦貧困基準の 138% 以上 200% 未満の者への医療支援に関して，州政府には，連邦政府と分担して負担する基礎的医療保険制度（Basic Health Plan）を設置することが要請されると同時に，大幅な裁量を与えられた[134]．

したがって，医療保険制度改革法は，それまで，特区事業の認可によって 30 もの州政府に与えていた受給要件，医療範囲，医療支援の方法などに関する自由裁量を，特区事業の認可なしに全ての州政府に与えるものであった[135]．州政府への自由裁量の付与という側面もまた，クリントン政権とブッシュ政権による特区認可権の運用の追認であったと理解できるのである．

3. 特区事業による政策アイデアの波及

それでは，立法府の追認の過程はどのように説明できるのだろうか．前章で指摘した，特区認可権によって実施される特区事業の持つ特徴である政策アイデアの波及に着目して，立法府の追認の過程を追ってみたい．

2006 年からマサチューセッツ州が実施していた特区事業（MassHealth）が，「マサチューセッツ・モデル」として，医療保険制度改革法の手本となっていたことはよく知られている．マサチューセッツ州の医療保険制度改革は，支出増大を抑制しながら州民皆保険を実現することを目的としていた．

具体的には，州民に対しては医療保険への加入を義務付け，事業主には従業員への医療保険の提供もしくは医療保険費用の一定割合の負担を義務付けた．メディケイド受給資格を得るほどではない低所得者に対しては，州政府が支援するとされた．そして，最も重要なことに，特区事業としての認可を得て，メディケイド受給資格が世帯所得連邦貧困基準 300% 未満の者に拡大され，また，メディケイド受給者のうち連邦貧困基準 100% 以上の者は，所得に応じて医療

---

134) 州政府は基礎的医療保険制度を通じて，必要不可欠な医療保障を含んだ民間医療保険と契約し，世帯所得が連邦貧困基準の 138% 以上 200% 未満の貧困者に医療保険を提供するとされた．連邦政府は，連邦政府の費用負担額の増額などを通じて，州政府の負担を分担するとされた．

135) U.S. Department of Health and Human Services Office of the Secretary, "Medicaid Program."

支援が制限されたり，保険料や医療費の自己負担が増額された[136]．

マサチューセッツ・モデルは，専門家の間ではもちろんのこと，多くの政治エリートたちの間でも，無保険者の削減に貢献するだけでなく，メディケイド支出の抑制にも寄与したとの評価を得た．そのため，マサチューセッツ・モデルの大部分が連邦の医療保険制度改革法案に組み込まれた．具体的には，メディケイド受給資格の拡大と，メディケイド受給者のうち世帯所得が一定以上の者に対する医療支援の範囲や，保険料及び医療費の自己負担などに関する州政府への裁量の付与である．後者の裁量の付与により，州政府は，自州の実情に沿った形でメディケイド支出の抑制を目指すことができるようになった．したがって，特区事業は，政策アイデアの波及という点で，大統領が中心となって推し進めたメディケイド改革を立法府が追認するのに重要な役割を果たしたといえよう[137]．

もちろん，マサチューセッツ・モデルの一部であるメディケイドの受給資格の拡大と，州政府が独自に，メディケイド受給者のうち世帯所得が一定以上の者への医療支援の範囲や，保険料及び医療費の自己負担を設定できるという政策アイデアは，2006年にマサチューセッツ州で突然，降って湧いたものではない．前節までで述べてきたように，これらのアイデアは，クリントン政権期やブッシュ政権期に認可を受けた，多くの特区事業と共通している．その意味において，マサチューセッツ・モデルに限らず，クリントン政権期から認可を受けていた大多数の特区事業が，オバマ政権期の立法府の追認に貢献していたといえよう．

おわりに

本章では，大統領の，議会を介さない政策変更手段が，医療保険政策でも用

---

136) Massachusetts Executive Office of Health and Human Services, "MassHealth and State Health Care Reform," May 1, 2006, http://www.mass.gov/eohhs/gov/departments/masshealth/masshealth-and-health-care-reform.html.

137) Kevin Sack, "Massachusetts, Model for Universal Health Care, Sees Ups and Downs in Policy," *New York Times*, May 28, 2009; Editorial, "The Massachusetts Model," *New York Times*, August 8, 2009.

いられるようになったことを明らかにした．医療保険政策にも特区認可権の制度変容が及んでいたのである．また，オバマ政権期に成立した医療保険制度改革法が，そうした過程の集大成であったことも指摘し，議会が大統領の取り組みを追認していたことも示した．

本章では，大統領の政策変更手段の拡充を追う中で，付随的に，医療保険政策研究に資する二つの知見が得られた．まず，既存の医療保険政策研究[138]は，立法による政策変化に着目してきたが，本章の分析からは，立法だけに着目してもメディケイドの政策変化を十分に捉えることはできず，特区認可権を視野に含めなければならないことがわかる．例えば，クリントン政権は，特区事業を通じて，1993年から1996年の間に220万人の，1998年から2000年の間に200万人の無保険者を保険に加入させることに成功した．また，ブッシュ政権は，特区事業を通じて27州33事業，約1150万人が対象となる医療費削減とメディケイド受給対象拡大を実施した．

次に，オバマ政権期に成立した医療保険制度改革法に対しても，新たな知見を提供しうる．本章からは，オバマ政権の医療保険制度改革には，特区認可権を通じた改革に対する立法府の追認としての側面もあったことが示された．こうしたG. W. ブッシュ政権までのメディケイド改革とオバマ政権の医療保険制度改革とのつながりは，既存の医療保険政策研究では捉えきれなかったものであり，現代の医療保険政策を理解する上でも重要な貢献を果たしうるだろう．

---

138) 医療保険政策についての邦語研究は充実している．天野拓は，1990年代になって，アメリカが長らく採用してきた，科学者・医師らの職業活動上の自律性を尊重するという「専門家重視政策」を転換させた理由に関心を寄せる（天野 2006）．彼によれば，専門家たちを中心とする有力アクター間にあった自律性についてのコンセンサスが，1990年代に浮上した新たな争点によって崩壊し，また自律性の見直しを求める利益団体の参入もあり激しい対立が生じたため，こうした転換が生じたという．さらに彼は，オバマ政権による医療保険制度改革の特質，成立過程，今後の課題に着目した研究も行っている（天野 2013）．彼によれば，オバマ政権による医療保険制度改革の成功の要因は，経済状況の悪化と医療問題の深刻化，利益団体と連携しようとするオバマ政権の戦略，法案作成を議会に委ねたオープンな議論の推進，マサチューセッツ・モデルという改革モデルの形成・浸透による党内合意の形成であったという．山岸敬和も同様に，オバマ政権の医療保険制度改革について論じている（山岸 2014）．彼は，政策発展の決定的転機として第二次世界大戦と戦後復興期を位置づけ，20世紀以降のアメリカの医療制度の発展の背景にある政治・制度・歴史的文脈を明らかにしている．

第6章　オバマ政権期における教育政策への波及

　前章までで明らかにしたように，福祉政策や医療保険政策において，大統領の議会を介さない政策変更手段が台頭してきた．その際に用いられていたのは，社会保障法に定められる 1115 条特区認可権であった．本章では，政策変更手段としての特区認可権の運用が教育政策にまで波及していったことを明らかにする．ただし，社会保障法は教育政策を規定していないので，これまで述べてきた 1115 条特区認可権を通じて大統領が教育政策の政策変更手段を獲得したわけではない．教育政策を規定しているのは初等中等教育法であり，同法第 9401 条には特区認可権が定められている．この 9401 条特区認可権こそが，本章の着目する制度である．

　本章ではまず，クリントン政権期に 9401 条特区認可権が導入された経緯とその意図について明らかにする．これまでの章で述べてきたように，クリントン政権期には既に，福祉政策や医療保険政策についての 1115 条特区認可権の制度変容が進展し，特区認可権は大統領にとり，議会と協調せずに政策変更を実現する有効な手段となっていた．一見すると，そうした権限を議会が新たに大統領に与えるとは考えにくい．なぜ議会は，教育政策にまで特区認可権を導入することを許容したのだろうか．

　次に，オバマ政権期における 9401 条特区認可権の制度変容を明らかにしたい．実は，9401 条特区認可権もまた，大統領の政策変更手段として導入されたわけではなかった．なぜ，どのようにオバマ大統領は，9401 条特区認可権を政策変更手段として活用するようになったのだろうか．

第1節　教育政策への特区認可権導入の経緯と意図

1．G. H. W. ブッシュ政権による導入の試みと失敗

第2章で述べたように，建国以来，アメリカの公教育は州政府に委ねられ，連邦政府の関与はほとんどなかった．1965年の初等中等教育法制定により，公教育への連邦政府の関与を認める根拠法が誕生したものの，教育内容，教育水準，教育期間などの大部分の権限は依然として州政府に残されたままであった．全米統一の学力基準はもちろん，統一的なカリキュラムすら存在しなかったため，公教育の内容は地域によって大幅に異なっていた．

1980年代には，公教育の水準低下が大きな論争となった．1983年にレーガン政権が取りまとめた報告書『危機に立つ国家』では，「我が国は，今や危機に瀕している．我が国がかつて絶対的な優位を誇っていた，商業，工業，科学，技術面での革新の卓越性は，世界中の競争相手にその座を明け渡そうとしている」[1] として，教育改革の必要性が訴えられた．その一方で，公教育は州政府が担うべきで，連邦政府が関与すべきではないという分権主義的な発想が，改革の気運の高まりを妨げていた．

本格的に連邦政府が教育水準の向上を目指して公教育に関与する端緒となったのは，G. H. W. ブッシュ政権の誕生であった．1988年の大統領選挙で「教育の大統領（Education President）」になることを声高に宣言して政権の座についたブッシュ大統領は，アメリカの分権的な政治体制に基づきながらも連邦政府が公教育に関与する教育システムを創るべく，熱心に教育改革に取り組んだ．

1989年9月，ブッシュ大統領はヴァージニア州立大学で，全米の州知事を招いて2日間にわたる教育サミットを開催した．49の州知事，ビジネスリーダー，そしてブッシュ政権の閣僚たちが集まった．サミットの参加者の中でも，

---

1)　National Commission on Excellence in Education, *Nation at Risk: The Imperative for Educational Reform*, Washington, D.C.: U.S. Government Printing Office, 1983.

第1節　教育政策への特区認可権導入の経緯と意図　　169

特筆すべき人物は，サミットの副議長を務め，主導的な役割を果たしていたアーカンソー州知事クリントンである．後にクリントンは大統領に就任すると，サミットで合意された目標を実現するための立法を働きかけ，それに成功することになる[2]．

　教育サミットの場で，大統領と全米の州知事たちは，以下の四点に合意した．第一に，国家教育目標（National Education Goals）の設定のための道筋を立てること．第二に，後に設定される国家教育目標の達成のために，州政府による連邦補助金の使用に対して，より大きな裁量とより大きな説明責任を与えるための，規則制定や立法という手段を模索すること．第三に，教育システムを再構成するため，州毎の大規模な取り組みに着手すること．第四に，後に設定される国家教育目標の進展具合を，新設する作業部会に毎年報告すること[3]．

　さらに，大統領と全米の州知事たちは，「連邦法も州法も，全ての児童や生徒に対する実際の教育効果に対して十分に注意を払っていない．連邦政府に必要なのは，州政府に結果に対してより大きな責任を負わせる代わりに，連邦法の適用を免除する権限である」[4] として，以下の四点にも合意した．第一に，既存の法における連邦規則を調査し，より大きな裁量の付与の方向へと措置を講じること．第二に，各州が州法と行政規則に対し，一致して手段を講じること．第三に，翌年の早い時期に，州政府や地方政府に教育水準と技能訓練水準の向上を義務付ける代わりに，連邦補助金の使用に大きな裁量を付与するための法案を議会に提案すること．第四に，上記三点の目標を達成するために迅速に活動を開始できる作業部会を立ち上げ，州知事たち及び大統領の指名する者たちを構成員とすること[5]．

　こうした，州政府へ裁量を付与するというブッシュ政権と州知事たちの合意こそが，分権的風土にありながら，いかに連邦政府による公教育への介入を強

---

2)　George H. W. Bush, "Joint Statement on the Education Summit with the Nation's Governors in Charlottesville, Virginia," September 28, 1989, *Public Papers of the Presidents of the United States, 1989*, pp. 1279–82.

3)　*Ibid.*, pp. 1279–80.

4)　*Ibid.*, p. 1280.

5)　*Ibid.*, pp. 1280–1.

めるべきかという難問に対して，彼らが導き出した答えであった．彼らは，連邦政府の関与を強める一方で，州政府に自由裁量を認める制度を導入することで，州政府の裁量の余地を残そうとしたのであった．後述するように，彼らの合意内容は，クリントン政権期に特区認可権の導入という形で実を結んでいく．

　教育サミットの後，大統領と全米の州知事たちは早速，作業部会を立ち上げ，議論を交わした．作業部会は，後に全米教育目標会議（National Education Goals Panel）として正式に発足した[6]．作業部会は，上記の教育サミットで掲げた国家教育目標を具体化した．1990年1月，ブッシュ大統領はその内容を一般教書演説で発表し，翌2月には，州知事たちによる正式な合意を得た[7]．国家教育目標は，2000年までに達成すべき目標として掲げられた[8]．

　ブッシュ大統領の次の課題は，国家教育目標を達成する道筋の具体化であっ

---

6)　1990年7月に発足した全米教育目標会議は，特にクリントン政権の教育政策の方針を決定する上で重要な役割を果たした．全米教育目標会議の具体的な目的は，次の四つである．第一に，毎年，教育サミットで定めた目標についての連邦政府と州政府の取り組みについて報告書を提出すること．第二に，高い教育水準と教育評価の制度構築のために取り組むこと．第三に，教育の改善のために期待できる実践的手段を特定すること．第四に，国家教育目標の達成のために，民主党，共和党を超えた全国規模の合意を形成すること．なお，全米教育目標会議の出席者は，政党を問わず，州知事，少数の上下両院の議員，政府の高官で構成されていた．たとえば，1993年のクリントン政権期の時点では，議長は民主党州知事で，メンバーは共和党州知事が5名，民主党州知事が2名，共和党上院議員が1名，共和党下院議員が1名，民主党下院議員が1名，政権の高官が2名であった．

7)　George H. W. Bush, "Address before a Joint Session of the Congress on the State of the Union," January 31, 1990, *Public Papers of the Presidents of the United States, 1990*, pp. 129–34; National Education Goals Panel, *The National Education Goals Report: Building a Nation of Learners*, Washington, D.C.: U.S. Government Printing Office, 1991.

8)　国家教育目標は，以下の六点から成るものである．第一に，全ての児童及び生徒に対して就学準備を施した上で入学させる．第二に，高校の卒業率を90%以上まで高める．第三に，児童及び生徒は4，8，12年次から進級する際に，英語，数学，理科，歴史，地理の試験を受け，一定の成績を示さねばならない．また全ての児童及び生徒に対して適切に理性が働くよう教育を施すことで，責任ある市民，更なる学習，現代経済において生産的な雇用への下地をつくる．第四に，児童及び生徒が理科と数学の成績において世界第1位となる．第五に，全ての成人が識字能力を有する．また全ての成人が，世界経済の中で競争し，市民としての権利と責任を行使するのに必要な知識と技能を習得する．第六に，全ての学校は薬物問題と暴力問題から脱し，学習を促進させる規律ある環境を提供する．

第1節　教育政策への特区認可権導入の経緯と意図　　171

た．ブッシュ大統領は，国家教育目標を達成したかどうかを判定するための，児童及び生徒に要求すべき全米学力基準（National Standards）を設定したいと考え，そのための統計資料として，全米の児童及び生徒の学力を調査するのに必要な立法を試みた[9]．重要なのは，1991年5月23日にブッシュ大統領の提案によって上下両院に提出された法案（H.R.2460, S.1141）の中で，教育水準向上のために州政府に裁量を与えるべく，特区認可権の導入も試みていた点である．法案の該当部分（H.R.2460, SEC. 421B. (a)）を抜粋してみよう．

　　「教育省長官は，初等中等学校やその他の教育機関が，全ての児童及び生徒の学業成績の向上のために実施する計画を支援する．ただし，とりわけ恵まれない環境下にいる児童及び生徒を重視した計画でなければならない．そのために教育省長官は，学校と教育事業の質の向上を図れるように，州知事やその他の関係者に対して，資源の利用についての裁量を増大させる一方で，教育成果の達成に責任を与えるという，特区認可権を行使する．教育省長官は，こうした計画の支援のために，…（中略）…特定の例外を除いて教育事業に適用されるあらゆる連邦法の要件の免除権限を有する．…（中略）…特区事業の期間は最長3年とするが，教育省長官は，その計画が成果を挙げている場合は，さらに2年の計画の延長を認める権限を持つ．」

　注目すべきは，ここでの特区認可権の位置づけである．ブッシュ政権は，この特区認可権を，大統領の政策変更手段としてではなく，連邦政府の公教育への介入を嫌う議会の勢力から支持を調達する手段として位置づけていた．審議過程においては，同法案によって，公教育に関する州政府の裁量が奪われ，より良い教育の提供が難しくなるとの懸念が表明されていた．そうした意見に対して，教育省長官ラマー・アレクサンダーは，同法案には特区認可権があるから，より良い教育を実施する上で妨げになると州政府が判断した連邦法は適用されず，そうした問題は生じ得ないと断言していた[10]．

---

　9)　George H. W. Bush, "Address to the Nation on the National Education Strategy," April 18, 1991, *Public Papers of the Presidents of the United States, 1991*, pp. 395–9.
　10)　Hearings before the Subcommittee on Elementary, Secondary, and Vocational

また，社会保障法第1115条の特区認可権とは異なり，この特区認可権には，社会工学的発想が見られないことも注目に値する．前者は，社会工学的発想の下で，州政府に革新的なアイデアの効果を検証させる手段として導入された．それに対して後者においては，社会工学的発想は存在せず，単に州政府に自由裁量を認める手段として位置づけられていたことがわかる．

ところが，ブッシュ大統領の試みは失敗に終わった．この法案は，全米学力基準の導入に伴う連邦政府の教育政策への介入に対する根強い反対を覆すことができず，廃案となったのに加えて，ブッシュ大統領が再選をかけた大統領選挙で敗北を喫したからである．特区認可権の導入と全米学力基準の設定は，次のクリントン政権で実現することになる．

2. クリントン政権による導入の成功

1993年1月に発足したクリントン政権は民主党政権であったが，共和党政権であったブッシュ前政権の教育政策の方針を基本的に継承した．既に述べたように，1989年の教育サミットでは，当時アーカンソー州知事であったクリントンは副議長を務め，主導的な役割を果たしていた．ブッシュ政権との継続性は，むしろ当然といえる．例えば，1994年2月のクリントン大統領の演説は，それを裏付けるものである．

> 「州知事を務めていたときから，私は世界を見据えた基準と結果責任に基づく教育改革に関与してきた．我々が学校と児童及び生徒に多くを求めなければ，教育の機会の拡大と教育の向上をもたらすことはできない．国家教育目標の草案作成に協力していたときから，私は連邦政府が率先して教育改革に当たる日が来るのを待ち望んでいた．」[11]

また，後述するように，クリントン政権がブッシュ政権期に示された国家教

Education of the Committee on Education and Labor, *H.R.2460, America 2000 Excellence in Education Act*, House, 102nd Cong., June 18 and 27, July 11, 1991, p. 51.

11) William J. Clinton, "Statement on Senate Action on Education Legislation," February 8, 1994, *Public Papers of the Presidents of the United States, 1994*, p. 209.

第1節　教育政策への特区認可権導入の経緯と意図　　　173

育目標を全て継受し，それを達成するための立法を目指したことも指摘できる[12]．

　さらには，クリントン政権期においても，ブッシュ政権期と同様に全米教育目標会議を重視する姿勢が見られたことも特筆に値する．クリントン政権期，同会議には，キャロル・ラスコ国内政策担当大統領補佐官（Assistant to the President for Domestic Policy）やリチャード・ライリー教育省長官など，クリントン政権の重要な地位に就いている人物が出席していた[13]．さらに，クリントン政権は州政府との連携を重視していたため，同会議には州知事たちも招かれていた．

　他にも，ブッシュ政権からの継続性を見出すことができる．それは，特区認可権導入の重要性に対するクリントン政権の認識である．政権発足前の1992年12月に国内政策関連の政権移行チームが作成した報告書には，政権発足後の最初の100日で実施すべき優先課題の一つとして，初等中等教育法改正による，「全ての児童及び生徒が高い学力水準に到達するために必要な手段としての特区認可権の導入」が挙げられている[14]．

　この方針を掲げたクリントン政権は，全米教育目標会議での議論に後押しされ，初等中等教育法改正を目指していく．初等中等教育法に特区認可権を導入する必要性は，全米教育目標会議の中でも明確に言及された．1993年3月3日，全米教育目標会議のメンバーの一人であったサウスカロライナ州知事キャロル・キャンベル・ジュニアは，「全米各州に広がる多様な問題に対処するには，特区認可権の導入は絶対に必要不可欠である」と述べている[15]．同年6月

---

12)　ただし，クリントン政権は全米教育目標会議での議論に基づき，従来の目標を堅持しながら，新たに以下の二つの目標を加えている．第一に，全米の教員に対しては，自らの専門的技能を継続的に向上させることを可能にし，全ての児童及び生徒に対しては，次の世紀で活躍するのに必要な知識と技能を獲得できるようにすること．第二に，全学校は，子どもの社会的，情緒的，学問的な成長を促進させる場に両親を関与させ，また参加させる機会を増やすべく，協力関係の構築に励むこと（National Education Goals Panel, *The National Education Goals Report, Volume One: National Data*, Washington, D.C.: U.S. Government Printing Office, 1994）．

13)　*Ibid.*

14)　Report, Presidential Transition Domestic Policy Staff, December 1992.

15)　Meeting Summary, National Education Goals Panel, March 3, 1993, "Meeting

15 日の全米教育目標会議では，教育省長官ライリーが，「我々は連邦政府による煩わしい規制に対するより柔軟な方策を採用しなければならない」として，特区認可権導入への支持を表明している[16]．

クリントン政権が，ブッシュ政権以上に，州政府に自由裁量を持たせる手段としての特区認可権の必要性を積極的に訴えていた点は，注目に値するだろう．既に述べたように，アメリカでは従来，教育政策は連邦政府ではなく，州政府とそれより下位の地方政府が担うべきと考えられてきた．そうした中，連邦政府が全米学力基準を定め，その基準達成を州政府に義務付ける政策の導入をクリントン政権が目指したために，とりわけ共和党に，連邦政府の教育政策への積極的な関与に対する危惧が生まれたのだった．州知事出身のクリントン大統領自身も，連邦政府による画一的な教育政策の実施については積極的ではなく，州政府に一定の裁量を残しておきたいと考えていた．

そこで，クリントン政権は教育政策への特区認可権の導入を，共和党を説得する手段として位置づけ，積極的にアピールした．例えば，1995 年 10 月 5 日，ライリー教育省長官は，記者からクリントン政権の教育改革について，「州の教育政策の権限を強める事業なのか，それとも各学校に［連邦政府が］教育内容を指図する事業のどちらなのか」[17]と問いかけられ，「議会は，教育政策の責任が州政府にあることを改めて確認している．この事業には特区認可権が導入されており，これは地域主導の政策決定を促すものである」[18]と答えている．クリントン政権は，州政府の裁量を確保する手段としての特区認可権の役割を強調

Summary: National Education Goals Panel," Folder "r_647140-national-education-goals-panel-lincoln-ne-4-20-21-93-1," Box 40 Carol Rasco, William J. Clinton Presidential Library.

16) Meeting Summary, National Education Goals Panel, June 15, 1993, "Meeting Summary: National Education Goals Panel," Folder "r_647140-national-education-goals-panel-tuesday-june-15-1993-10-30-am-to-4-00-pm-briefing-materials-1," Box 42 Carol Rasco, *ibid.*

17) Interview, Richard Riley, October 5, 1995, "Key Points in Debate about Goals 2000," Folder "2012-0160-S-goals-2000-press-1," Box 10 Cohen, *ibid.*（括弧内は筆者加筆）

18) *Ibid.*

第 1 節　教育政策への特区認可権導入の経緯と意図　　　175

したのであった．

　前政権との継続性を保ちながらも，特区認可権を強調したクリントン政権の教育政策方針は，以下の三つの法案の成立という成果に結びつくことになる．

　まず，クリントン政権は，1993 年 4 月，全米教育目標会議での議論に基づき，「2000 年の目標：アメリカを教育する法（Goals 2000: Educate America Act; H.R.1804, S.846）」（以下，2000 年の目標法）案を上下両院に提案した．2000 年の目標法案には，2000 年までに達成すべき国家教育目標が明記された．この法案で明記された国家教育目標は，クリントン政権が，ブッシュ前政権と州知事の合意によって掲げられた同じ名称の国家教育目標を土台として，全米教育目標会議での議論を経て作成した．

　掲げられた国家教育目標を実現するために，2000 年の目標法案は，全米の標準的なカリキュラムの作成と，児童及び生徒の学力の測定と評価に関する「全米基準」の策定を担う組織を設立するとした．また，初等中等教育の改善のための州教育改善計画を作成した州に対してのみ，新たな連邦補助金を交付するとした．そして重要なことに，もし，その州教育改善計画の妨げとなる連邦法がある場合，必要ならば，それらの連邦法の規定について，州教育改善計画には適用されないよう免除する権限を教育省長官に与えるという，特区認可権の導入を定めていた．

　当然のことながら，小さな政府を掲げる共和党議員たちは，2000 年の目標法案が，連邦政府の教育政策への過度な干渉をもたらすのではないかと警戒した．議会の両院協議会において，カリフォルニア州選出の民主党下院議員ジョージ・ミラーとニューヨーク州選出の民主党下院議員メジャー・オーウェンズは，全ての児童及び生徒に「一定水準」の教育を受ける機会を提供すべきだと強調した上で，「一定水準」という文言を法案に明記するよう主張した．それに対して，ペンシルヴァニア州選出の共和党下院議員ウィリアム・F. グッドリングは，「貴方たちはあらゆる面で州政府に過度に干渉する割には，びた一文も彼らを支援しないではないか」[19) と批難した．

---

19)　*Congressional Quarterly Almanac, 103rd Congress, 2nd Session, 1994, Volume L*,　Washington, D.C.: Congressional Quarterly, 1995, pp. 397–9.

グッドリング下院議員のやや誇張された主張に対して，ミシガン州選出の民主党下院議員ウィリアム・D. フォードは，特区認可権を念頭に，2000 年の目標法案が，州政府と地方政府に決定権を与えるものであり，決して彼らの裁量を奪うものではないと応じた．さらに，フォード議員は，「ワシントンから州政府と地方政府に，微に入り細に入り注文をつけることはない」[20] として，共和党議員たちの懸念を打ち消そうと努めた．

下院では，民主党は共和党からの支持を得るため，「この法案のいかなる箇所も，連邦政府に，州政府の権限を統制する手段を与えるものとして解釈してはならない」[21] という文言を法案に明記することを受け入れている．

こうした共和党議員と民主党議員の応酬からは，2000 年の目標法案の審議過程において，共和党側から連邦政府による教育政策への介入に対する強い危惧が表明され，それに対して民主党側が，特区認可権の導入により，そうした懸念を払拭しようとしていることがわかる．特区認可権は，共和党に教育改革を受け入れさせるための手段だったのである．

その一方で，特区認可権の導入が州政府に裁量を残す有効な手段と位置づけられていたこともあり，特区認可権の導入が，大統領に，議会と協力関係を築かずに政策を変更する権限を与えるかもしれない，という危惧は生じなかった[22]．

1994 年 3 月 31 日，クリントン政権や民主党議員の努力の甲斐もあり，クリントン大統領の署名により 2000 年の目標法案は成立した．2000 年の目標法の特区認可権は，第 311 条に規定された．同条では，教育省長官に，州政府が提案する州教育改善計画が児童及び生徒の教育水準を高めると期待できる場合，その実施を妨げうる特定の連邦法[23] の適用を免除し，また州教育改善計画の実

---

20) *Ibid.*, pp. 397–9.

21) *Ibid.*, pp. 397–9.

22) Hearings before the Subcommittee on Elementary, Secondary, and Vocational Education of the Committee on Education and Labor, *Goals 2000: Educate America Act*, House, 103rd Cong., April 22, May 4 and 18, 1993; Hearings before the Committee on Labor and Human Resources, *Goals 2000: Educate America Act*, Senate, 103rd Cong., May 4 and 14, 1993.

23) 免除対象の法律は，以下の六つである．第一に，教育支援（Even Start）を含む 1965 年初等中等教育法第 1 編第 1 章．第二に，1965 年初等中等教育法第 1 編第 2 章第 A 部．第三に，ドワイト・D. アイゼンハワー数学及び科学教育法．第四に，1984 年緊急移民教

施を州政府に認める権限を与えると定められた．2000年の目標法においては，特区事業の期間は最長4年（ただし教育省長官が認めれば延長可）とされた．なお，社会保障法第1115条の特区認可権とは異なり，この特区認可権は，州政府に自由裁量を認める手段として位置づけられていたので，特区事業を実施する州政府は，新たに実施する政策の効果の検証が求められることはなかった．

　以上のように，2000年の目標法は，教育省長官に，州政府が連邦法の制約を乗り越え，州政府の自由裁量により，独自の州教育改善計画を実施できるようにするという特区認可権を与えたのだった[24]．

　クリントン政権は，2000年の目標法案の成立を目指す傍らで，他の立法によって別の教育改革も推し進めていた．1993年8月5日，「学校から職業への移行機会法（School-to-Work Opportunities Act; H.R.2884, S.1361）」案がクリントン政権から提案された．

　この法案の主眼は，中等教育下の生徒に専門的な教育を施すことで，中等教育修了後に，彼らが，専門的で高収入の職に就けるようにすることであった．この法案は，教育者，雇用者，被用者の代表者たちが協力関係を構築し，中等教育下にある生徒に対して一定の時間は学校へ行かせ，残りの時間は働かせるという事業の実施を試みるものであり，この事業を修了した生徒は，中等教育修了の証明書と職業技能証明書を受け取ることができるとされた．

　また，この法案は州政府がよいと考える「学校から職業への移行機会」のための州独自の事業を実施できるよう，特区認可権を通じて州政府に裁量を与えるとしていた．州政府の提案する事業が，同法の目的を促進させるものと期待できる場合，執政府は，その実施を妨げうる連邦法が州政府に適用されるのを免除し，そうした事業の実施を州政府に認めることができるとされたのである．

　この法案に対し，連邦政府による教育政策への介入を強めるものだとして，

　　育法．第五に，1986年薬物のない学校とコミュニティ法．第六に，パーキンス職業教育
　　及び応用技術教育法．
24)　また2000年の目標法は，他にも第301条 (e) 項において，「柔軟な教育提携実証事業
　　（Education Flexibility Partnership Demonstration Program: Ed-Flex）」を定めている．これは，教育省が，希望する州に，州内の学校区に特区事業の認可を与える権限を与えるという事業である．

共和党を中心に反対の声が上がったものの[25]，クリントン政権の提案した法案に含まれる特区認可権の導入が，法案全体に対する反発を緩和していた．例えば，上院の公聴会で，オレゴン州選出の共和党上院議員マーク・ハットフィールドは，この法案を次のように肯定的に評価した．

「この法案の中でも特に私の関心を惹きつけるのは，柔軟性があり，命令的ではない点である．この法案は，一般的な目的に合致する限りは，州政府が州独自の教育制度を築くことを可能にしている．この法案は，連邦の非常に限定的な関与の中で，雇用者と教育者が彼ら自身の事業を作り上げることを可能にしている．この法案は，他の連邦職業訓練や教育事業といった特定の連邦法の適用を免除する特区認可権を定めている．」[26]

特区認可権に対する肯定的意見が，穏健派とはいえ共和党議員の口から述べられたことは，クリントン大統領や民主党が主張していた特区認可権の位置づけが，共和党にも受け入れられるようになっていたことを示唆している．

その後，いくつかの修正を受けながらも，学校から職業への移行機会法案は上下両院を通過した．この法案の審議過程においても，特区認可権の導入が大統領に，議会と協調せずに政策を変更することができる権限を与えうるといった懸念の表明などは見られなかった[27]．

1994年5月4日，クリントン大統領の署名により，学校から職業への移行機会法が成立した．署名の際，クリントン大統領は，学校から職業への移行機会法が連邦政府による教育政策への関与の強化だとする批判に対して，改めて特区認可権の意義を強調している．

---

25) *Congressional Quarterly Almanac, 103rd Congress, 2nd Session, 1994, Volume L*, pp. 400–1.

26) Hearings before the Subcommittee on Employment and Productivity of the Committee on Labor and Human Resources, *The School-to-Work Opportunities Act of 1993*, Senate, 103rd Cong., September 28 and October 14, 1993, p. 7.

27) *Ibid.*; Hearings before the Committee on Education and Labor, *The School-to-Work Opportunities Act of 1993*, House, 103rd Cong., September 29, October 20 and 27, 1993.

第 1 節　教育政策への特区認可権導入の経緯と意図　　　179

「この法律は，上意下達式の連邦政府の事業ではない．この法律の下では，
連邦補助金は一定期間，『学校から職業への移行機会』のための州独自の事
業を実施する州政府と地方政府の創造性を刺激する先行投資としての役割
を果たす．制度改革を進展させるには，州政府と地方政府は，効果が期待で
きる手法を実証するのに十分な程度の裁量を与えられなければならない．」[28]

　クリントン大統領は，連邦政府の教育政策への関与拡大だとする共和党から
の批判を回避する手段として特区認可権を位置づけ，学校から職業への移行機
会法の制定に成功したのであった．
　学校から職業への移行機会法において，特区認可権は，第 501 条，502 条，
503 条に規定された．教育省長官と労働省長官は，州政府等の提案する特区事
業案が，同法の目的を促進させるものと期待できる場合，その実施を妨げうる
連邦法[29]が州政府等に適用されるのを免除し，その実施を州政府等に認める権
限を得た．同法では，特区事業の適用を受ける事業の期間は最長 5 年とされ，
また，教育省長官の判断で延長できると規定された．なお，社会保障法第 1115
条の特区認可権とは異なり，この特区認可権は，州政府に自由裁量を認める手
段として位置づけられていたので，特区事業を実施する州政府は，新たに実施
する政策の効果の検証が求められることはなかった．
　これまで，クリントン政権の下で成立した教育改革のための二つの立法につ
いて論じてきた．これらの立法を考える上で注意しなければならないのは，2000
年の目標法も学校から職業への移行機会法も，あくまで，既存の公教育を規定
する初等中等教育法に修正を加えるものではなかった，ということである．ク
リントン政権によって推し進められた教育改革のための三つ目の立法こそが，
初等中等教育法そのものの改正であった．

---

28)　William J. Clinton, "Statement on Signing the School-to-Work Opportunities Act
of 1994," May 4, 1994, *Public Papers of the Presidents of the United States, 1994*, p. 843.
29)　免除対象の法律は，以下の六つである．第一に，教育支援（Even Start）を含む 1965
年初等中等教育法第 1 編第 1 章．第二に，1965 年初等中等教育法第 1 編第 2 章第 A 部．
第三に，1965 年初等中等教育法第 2 編第 A 部．第四に，1965 年初等中等教育法第 4 編
第 D 部．第五に，1965 年初等中等教育法第 5 編．第六に，パーキンス職業教育及び応用
技術教育法．

1965 年に制定された初等中等教育法は，時限立法であり，一定の年数を経過するたびに，再授権法の成立によって維持されてきた．クリントン政権は，再授権法を成立させなければならない状況下で，単に既存の初等中等教育法を維持するのではなく，その改正にまで踏み込んだのであった．

クリントン政権は，初等中等教育法を改正することで，既存の初等中等教育法の第 1 編に基づいて州政府に拠出している連邦補助金の交付要件として，州政府による学力基準の作成及び学力測定の導入を義務付けようとしていた．本来，初等中等教育法第 1 編の連邦補助金が対象とするのは，貧困率の高い地域の学校である．そのため，一見すると，貧困率の高くない地域の学校やその児童及び生徒は，クリントン政権が導入しようとしている学力基準と学力測定の対象とはならないように見える．しかしながら，クリントン政権は，初等中等教育法の改正案において，学力基準は第 1 編が対象とする児童もしくは生徒であろうとなかろうと，同じでなければならないと明記した．それにより，第 1編の連邦補助金を受けたい州政府は，全児童もしくは全生徒を対象とした学力基準の作成と学力測定の導入が不可欠となるからである．

また，クリントン政権は，初等中等教育法の再授権法に，特区認可権を組み入れることも目指していた．この特区認可権こそが，初等中等教育法の第 14401条に定められることになる，本書でいうところの 9401 条特区認可権である．第2 節で後述するように，G. W. ブッシュ政権期の落ちこぼれ防止法の制定により，初等中等教育法第 9401 条へと修正され，現在にまで至っている．そのため本書では，この特区認可権を「9401 条特区認可権」と表記している．

1993 年 9 月 14 日，クリントン政権は，下院で初等中等教育法の再授権法として審議中であった，アメリカ学校改善法（Improving America's Schools Act; H.R.6）案の修正案の中で，学力基準の作成と学力測定の導入を州政府に義務付けることを求めるのと同時に，特区認可権の導入を求めた．

下院の共和党議員たちは，この提案に強く反発した．1994 年 2 月 8 日の下院教育労働委員会では，多くの共和党議員が，政権側が提案した修正案は連邦政府による教育政策の統制だとして，反対の立場を鮮明にした．共和党議員からの反発に対して，民主党議員は，クリントン政権の提案が州政府に十分な裁量と責任を与えていると反論し，その中で特区認可権に言及した．民主党議員

第1節　教育政策への特区認可権導入の経緯と意図　　181

の援護もあり，同月16日，下院において，アメリカ学校改善法案に特区認可権を導入することが認められたのだった[30]．

　一方，上院では，1993年10月4日，クリントン政権が作成した法案（S.1513）が提出され，審議が開始された．クリントン政権が提案した法案には，既に特区認可権が記載されていた．上院においても，同様に連邦政府の教育政策への介入に反対する共和党議員がいたものの，最終的には受け入れられた[31]．

　重要なことに，アメリカ学校改善法案の審議過程においても，特区認可権の導入が，議会と協力せずに政策変更を可能にする権限を執政府に与えるかもしれないといった懸念は示されなかった[32]．

　1994年10月20日，クリントン大統領の署名により，初等中等教育法の再授権法であるアメリカ学校改善法が成立した．同法により，州政府へ初等中等教育法第1編の連邦補助金を支給する条件として，学力基準の作成と学力測定の導入が加えられた．また，アメリカ学校改善法は，連邦政府の関与を強める

---

30)　*Congressional Quarterly Almanac, 103rd Congress, 2nd Session, 1994, Volume L,* pp. 383–92.

31)　*Ibid.,* pp. 383–92.

32)　Hearings before the Subcommittee on Elementary, Secondary, and Vocational Education of the Committee on Education and Labor, *The Role of ESEA Programs in School Reform,* House, 103rd Cong., February 2 and 4, 1993; Hearing before the Subcommittee on Elementary, Secondary, and Vocational Education of the Committee on Education and Labor, *Assesment,* House, 103rd Cong., February 18, 1993; Hearing before the Subcommittee on Elementary, Secondary, and Vocational Education of the Committee on Education and Labor, *Reform Proposals for Chapter 1,* House, 103rd Cong., February 25, 1993; Hearings before the Subcommittee on Elementary, Secondary, and Vocational Education of the Committee on Education and Labor, *Reauthorization of H.R.6,* House, 103rd Cong., March 4, 18, 23, 31, April 21 and 27, 1993; Hearings before the Subcommittee on Elementary, Secondary, and Vocational Education of the Committee on Education and Labor, *Reauthorization of Elementary and Secondary Education Act of 1965,* House, 103rd Cong., May 13, 25, June 10 and 30, 1993; Hearing before the Subcommittee on Elementary, Secondary, and Vocational Education of the Committee on Education and Labor, *Elementary and Secondary Education Act Reauthorization,* House, 103rd Cong., September 18, 1993; Hearings before the Committee on Labor and Human Resources and the Subcommittee on Education, Arts and Humanities, *ESEA: Framework for Change,* Senate, 103rd Cong., March 2, 16, 18, 24, April 12, 14, 18, 21, 26 and May 5, 1994.

一方で，特区認可権を導入することで州政府に自由裁量の余地を与えていた．

9401 条特区認可権により，教育省長官は，州政府等が提案する教育の改善計画が児童や生徒の教育水準を高めると期待できる場合，その実施を妨げうる初等中等教育法の義務が州政府等に適用されるのを免除し，また教育の改善計画の実施を州政府等に認める権限を得た．特区事業の期間は最長 3 年とされ，教育省長官の判断で，さらに延長できると規定された．なお，社会保障法第1115 条の特区認可権とは異なり，この特区認可権は，州政府に自由裁量を認める手段として位置づけられていたので，特区事業を実施する州政府は，新たに実施する政策の効果の検証を求められることはない．そのため，実験群や統制群は存在しないので，特区事業の対象地域とは，すなわち，既存の政策から新たな政策へと変更する対象地域を意味する[33]．

クリントン政権の下で，2000 年の目標法，学校から職業への移行機会法，アメリカ学校改善法のいずれにも特区認可権が設けられたが，以下の節では，アメリカ学校改善法で導入された 9401 条特区認可権に着目する．というのも，9401 条特区認可権のみが，G. W. ブッシュ政権，オバマ政権へと継承されていき，さらには，オバマ政権によって運用目的が変更され，大統領の政策変更手段として用いられるようになるからである．それに対して，2000 年の目標法と学校から職業への移行機会法は，ブッシュ政権初期までに失効し，それに伴ってそれぞれの特区認可権も消滅することになる．

---

33) ちなみに，第 14401 条 (e) 項 (4) により，教育省長官は，議会に対して，特区事業に関する年次報告書を提出することが義務付けられた．年次報告書に記載する内容は，認可した特区事業の概略に加え，それらが教育内容の改善につながったか否かと，児童及び生徒の教育水準を高めたか否かである．一見すると，この年次報告書は，前章で述べた，オバマ政権期の医療保険制度改革によって社会保障法第 1115 条 (d) 項 (3) に導入されたものと類似している．しかしながら，前章で述べた年次報告書とは異なり，この年次報告書には，執政府による特区事業の「審査」について記す必要はなく，あくまで，州政府が実施した特区事業の内容と成果を記すに過ぎなかった．そのため，議会が執政府による特区認可権の行使を監視する手段として用いられることはなかった．

第 2 節　G. W. ブッシュ政権までの導入意図通りの運用

1. クリントン政権による導入意図通りの運用

　クリントン政権は，9401 条特区認可権に基づいて数多くの特区事業を認可した．クリントン政権期に教育省が議会に提出した報告書によれば，特区事業の認可数は，1995 年に 59 件，1996 年に 76 件，1997 年に 73 件，1998 年に127 件，1999 年に 115 件，2000 年に 64 件であった[34]．ただし，これらの特区事業は，州全土を対象としたものではなく，いくつかの学校区や学校を対象としたものが多かった．

　肝心なのは，クリントン政権が，自身の望む政策を実現するための手段として 9401 条特区認可権を利用しなかった，ということである．前章までで述べてきたように，1115 条特区認可権を政策変更手段として用いた大統領は，そうした利用に主導的な役割を果たし，福祉改革や医療保険制度改革のための制度整備に努め，州政府に積極的に特区事業を申請するよう促していた．

　それに対し，9401 条特区認可権に関しては，クリントン政権は，政策変更手段として利用することはなく，また，特区事業の利用を州政府に促す旗振り役のようなこともしなかった．あくまで，個々の州政府が主導的な立場に立ち，彼らからの自主的な申請に対してクリントン政権が応じる，というものであった．州政府も，政策変更手段として，つまり教育改革の手段として特区事業を実施することはなく，自由裁量を得る手段として位置づけていた．9401 条特区認可権は，導入意図通りに運用されていたのである．

　1999 年の教育省による報告書がそのことを裏付けている．この報告書は，1995 年 1 月から 1999 年 9 月までの間に認可を受けて実施された 446 件の特区事業について，詳細に記録している[35]．この報告書によれば，その時期に実

---

34)　U.S. Department of Education, "Report to Congress on Waivers Granted under Section 9401 of the Elementary and Secondary Education Act," April 2007, https://www2.ed.gov/nclb/freedom/local/flexibility/waiverletters/2007waiverrpt.doc.

35)　U.S. Department of Education, "Report to Congress on Waivers Granted under

施された特区事業が免除していた連邦法上の義務は四つに分けられるので，その分類に従って，クリントン政権期の特区事業を概観したい．

一つ目は，受給要件に関する適用除外である．この類型は1999年9月までに実施された特区事業の約42%（187件）を占めていた．初等中等教育法の中核となる第1編は，経済的に貧しい世帯の児童及び生徒の教育支援のための連邦補助金を定めている．また第1編は，既に述べたように，連邦補助金の配分についても具体的に定めており，主に貧困世帯の児童及び生徒の割合に着目して，どのような学校がどの程度の連邦補助金を受け取れるのか，という点まで規定している[36]．

受給要件に関する適用除外は，そうした連邦補助金の配分についての規定を適用せず，州政府の裁量によって連邦補助金を学校に配分するために用いられた．例えば，第1編の連邦補助金の対象は，35%以上の児童や生徒が貧困状態にある学校か，学校区全体の貧困率より高い貧困率の学校であったが，特区事業の認可の下，そうした規定の適用が免除された．それにより州政府は，上記の二つの基準からこぼれ落ちてしまう学校を掬い上げることができた[37]．

特区事業によって免除された二つ目の義務は，第1編の全学事業（schoolwide program）の実施のための最低貧困基準である．この類型は，1999年9月までに実施された特区事業の約23%（103件）を占めていた．全学事業は，貧困世帯の児童や生徒のみを対象としなければならないと定める初等中等教育法第1編の連邦補助金の制約下では，学校内で貧困世帯の児童や生徒とそれ以外の児童や生徒を区別しなければならないため非効率だとして，学校全体で統一的な教育を児童や生徒に施せるようにするものであった[38]．

この事業の実施要件である，50%以上の児童や生徒が貧困状態の学校という制約を取り払うことが，特区事業の認可を得ることによって可能となった．実際には，主に35%から50%の割合の児童や生徒が貧困状態の学校を対象とす

---

the Elementary and Secondary Education Act," October 1999, http://digitalcommons. unl.edu/cgi/viewcontent.cgi?article=1020&context=sociologyfacpub.

36) *Ibid.*, pp. 5–7.

37) *Ibid.*, pp. 5–7.

38) *Ibid.*, pp. 5–7.

第 2 節　G. W. ブッシュ政権までの導入意図通りの運用　　　185

る全学事業の実施を認めるために特区事業が用いられた[39].

　三つ目は，期日の延長のための特区事業の利用である．この類型は 1999 年
9 月までに実施された特区事業の約 13%（56 件）を占めていた．アメリカ学校
改善法により，州政府には 1997 年度初めまでに，児童及び生徒の学力基準の
設定とそれに基づく教育の実施が義務付けられていた．多くの州政府はその期
日を守ることができたが，一部の州政府は期日内に義務を達成することが困難
であった．そこで，期日延長のために特区事業が利用されることがあった．も
ちろん，特区事業の利用で認められていたのは期日の延長であり，当該の義務
自体を免除することは認められていなかった[40].

　最後は，少人数学級事業（Class-Size Reduction Program）に対して用いら
れた特区事業である．この類型は 1999 年 9 月までに実施された特区事業の約
12%（53 件）を占めている．少人数学級事業とは，1 年次から 3 年次までの学
級の児童数を平均 18 人以下にするという事業であり，1999 年 4 月の法改正で
初等中等教育法に加えられた．少人数学級事業の意図は，少人数学級で児童の
学力の向上を目指すことにあった[41].

　初等中等教育法は，少人数学級の実現のために必要な新たな教員の募集，獲
得，教育のために，連邦補助金を州政府へと支給すると定めていた．州政府は
学校区に対して，その学校区の貧困水準と規模に応じて，その連邦補助金を割
り当てなければならないとされた．当然ながら，連邦補助金は貧困水準が高く
規模の大きな学校区に集中するため，規模の小さな学校区では，連邦補助金が，
新しく雇用する教員の給料に満たない場合がある．そうした場合には，少人数
学級事業はその学校区が他の学校区と連携し，教員を派遣してもらうことを義
務付けていた．しかしながら，隣接する学校区同士であっても，それぞれの学
校間の距離が離れており，教員の負担が大きい事例も多かった．そこで，少人
数学級事業の求める要件の一つである他の学校区との連携義務の免除のために
特区事業が利用された[42].

---

　39)　*Ibid*., pp. 5–7.
　40)　*Ibid*., pp. 7–9.
　41)　*Ibid*., pp. 10–1.
　42)　*Ibid*., pp. 10–1.

少人数学級事業に対して用いられた特区事業の事例としては，少人数学級事業が対象とする学級の年次に関するものも指摘できる．既に述べたように，少人数学級事業は1年次から3年次までの学級を対象としていたが，他の年次の学級に対してこの事業の連邦補助金を使用するために，特区事業が行われた事例もあった[43]．

以上から，クリントン政権は，自由裁量を求める州政府に，それを認めるべく特区事業を認可していたことがわかる．そうした特区認可権の運用は，その導入意図に沿ったものであった[44]．

2. G. W. ブッシュ政権期における落ちこぼれ防止法の成立

G. W. ブッシュ政権の教育政策は，初等中等教育法の改正によって州政府に裁量を与えることを主軸に据えていた．ブッシュ政権は，前政権による，特区認可権を用いた州政府への裁量付与のための取り組みには限界があったと考えていた．そこで，初等中等教育法の再授権法の制定の際に，同法の改正によって，特区認可権の利用という限定的な手段によらずに，州政府に対して教育成果への強い責任を負わせる代わりに，ブッシュ政権曰く「かつてないほどの」裁量を州政府に与えようとした[45]．

ブッシュ政権は，次の二つの点で初等中等教育法を問題視していた．一つは，既存の初等中等教育法の下での多くの連邦補助金が，目的と使途の限定された特定補助金であったために，州政府の裁量が小さいことであった．もう一つは，初

---

43) *Ibid.*, pp. 10–1.

44) なお本書では，連邦政府から州政府に権限を与える特区認可権のみに着目している．しかしながら実際は，この時期，他の種類の特区認可権も台頭してきていた．1999年4月29日，クリントン大統領は「柔軟な教育のための連携法」（Education Flexibility Partnership Act of 1999）案に署名した．この法律は，教育省が，希望する州政府に，州内の学校区に特区事業を利用することを認める権限を与える，いわゆる「柔軟な教育提携実証事業（Ed-Flex）」を実施することを目的としていた．同様の制度は，前述した2000年の目標法に定められており，実際に運用されていた．2000年の目標法の下では，教育省から認可を受けられる「柔軟な教育提携実証事業（Ed-Flex）」の州は最大で12州という制限があったが，柔軟な教育のための連携法は，そうした制限を取り払った．

45) U.S. Department of Education, "Executive Summary: No Child Left Behind Act of 2001," January 7, 2002, https://www2.ed.gov/nclb/overview/intro/execsumm.pdf.

等中等教育法には，州政府の教育政策の成果を評価する制度の定めがなかったために，州政府が教育政策の結果に対して責任を負っていなかったことである[46]．

これらの問題を解消するため，ブッシュ政権は，目的と使途が限定された多くの連邦補助金を，初等中等教育法の目的に沿う限りは州政府がある程度自由に使える一括補助金とする代わりに，連邦補助金を支給する条件として，州政府に児童及び生徒の学力測定と学力水準の向上を義務付けることで州政府の責任を強化する，という教育改革の方針を掲げた[47]．

ブッシュ大統領の方針は，大統領候補として選挙戦を争っていた頃より訴えていたものであった．そのため，ブッシュ大統領は，2001 年 1 月 23 日，ホワイトハウスに入って 3 日目という速さで，党派を超えて立場を同じくする上下両院の民主党議員を通じて，初等中等教育法の再授権のための，いわゆる落ちこぼれ防止法案（H.R.1, S.1）を議会に提出した．

立法過程において，この法案の論点は，州政府や地方政府が決定の主体である公教育に対して，連邦政府がどの程度介入すべきかという点に集中した[48]．民主党はクリントン政権期に引き続き，連邦政府の介入の拡大を望んだ．それに対して，共和党は予算の削減及び州政府への権限の委譲を求めていた[49]．

2002 年 1 月 8 日，ブッシュ大統領は前年末に議会を通過した初等中等教育法の再授権法案に署名し，落ちこぼれ防止法が成立した．この立法により，ブッシュ大統領は，自身が目指していた教育改革[50]の大部分を達成した[51]．落ちこ

---

46) *Ibid.*

47) *Ibid.*

48) *Congressional Quarterly Almanac Plus, 107th Congress, 1st Session, 2001, Volume LVII*, Washington, D.C.: Congressional Quarterly, 2002, 8–3–8–8.

49) 実はクリントン前政権期の 2000 年，こうした党派対立により，これまでは法の失効に伴い再授権法を成立させることで維持されていた初等中等教育法の更新に失敗した．議会は法の失効を埋め合わせるべく，初等中等教育法の下で実施されている事業に対する 2001 年度予算付与のための法案を通過させた．同年 12 月 21 日，クリントン大統領の署名により成立した．

50) George W. Bush, "Remarks on Submitting the Education Reform Plan to the Congress," January 23, 2001, *Public Papers of the Presidents of the United States, 2001*, pp. 11–4.

51) ブッシュ大統領が掲げた公約の中で達成できなかったのは，劣悪な教育環境下にある児童及び生徒の救済のために，私立学校の授業料に連邦政府助成による教育バウチャー（クー

ぼれ防止法は，次の四つの要素で構成されている．

　第一に，州政府の教育に対する責任を強化した．州政府は，3 から 8 年次の児童及び生徒の読解力と数学の学力基準の策定，これらの科目で児童及び生徒が達成すべき習熟水準（proficiency standards）の設定，その習熟水準を達成するための年次教育改善指標（Adequate Yearly Progress）の作成，そして，児童及び生徒の学力測定のための毎年の試験の作成と実施を義務付けられた．また，州政府は，10 から 12 年次の生徒に対して，この年次のうちに最低一度は試験を受けさせなければならないとされた．2008 年度からは，理科の学力も問うように求められた．そして，2014 年度までには全ての児童及び生徒の学力を習熟水準に到達させることが州政府に義務付けられた[52]．

　第二に，年次教育改善指標の達成の義務付けと制裁の導入である．全ての公立学校は，州政府が定めた年次教育改善指標の達成が義務付けられ，2 年連続で未達成であった場合，その学校は，連邦補助金の一定割合を，教員に対する専門訓練の実施と，児童及び生徒に対する他の公立学校への転校の機会の提供のために用いなければならない．3 年連続して達成できなかった場合，さらに，その学校のある学校区は，貧困家庭の児童及び生徒に対して，「補習教育支援（Supplemental Educational Services）」と呼ばれる授業時間外の無料の個人指導などの教育支援の提供が義務付けられる．4 年連続して達成できない場合，学校区は学校に更なる介入を求められ，5 年連続して達成できなかった場合は，その学校は州政府の管轄とするかチャーター・スクールとして再出発しなければならない[53]．

　第三に，教員の質の確保の義務付けである．州政府は，公立学校の全ての教員が，担当する主要科目に関して州が定める「優秀な教員」としての基準を満たすことを義務付けられた[54]．

　第四に，州政府と学校区に大きな裁量を与えた．それまで，初等中等教育法

　　ポン券）を利用できるようにする，という政策のみであった．

52）　*Congressional Quarterly Almanac Plus, 107th Congress, 1st Session, 2001, Volume LVII*,
　　8–8–8–10.

53）　*Ibid.*, 8–8–8–10.

54）　*Ibid.*, 8–8–8–10.

第1編の連邦補助金の配分について，州政府や学校区の裁量は小さく，学校に在籍する貧困世帯の児童や生徒の数に応じて自動的に配分額が算出されるようになっていた．また，第1編の連邦補助金の対象は，35% 以上の児童や生徒が貧困状態にある学校か，学校区全体の貧困率より高い貧困率の学校のみに限られていた．そのため，州政府は，初等中等教育法に定められる特区事業の認可を得ることで，こうした法令の適用の免除を受け，独自の教育政策を実施していた．

　落ちこぼれ防止法は，定められた目標の達成を条件に，州政府と学校区が，連邦補助金の一部を自らが必要だと考える多様な事業に割り当てることを可能にした．州政府と学校区は，特区事業の認可を得ずとも大幅な裁量を得ることとなったのである[55]．

　州政府と学校区に裁量を与えるため，具体的には，主に三つの制度が導入された．いずれの制度が与えた裁量も，落ちこぼれ防止法の成立前に，特区事業によって州政府が得ていた裁量に近い．まず，「革新的教育のための戦略事業（Innovative Education Program Strategies）」では，州政府に，児童及び生徒の学習を助ける革新的手法を実施するための，目的と使途について制約の少ない一括補助金を与えた．次に，「連邦補助金譲渡制（Transferability）」は，連邦補助金の 50% を上限として，貧困世帯の児童の教育事業のためにその学校区が望むように用いることを認める制度であった．最後に，「柔軟な実証事業（Flexibility Demonstration）」は，学校区と州政府に対して，本来は特定の事業のために配分された，教育政策についての各種の連邦補助金を合算し，その運用に裁量を与える事業であった．児童及び生徒への教育効果の年次報告を教育省に行うことを条件に，150 の学校区と 7 州がこの事業の認可を得た[56]．

　これら三つの制度は，州政府と学校区に対して連邦補助金の運用に関する裁量を与えるものであった．落ちこぼれ防止法の成立前には，州政府は，貧困率の高い地域や学校にのみ連邦補助金を配分しなければならないという制約を取り払うため，特区事業の認可を得ていた．

---

55)　*Ibid.*, 8–8–8–10.

56)　*Ibid.*, 8–8–8–10.

他にも，落ちこぼれ防止法導入により，全学事業の実施要件である 50％ 以上の児童及び生徒が貧困状態の学校という基準が 40％ へと下方修正されたことは注目に値する[57]．既に述べたように，落ちこぼれ防止法の成立前に，35％ から 50％ の児童及び生徒が貧困状態にある学校を対象とする全学事業の実施を認めるために，特区事業の認可が数多くなされていた．このように，落ちこぼれ防止法は，クリントン政権期に特区事業として免除の対象となった初等中等教育法の多くの規制を変更し，同法成立前は特区認可権に基づかなければ実施できなかった事業を，特区事業の認可なしに州政府が実施できるようにしたのであった．

また，落ちこぼれ防止法には，特区認可権に関する修正もあった．この改正により，特区認可権は，それまでは初等中等教育法第 14401 条に規定されていたのが，同法第 9401 条に規定されるようになった．また，特区事業の実施期間がそれまでの最長 3 年から 4 年に延びた．

3. G. W. ブッシュ政権による導入意図通りの運用

落ちこぼれ防止法成立後，特区認可権はどのように用いられたのだろうか．実は，ブッシュ政権もまたクリントン政権と同じく，特区認可権を政策変更手段として利用することはなかった．同様に，この時期，あくまで特区事業の実施を希望する州政府が主体となり，州政府に自由裁量を付与するために特区事業が利用されていた．

州政府が認可を得た特区事業は，2002 年から 2007 年までの 6 年間でわずか 40 件ほどであった[58]．その半数以上の 24 件が，連邦補助金の使用期限の延長のためのものであった．次に多かったのが，10 件が認可された「成長に基づい

---

57)　初等中等教育法第 1114 条第 (a) 項．

58)　この他に，学校区が認可を受けた特区事業が約 20 件あった．全てが，「補習教育支援」の利用の拡充に関するものであった．本来，州政府が定めた年次教育改善指標を 2 年連続で達成できなかった学校は，連邦補助金の一定割合を，児童及び生徒に対する他の公立学校への転校の機会の提供のために用いなければならなかった．特区事業によりこの義務を免除し，その代わりに，本来は 3 年連続で義務を達成できなかった場合に提供が義務付けられている「補習教育支援」を対象の児童及び生徒に提供し，そのために連邦補助金を用いる，という事業であった．

た評価（Growth Model）」の実証のための特区事業であった．本来，落ちこ
ぼれ防止法の下では州政府は，3年次から8年次までの児童及び生徒全体並び
に人種・世帯所得・障碍などの各種の様式に従って分けた下位集団それぞれを
対象にして，法律に定める年次教育改善指標を設定し，その達成のために努力
しなければならなかった．それに対して「成長に基づいた評価」は，児童及び
生徒個人の1年間の成績の変化を評価し，その結果に対して州政府が責任を負
うという事業であった[59]．

　このように，ブッシュ政権もまた，クリントン政権と同様に，特区認可権を
その導入意図通り，すなわち州政府に裁量を与える手段として利用していた．
教育政策における特区認可権の運用方法は，同じ時期に大統領の政策変更手段
として積極的に用いられていた福祉政策や医療保険政策における1115条特区
認可権とは大きく異なっていた．

第3節　オバマ政権による運用目的の変更

1．落ちこぼれ防止法が残した課題と議会の機能不全

　クリントン政権，ブッシュ政権による教育政策における特区認可権の運用は，
本来の導入意図に沿った運用であり，大統領が政策変更手段として利用すべく
主導的な立場に立つことはなかった．それに対して，オバマ政権は，前章まで
に取り上げてきた福祉政策や医療保険政策と同様に，特区認可権を政策変更手
段として運用するようになる．さらにオバマ政権は，やはり福祉政策や医療保
険政策の場合と同様に，政策変更手段としての特区認可権の利便性を高めるた
めの制度整備も進めた．以下では，こうしたオバマ政権による運用目的の変更
と制度整備の進展の過程を明らかにする．

---

59)　U.S. Department of Education, "Report to Congress on Waivers Granted under
　　Section 9401 of the Elementary and Secondary Education Act"; U.S. Department
　　of Education, "Report to Congress on Waivers Granted under Section 9401 of the
　　Elementary and Secondary Education Act during Calendar Year 2007," April 2008,
　　https://www2.ed.gov/nclb/freedom/local/flexibility/waiverletters/08-0171-report.doc.

2002 年にブッシュ政権下で成立した，初等中等教育法の再授権法である落ちこぼれ防止法は，超党派的な合意によって成立したものの，しばらくすると両党から法改正の必要性が声高に主張されるようになった．以下のような新聞記事が，当時の状況を端的に示している．

「どちらの政党も，落ちこぼれ防止法が失策であったことでは意見が一致している．G. W. ブッシュ政権期に成立した落ちこぼれ防止法は，教育成果の改善を示している学校であっても失格の烙印を押し，また，州政府に設定が義務付けられている習熟水準については，制度上，州政府はそれを高くしない誘因があった．」[60]

しかしながら，両党の改革の方向性の違いが，落ちこぼれ防止法の改正を困難なものにしていた．共和党を中心とする保守派は，落ちこぼれ防止法が定める様々な義務や制裁などについて，連邦政府による教育政策への過度な介入だとして強く反発し，連邦政府の教育政策からの撤退を主張した．その一方で，民主党を中心とするリベラル派は，連邦政府が，教育成果の乏しい学校を特定し，制裁を課し，そして州政府に教育の改善方法を助言することが，教育の質の向上につながるとして，更なる連邦予算の注入を主張した．政党間の対立は，議会が初等中等教育法の再授権法を成立させなければならなかった 2007 年を過ぎても続き，教育改革は 2009 年 1 月に発足したオバマ政権の手に委ねられたのだった[61]．

オバマ政権は，現行法について，あまりに懲罰的で，教育課程の制約が厳しく，そして州政府に定めるよう義務付けられている習熟水準が低く定められてしまう誘因があるとして，問題視していた[62]．

2009 年 6 月，全米州知事教育シンポジウム（Governors Education

---

60) Dorie Turner, "Arne Duncan May Use No Child Left Behind to Give Schools Relief from Mandates," *Huffington Post*, June 12, 2011.

61) Frederick M. Hess and Linda Darling-Hammond, "How to Rescue Education Reform," *New York Times*, December 5, 2011.

62) Brittain, "Obama Calls for Congress to Pass Education Reforms."

Symposium）の場で，アーン・ダンカン教育省長官は，「教育の場こそ，最も，学校区や州政府が子どもを教育し，将来に備えさせるための，より良い教育方法を常に新発見している領域である」[63] として，州政府との協調こそが，落ちこぼれ防止法が抱える問題を解消するための教育改革に不可欠だとする考えを述べた．

　その上で，ダンカン教育省長官は，落ちこぼれ防止法の問題として，主に次の二点を指摘した．第一に，各州政府が定めた習熟水準の差が大きく，一部の州の水準があまりに低いこと．第二に，そうした習熟水準を達成するために設定された年次教育改善指標に基づいて，州政府自らが教育政策を評価する際，一部の州が非常に緩い審査を行っていることである[64]．

　ダンカン教育省長官が落ちこぼれ防止法の問題として指摘した二点のうち，前者については，次のような具体的な数値を示すことができる．各州政府が定めた，2005 年の 4 年次の読解力に関して，習熟水準を満たすための試験の得点は，最も高いのがマサチューセッツ州の 234 点で，最も低いのがミシシッピ州の 161 点であり，かなりの開きがあった．しかも，連邦政府が目安として設定した得点は 238 点であり，この得点には，最も高く習熟水準を定めたマサチューセッツですら届いていなかった．いずれの州政府も，習熟水準をかなり低く設定していたことがよくわかる[65]．

　ダンカン教育省長官は，これらの問題を解決するために，「オバマ政権が州知事や議会と協力し，落ちこぼれ防止法の再授権法を成立させる」[66] と表明した．その後，オバマ政権は 1 年もの期間を州政府や議会との密接な協議に費やして，これらの問題に対処する術を模索することになった[67]．

---

63) Arne Duncan, "States Will Lead the Way toward Reform: Secretary Arne Duncan's Remarks at the 2009 Governors Education Symposium," June 14, 2009, https://www.ed.gov/news/speeches/states-will-lead-way-toward-reform.

64) *Ibid*.

65) National Center for Education Statistics, "A Profile of State Assessment Standards: 2005," https://nces.ed.gov/nationsreportcard/studies/statemapping/profile_standards_2005.aspx.

66) Duncan, "States Will Lead the Way toward Reform."

67) Sam Dillon, "Obama to Propose New Reading and Math Standards," *New York Times*, February 21, 2010.

そうした努力の末に，二つの成果が得られた．一つは，2010 年 3 月にオバマ政権が発表した，「改革への青写真（A Blueprint for Reform）」と題した初等中等教育法改正案である．落ちこぼれ防止法が，2014 年度までに全ての児童及び生徒が読解力と算数の試験において習熟水準に達することを州政府に要求していたのに対して，オバマ政権の改正案は，2020 年度までに全ての生徒が，新たな指標である「共通到達目標（College and Career Readiness Standards）」を達成することを州政府に求めた．改正案には，この指標が，子どもが高等学校を卒業する段階で，大学進学や就職のための備えが十分できているようにするという観点から，州政府の協力の下で策定されることが示されていた．そのため，この指標は，落ちこぼれ防止法に基づいて州政府が定めていた習熟水準に，州間の差異があるという問題点の是正を狙っていた．また，教育の習熟水準を州政府が低く設定する要因であった，年次教育改善指標を達成できなかった学校に対する厳格な制裁措置を廃止し，その代わりに，学校の実績に応じた支援制度や報奨制度の導入を州政府に求めたいと考えていた．さらに，オバマ政権は，落ちこぼれ防止法の改正により，年次教育改善指標に基づく学校評価制度を廃止し，その代わりに，単に学校全体の学力のみで学校を評価するのではなく，個々の児童及び生徒の学力向上の程度や出席率，学習環境の改善などといった様々な項目で学校を評価する制度の導入を目指した[68]．

　もう一つは，2010 年 6 月 2 日に発表された「全米共通学力基礎（Common Core State Standards）」である．これは，大統領と州政府の間の初等中等教育に関する合意であり，発表後すぐに多くの州政府が導入を決めた[69]．この合意は全米統一の学力基準を設定するのにとどまらず，従来の習熟水準に代わり，児童及び生徒が達成すべき新たな指標として，前述した共通到達目標も掲げ「改革への青写真」の立法を後押しした[70]．共通到達目標は，後述するよう

68）U.S. Department of Education, "A Blueprint for Reform: The Reauthorization of the Elementary and Secondary Education Act," March 13, 2010, https://www2.ed.gov/policy/elsec/leg/blueprint/blueprint.pdf.

69）Tamar Lewin, "Many States Adopt National Standards for Their Schools," *New York Times*, July 21, 2010.

70）The Common Core State Standards Validation Committee, "Reaching Higher," June 2, 2010, http://www.corestandards.org/assets/CommonCoreReport_6.10.pdf.

に，オバマ政権による特区認可権の運用において重要な役割を果たすことになる．

オバマ大統領は，党派を問わず議員たちと会合を重ね，法改正を強く訴えた．オバマ大統領は 2011 年 3 月 14 日，強い口調で，「議会は，学校の新年度が始まるまでに私が署名できる教育改革法案を提出するように．学校の新年度が始まるまでに，だ」[71]と注文をつけた．

オバマ政権が焦れていたのは，単に初等中等教育法の再授権の必要に迫られていたという理由からだけではなかった．オバマ大統領が議会に法案通過を強く要請した前日の 2011 年 3 月 13 日，ダンカン教育省長官は，報道記者たちとの会合の場で，「落ちこぼれ防止法は改革を成し遂げていない．80％ もの学校が，この法律の定める基準を達成できないだろう」[72]という悲観的な見通しを明らかにした．もちろん，オバマ政権の危機感は，共和党を含む議員たちの間でも共有されていたが，現状を改善する手法に関して党派対立が鮮明であったため，なかなか法改正が進まなかった[73]．

2. 特区認可権を用いた政策革新の開始

そこで，オバマ政権は，法改正による教育改革を主軸におきながらも，「腹案 (Plan B)」と名づけた案の検討も始めていた．それこそが，9401 条特区認可権を用いて議会を経由せずに大統領が教育改革を主導する案であった．興味深いのは，オバマ政権が，特区認可権を用いた「腹案」を，まさに立法の代替手段として位置づけていたことである．事実，2011 年 6 月，ダンカン教育省長官は，「腹案」の内容について，オバマ政権が提案している初等中等教育法の改正案である「改革への青写真」を忠実に反映する鏡のようなものだと述べている[74]．

---

71) Barack Obama, "Remarks to an Overflow Crowd at Kenmore Middle School in Arlington, Virginia," March 14, 2011, *Public Papers of the Presidents of the United States, 2011*, p. 229.

72) Brittain, "Obama Calls for Congress to Pass Education Reforms."

73) Michael D. Shear, "Obama Calls for Remaking of No Child Left Behind," *New York Times*, March 14, 2011.

74) Turner, "Arne Duncan May Use No Child Left Behind to Give Schools Relief from Mandates."

196 第6章 オバマ政権期における教育政策への波及

「腹案」の具体的な内容は，2011年8月8日になってようやく，ホワイトハウスの記者会見の場で示された．ジェイ・カーニー報道官らは，オバマ大統領から，議会が法案を通過させられないでいる様子をただ眺めているのではなく，教育改革を進展させる手段として特区認可権を活用するプランを進めるよう指示があったとし，さらに緻密にこのプランを練った後，実行に移すことを表明した[75]．同時にこの記者会見の場で，ダンカン教育省長官は，「私はこの週末，共和党，民主党を問わず，全米各地の25から30の州知事たちと会談の場を設けた．それらの場で彼らは皆，更なる裁量を求めていた．誰もが，子どものために為すべき正しい政策を実施する余地を求めていた」[76]と述べ，州知事との密接な関係性と彼らの強い要望を強調した．

2011年9月23日，ついに痺れを切らしたオバマ大統領は，議会の法改正を待たずに教育改革を進展させることを決意した．オバマ大統領は，試験を重視する教育政策の制度設計から生じる数々の問題点を指摘した後，自身が議会に超党派的な解決策を生み出すよう働きかけていたにもかかわらず，議会がこうした問題を解決できずにいると非難した．その上で，議会が務めを果たせないならば，自身がやる必要があるとして，落ちこぼれ防止法によって州政府に課されている，高い基準の達成義務を念頭に置き，以下のように述べた[77]．

「今日より，私たち執政府は，州政府がこうした高い基準を満たすために，州政府に対し，更なる裁量を与える．注意して欲しいのは，こうした変化が基準を低くするものではない，ということだ．私たちは，高い基準を達成するために更なる裁量を与える．私たちは，州政府，学校，そして教師たちが，将来子どもが就職する際に必要な技能を獲得させるための革新的な方法を提案できるようにするのである．…（中略）…もし州政府がこうし

---

75) Jay Carney, Melody Barnes and Secretary of Education Arne Duncan, "Press Briefing by Press Secretary Jay Carney, Domestic Policy Council Director Melody Barnes, and Secretary of Education Arne Duncan," August 8, 2011, https://www.whitehouse.gov/the-press-office/2011/08/08/press-briefing-press-secretary-jay-carney-domestic-policy-council-direct.

76) *Ibid.*

77) Obama, "Remarks on the No Child Left Behind Act," pp. 1118–21.

た新たな裁量を得たいのならば，その州政府は，より高い基準を設定し，またその州政府が真剣にその基準の達成を目指していることを証明しなければならない．そして，既に44の州政府が，より高い基準とそれを達成する新たな方法を示してくれた．」[78]

オバマ大統領は，議会が機能不全に陥る中，州政府と連携して教育改革を進展させる意思を高らかに述べたのだった．この演説でオバマ大統領が念頭に置いている，州政府に裁量を与える権限については，大統領の演説の直後にホワイトハウス報道官から示された文書において，初等中等教育法第9401条の特区認可権であることが明確に示されていた[79]．オバマ大統領の演説は，立法府から執政府に授権された当初の意図から離れて，特区認可権を政策変更手段として用いるというオバマ政権の態度表明であったといえよう．

また，オバマ大統領の演説の段階で，既に44もの州政府がオバマ政権と歩調を合わせている，ということにも注目すべきである．上記の文書によれば，演説で示された数より1州多い45州の代表者たちが，特区事業を通じた具体的な教育改革の方策について，オバマ政権と話し合い，既に合意を形成していたという．オバマ政権は，特区認可権の運用目的の変更に際し，州政府と連携していたのだった[80]．

さらに，上記の文書には，特区事業の実施によって州政府が免除される義務と，州政府が特区事業の認可を受けるための要件が示されていた．

まず，特区認可権の適用によって州政府が免除される三つの義務が示された．第一に，州政府は，2014年度までに全ての児童及び生徒の学力を習熟水準に到達させるという義務が免除される．その上で，州政府は読解力，芸術，数学について野心的かつ達成可能な目標を設定し，また全学校と全ての児童及び生

---

78) *Ibid.*, pp. 1118–21.
79) Office of Press Secretary, "Obama Administration Sets High Bar for Flexibility from No Child Left Behind in Order to Advance Equity and Support Reform," September 23, 2011, https://www.whitehouse.gov/the-press-office/2011/09/23/obama-administration-sets-high-bar-flexibility-no-child-left-behind-orde.
80) *Ibid.*

徒のための改善努力を支援するための裁量を与えられる．第二に，州政府，学校区，そして学校は，年次教育改善指標の達成義務と義務違反への制裁が免除される．その代わりに，州政府は，個々の学校，学校区，児童及び生徒の事情に合わせた介入を可能にするために，最も低い教育成果を示した学校と学校区と，児童及び生徒間の成績の格差が最も著しい学校への改善の取り組みのための制度を構築するのに必要な裁量を得る．また，州政府は，最も高い教育成果を挙げた学校と児童及び生徒の学力が最も伸びた学校の両方を判断する基準と報奨の決定について裁量を得る．第三に，州政府，学校区，そして学校は，いくつかの教育関連の連邦補助金を，自らが最も適切だと判断する用途に用いることができる更なる裁量を得る[81]．

次に，ホワイトハウス報道官から発表された文書は，州政府が特区事業の認可を受けるための要件として，以下の三点を挙げた．第一に，州政府は，全ての児童及び生徒の成績を向上させるための読解力，芸術，数学における共通到達目標を導入済みでなければならない．その上で，州政府は学校や学校区にこうした目標を実施させるための支援を行い，また共通到達目標に従って州全体の試験を運営することに同意しなければならない．第二に，州政府は，共通到達目標を達成するための，多様な評価基準，説明責任，支援方法を定めた制度を導入しなければならない．また，最も低い水準の成果を示した学校に対しては，学校区はその是正のために強力な介入を行わなければならない．その次に低い水準の成果を示した学校に対しては，学校区は最も支援が必要な児童や生徒に焦点を当てた改善策を実施しなければならない．第三に，州政府は，教師と校長の業績を多様な観点から評価できる制度と，彼らへの支援制度を構築し，これらの制度を教師の教育方法の改善に役立てなければならない[82]．

上記の内容からも明らかなように，オバマ政権は，それまで立法府への働きかけを通じて実現を目指していた教育改革とほとんど同様の内容を，特区認可権の利用によって実現しようとしていた．共通しているのは，全ての児童及び生徒が，習熟水準の代わりに共通到達目標を達成することを州政府に求めてい

---

81) *Ibid.*
82) *Ibid.*

る点や，年次教育改善指標を達成できなかった学校に対する厳格な制裁措置を廃止し，その代わりに，州政府に，学校の成績に応じた支援制度や報奨制度の導入を求めている点，そして，年次教育改善指標に基づく学校評価制度を廃止する代わりに，州政府に多様な観点から柔軟に学校を評価する仕組みを導入させようとしている点である．まさに，オバマ政権は，立法によって実現を目指していた改革を，立法によらずに実現しようと試みたのであった．

実際，オバマ政権の試みを疑問に感じた議員らからの依頼を受けて議会調査局（Congressional Research Service）がまとめた報告書には，オバマ政権の教育政策について丹念な分析が示された上で，州政府が「執政府から教育政策についての柔軟性を得るのに必要な要件の多くは，オバマ政権が『改革への青写真』として提案していたものと同じである」[83]と結論付けられている．

しかしながら，そもそも，初等中等教育法の特区認可権は，連邦政府による画一的な政策に柔軟性を持たせるために導入され，運用されてきたのだった．本来，特区事業の認可の要件は初等中等教育法第9401条に定められているように，従来の連邦法の下では実施できない，教育水準を高めるだろう新しい事業であることのみであった．

それにもかかわらず，オバマ政権は，上述のような特区事業の認可の要件を独自に設定することで，特定の政策を実現するために運用することにしたのだった．特区認可権は，大統領が議会を介さずに教育改革を進展させるための手段となったのである．オバマ大統領は，特区認可権をその本来の導入意図とは異なり，自身の望む政策を実現するための手段として運用することにしたのだった．

さらにオバマ政権は，特区認可権の活用のための制度整備も行った．教育省は，申請手続きを含む特区事業全般の説明や，特区事業の認可を得るために州政府が教育省に提出しなければならない書類の雛形などが記された文書ファイルをインターネット上に公開した[84]．この文書ファイルは，表紙と目次を除く

---

83) Rebecca R. Skinner and Jody Feder, "Educational Accountability and Secretarial Waiver Authority under Section 9401 of the Elementary and Secondary Education Act," *CRS Report for Congress*, June 1, 2012, p. 38.

84) U.S. Department of Education, "ESEA Flexibility Submission Documents," http://www2.ed.gov/policy/elsec/guid/esea-flexibility/index.html.

と 23 頁にまとめられており，うち最初の 4 頁が特区事業全般の説明であり，残りの 19 頁が申請書の雛形であった．この文書ファイルは，州政府が申請書を提出する労力を大幅に減らすのと同時に，大統領が望む特区事業を州政府に申請させることを意図していた．

3. 共和党の反発，議会としての抵抗の不発

オバマ政権による特区認可権の運用に対して，多くの共和党議員から，三権分立制からの逸脱だという批判が生じた．序論で触れたように，例えば，ミネソタ州選出の下院議員で下院教育労働委員会委員長のジョン・クラインは，「オバマ大統領は大統領が本来は持ち得ないはずの権限と権力を行使している」，「これは執政府の越権行為である」，などと批判した．また，フロリダ州選出の上院議員のマルコ・ルビオは，ダンカン教育省長官に対して手紙を送り，その中で，「この行為は制定法を侵害しており，権限の逸脱であり，合衆国憲法上の三権分立制を侵すものである」と強く抗議した．

共和党議員からの反発を受け，下院教育労働委員会から執政府の特区認可権の行使の妥当性について検討するよう依頼を受けた議会調査局は，オバマ政権による特区認可権の新たな運用について，「執政府による既存法の根本的な再設計である」[85]と断定した．

さらに，議会調査局は，「既に多くの州政府が特区事業を実施するための申請もしくは検討をしていることに鑑みれば，本年度の終わりまでに，多くの州において，オバマ政権の望む教育政策が導入されるだろう．もし，議会が初等中等教育法改正のための努力を継続するならば，その改正により，議会は執政府によって再設計された教育政策を追認もしくは覆すことができる」[86]との展望を示した．すなわち，議会調査局は，特区認可権による教育政策の変更が，法改正に匹敵するものだと認め，その対抗策として新たな立法を議会に提案したのだった．

議会の抵抗は単なる抗議に留まらなかった．上下両院ともに，立法によって

---

85) Skinner and Feder, "Educational Accountability and Secretarial Waiver Authority under Section 9401 of the Elementary and Secondary Education Act," p. 2.

86) *Ibid.*, p. i.

第 3 節　オバマ政権による運用目的の変更　　201

大統領の試みを阻止しようとした．2011 年 10 月，上院の健康教育労働年金委員会は，超党派の委員たちの協力の下，およそ 1 年かけて落ちこぼれ防止法を一新し，また，オバマ政権による特区認可権の政策変更手段としての利用を阻止するための法案を仕上げた．審議過程において，テネシー州選出の共和党議員であり，G. H. W. ブッシュ政権期には教育省長官を務めたアレクサンダーは，「もし私たちが法案を通過させることができなければ，ダンカン教育省長官は，特区認可権を利用して，独裁官になってしまう」[87] などと警鐘を鳴らしていた．

　また重要なことに，アレクサンダーは，「州政府に何をすべきか指示するのではなく，州政府が執政府に何をしたいのかを意見することこそが，本来，私たち議会が望んでいたことであった」[88] と述べ，特区認可権を用いて州政府に特定の政策を実施させようとしているオバマ政権を批判し，特区認可権を導入した際の本来の意図が，州政府に裁量を与えるという目的にあったと主張した．

　しかしながら，この法案は民主，共和両党からの幅広い支持を得られなかったために，本会議に法案を持ち込むことができず，廃案となってしまった．

　一方で，下院の教育労働委員会もまた，落ちこぼれ防止法の欠点を修正することで，オバマ政権の試みを阻止すべく法案の制定を目指した．下院は上院と比べて一段と困難であった．なぜなら，下院では共和党内にティーパーティ[89]系議員が存在していたため，党内で意見を一致させることすら困難だったからである．クライン下院教育労働委員会委員長は，同委員会に所属する 11 名もの共和党新人議員がティーパーティ系議員であり，彼らが教育政策の権限を連邦政府から州政府へと委譲させることを譲らず，党内で団結することが困難だと不満を漏らしていた[90]．

---

87)　*Congressional Quarterly Almanac, 112th Congress, 1st Session, 2011, Volume LXVII*, Washington, D.C.: Congressional Quarterly., 2012, 8–6–8–7.

88)　*Ibid.*, 8–6–8–7.

89)　ティーパーティ運動やティーパーティ系議員についての邦語での研究として，久保・東京財団「現代アメリカ」プロジェクト編（2012）が詳しい．同書は，突如としてアメリカ政治に台頭し，大きな政治現象となったティーパーティ運動について多面的な分析を行っている．

90)　*Congressional Quarterly Almanac, 112th Congress, 1st Session, 2011, Volume LXVII*, 8–6–8–7.

2013 年，下院は，クライン下院教育労働委員会委員長が中心となり，執政府による特区認可権の運用を抑制すべく，「児童及び生徒の成功のための法 (Student Success Act; H.R.5)」案の成立を目指した[91]．イリノイ州選出の共和党下院議員トッド・ロキータは，「教育省よりも両親と学校こそが我々の子どものことを考えてくれると信じているから，私たちはこの法案を作成したのだ」[92]と述べ，執政府への敵意を鮮明に表していた．

当時，オバマ政権二期目の第 113 議会の下院は共和党が多数派を確保していたので（民主党 201 議席，共和党 234 議席），共和党の支持を得た，児童及び生徒の成功のための法案は，下院を通過した．しかしながら，上院では民主党が多数派を形成しており（民主党 53 議席，共和党 45 議席），民主党は下院を通過した同法案を無視して，独自の法案を提出すると主張した．民主党議員は，オバマ大統領による特区認可権の活用を支持する姿勢を示していた．さらには，オバマ大統領は，共和党の法案がたとえ上院を通過しても，拒否権を行使すると明言していた[93]．

共和党単独では，オバマ大統領の拒否権を乗り越えるのに必要な 3 分の 2 の議席数を確保できていなかったことに加え，そもそも上院では多数派を形成してもいなかったので，児童及び生徒の成功のための法案は廃案となったのだった．第 114 議会では，民主党は上下両院ともに議席数を減らしたものの，上院が民主党 44 議席，共和党 54 議席で，下院が民主党 188 議席，共和党 247 議席であり，共和党は，オバマ大統領の拒否権を乗り越えるのに必要な議席数を確保できなった．

大統領による政策変更手段としての特区認可権の利用に対して，議会は不満を持つ勢力を抱えていた．しかしながら，議会は党派対立や共和党内の対立により，立法に成功することがなく，大統領の試みは阻止されなかった．その結果，オバマ大統領は議会に特区認可権を奪われることなく積極的に利用し続け

---

91) Motoko Rich, "Education Proposal in House Could Replace 'No Child' Act," *New York Times*, July 19, 2013.

92) Pete Kasperowicz, "House Votes 221–207 to Limit Federal Control over Education," *The Hill*, July 19, 2013.

93) *Ibid.*

ることができたのだった.

　付け加えるならば，特区認可権を用いたオバマ政権の教育改革が，世論から
の支持を集めたことが，議会からの反発はもちろんのこと，訴訟の提起を抑制
していたと考えられる．興味深いことに，オバマ政権による立法府を迂回する
政策変更は，世論の反感を買うことはなかった.

　当時のオバマ政権の教育政策についての支持率の変遷をみると，2009 年 8 月
には支持率 53%，不支持率 30% であったのが，次第に支持率が減少する一方
で不支持率が増加していき，2011 年 8 月には支持率 41%，不支持率 50% と
なり，不支持率の方が多くなった．ところが，オバマ大統領が 2011 年 9 月に，
特区認可権を活用して議会を介さずに教育改革を独自に行うと宣言すると，急
速に支持が回復し，2012 年 8 月には支持率 49%，不支持率 43% となり，以
降，2014 年 8 月までは，支持率が減少することも，不支持率が増加すること
もなかった．すなわち，オバマ大統領による特区認可権の政策変更手段として
の運用は，世論からの反発を招くどころか，好意的に受け止められてすらいた
ことが読み取れる[94].

　そして，オバマ政権自体が，特区認可権の利用に際して，法に沿った適切な
運用にみえるよう振る舞っていたために，訴訟を通じて政権の取り組みが妨げ
られず，また議会からの反発も抑制していたと考えられる．議会調査局は，大
統領による特区認可権の利用に対して訴訟が提起された場合，裁判所は次のよ
うに判断すると推測していた.

　　「裁判所は，執政府が特区事業の認可に関する記録を適切にとり，また特区
　　事業の認可が初等中等教育法の目的に沿っていて，手続き的にも同法の規
　　定に従っていることが確かな限りは，執政府による特区認可権の行使を支
　　持するだろう.」[95]

---

94)　Gallup, *Presidential Ratings – Issues Approval*, http://www.gallup.com/poll/1726/
　　presidential-ratings-issues-approval.aspx.

95)　Skinner and Feder, "Educational Accountability and Secretarial Waiver Authority
　　under Section 9401 of the Elementary and Secondary Education Act," p. 12.

実際，オバマ政権は，訴訟が提起されぬよう，なおかつ訴訟に敗北しないようにするため，州政府の申請書の作成段階から注意を払っていた．既に述べたように，オバマ政権は，申請手続きを含む 9401 条特区事業全般の説明や，特区事業の認可を得るために州政府が教育省に提出しなければならない書類の雛形などが記された文書ファイルをインターネット上に公開していた．

そこには，まず，特区事業の認可を得る条件として，「教育の質の向上と，児童及び生徒の学力の向上という目的のため」[96] であることが述べられており，初等中等教育法の目的に沿う必要があることが明言されている．また，審査手続きの方法も丁寧に示されており，認可過程の透明性を確保する配慮がなされていた．すなわち，「審査手続きは，まず，外部及び教育省の職員の査読によって行われる…（中略）…．その後，査読者は教育省に評価書を提出する．教育省長官はそうした評価書を参考に，特区事業の認可について決定を下す」[97] という．したがって，この文書ファイルには，州政府の申請の労力を軽減したり大統領の望む特区事業を州政府に申請させたりするという意図だけでなく，大統領による特区認可権を通じた教育改革が，裁判によって妨げられないようにする意図もあったのである．

4. 特区事業の急速な広がり

議会の機能不全の中で，オバマ政権による特区認可権の政策変更手段としての運用は，共和党と民主党の別を問わず，広く州政府に受け入れられた．オバマ大統領の演説の後わずか 1 か月で 37 もの州が教育省に特区事業を申請したいと伝え，そのうち 17 州がメディアの取材に対して，オバマ政権が申請の締切日として定めた 2011 年 11 月 14 日までに教育改革案を教育省に提出すると回答していた[98]．実際，この期日までに 11 州が特区事業の認可を得るための申請を行った[99]．

---

96) *Ibid*., p. 1.
97) *Ibid*., p. 1.
98) Kimberly Hefling, "No Child Left Behind: Most States to Seek Exception to Education Law," *Huffington Post*, October 13, 2011.
99) Press Release, U.S. Department of Education, "11 States Seek Flexibility from NCLB to Drive Education Reforms in First Round of Requests," November 15,

第 3 節　オバマ政権による運用目的の変更　　　205

　2012 年 2 月 9 日，オバマ大統領は，申請を受理した 11 州のうち 10 州に対して，特区事業の認可を与えたことを公表し[100]，残る 1 州についても，2 月 15 日に認可した旨を教育省が公表した[101]．オバマ政権が次の締切日として設定した 2 月 28 日までには，新たに 26 州が特区事業の認可のための申請を行った[102]．9 月 10 日までには，さらに 7 州が申請を完了していた[103]．また，このときまでに新たに認可を得たのは，21 州であった[104]．

　その後も，2013 年 3 月 1 日までに新たに 4 州が申請し，また，新たに 2 州が認可を得ていた[105]．9 月 30 日までに新たに 9 州が認可を得て[106]，2014 年

　　　2011, http://www.ed.gov/news/press-releases/11-states-seek-flexibility-nclb-drive-education-reforms-first-round-requests.

100)　Barack Obama, "Remarks on the No Child Left Behind Act," February 9, 2012, *Public Papers of the Presidents of the United States, 2012*, pp. 133–5.

101)　Press Release, U.S. Department of Education, "Department of Education Approves New Mexico's Request for Flexibility from No Child Left Behind," February 15, 2012, http://www.ed.gov/news/press-releases/department-education-approves-new-mexicos-request-flexibility-no-child-left-behind.

102)　Press Release, U.S. Department of Education, "26 More States and D.C. Seek Flexibility from NCLB to Drive Education Reforms in Second Round of Requests," February 29, 2012, http://www.ed.gov/news/press-releases/26-more-states-and-dc-seek-flexibility-nclb-drive-education-reforms-second-round-requests.

103)　Press Release, U.S. Department of Education, "Seven More States, Puerto Rico and Bureau of Indian Education Request NCLB Flexibility," September 10, 2012, http://www.ed.gov/news/press-releases/seven-more-states-puerto-rico-and-bureau-indian-education-request-nclb-flexibility.

104)　*Ibid.*

105)　Press Release, U.S. Department of Education, "Pennsylvania, Texas, Wyoming Request Flexibility from No Child Left Behind," March 1, 2013, http://www.ed.gov/news/press-releases/pennsylvania-texas-wyoming-request-flexibility-no-child-left-behind.

106)　Press Release, U.S. Department of Education, "Obama Administration Approves NCLB Waiver Request for California CORE Districts," August 6, 2013, http://www.ed.gov/news/press-releases/obama-administration-approves-nclb-waiver-request-california-core-districts; Press Release, U.S. Department of Education, "Obama Administration Approves NCLB Flexibility Request for Texas," September 30, 2013, http://www.ed.gov/news/press-releases/obama-administration-approves-nclb-flexibility-request-texas.

4 月 18 日には，さらに 1 州が認可を得た[107].

すなわち，オバマ大統領が特区認可権の活用を表明した 2011 年 9 月からわずか 2 年半の期間で，44 もの州[108]が認可を得たのに対して，認可を得ていない州はわずか 6 州[109]のみとなったのであった．特区事業の申請及び認可が，驚くべき速度で進展したことがよくわかる．

5. 議会による追認の結果としての教育改革法

第 4 章と第 5 章では，大統領が特区認可権を用いて進展させた改革を，議会が立法によって追認したことを示した．1996 年福祉改革法や，オバマケアとして知られる 2010 年医療保険制度改革法は，明らかに，それまでに大統領が特区認可権を介して進めてきた福祉改革やメディケイド改革と類似するものであった．教育政策の分野においても，これらと同様のことが生じた．それが，2015 年 12 月に成立した教育改革法であり，初等中等教育法の再授権法でもある「全児童及び全生徒成功法（Every Student Succeeds Act）」である．

オバマ大統領が「クリスマスの奇跡だ」[110]と述べて同法の成立を称えているように，同法は，長年の根強い党派対立を乗り越え，超党派的な合意を得てよ

---

107)　Press Release, U.S. Department of Education, "Obama Administration Approves NCLB Flexibility Request for Illinois," April 18, 2014, http://www.ed.gov/news/press-releases/obama-administration-approves-nclb-flexibility-request-illinois.

108)　内訳は，アラバマ州，アラスカ州，アリゾナ州，アーカンソー州，カリフォルニア州，コロラド州，コネチカット州，デラウェア州，フロリダ州，ジョージア州，ハワイ州，アイダホ州，イリノイ州，インディアナ州，カンザス州，ケンタッキー州，ルイジアナ州，メイン州，メリーランド州，マサチューセッツ州，ミシガン州，ミネソタ州，ミシシッピ州，ミズーリ州，ネヴァダ州，ニューハンプシャー州，ニュージャージー州，ニューメキシコ州，ニューヨーク州，ノースカロライナ州，オハイオ州，オクラホマ州，オレゴン州，ペンシルヴァニア州，ロードアイランド州，サウスカロライナ州，サウスダコタ州，テネシー州，テキサス州，ユタ州，ヴァージニア州，ワシントン州，ウェストヴァージニア州，ウィスコンシン州．ただし，カリフォルニア州の特区事業については，その対象は州全土ではなく，教育支援が必要な児童及び生徒が 13 万人以上住んでいる八つの学校区に限られていた．

109)　内訳は，アイオワ州，モンタナ州，ネブラスカ州，ノースダコタ州，ヴァーモント州，ワイオミング州．

110)　Julie Hirschfeld Davis, "President Obama Signs into Law a Rewrite of No Child Left Behind," *New York Times*, December 10, 2015.

うやく成立したのだった．下院は 64 名の共和党議員のみが反対し，残りの 178
名の共和党議員と 181 名の民主党議員の賛成により通過した[111]．上院は 12 名
の共和党議員のみが反対し，残りの 40 名の共和党議員と 45 名の民主党議員の
賛成により通過した[112]．

　全児童及び全生徒成功法は，全米の州知事たちからも，党派を問わず強い支
持を得ていた．同法案の審議終盤の 2015 年 11 月末，全米知事協会は，上下両
院の関係する委員会に対して，同法案への全面的な支持を表明するとともに，
迅速な立法を要請していた[113]．そうした全面的な支持は，同協会にとって約 20
年ぶりという非常に珍しい事態であったという．州知事たちにとって，同法は，
特区事業という煩雑な手順に従わずとも，落ちこぼれ防止法の課題を克服する
ことができ，魅力的だったのである．

　既に述べたように，オバマ政権は，特区認可権の利用という「腹案」に本腰
を入れる前，立法による教育改革を目指していた．結局，そうした試みはオバ
マ大統領を苛立たせるだけで，党派対立を解消することはできなかった．そこ
で，オバマ大統領は，特区認可権を用いて同様の改革を目指した．その結果，
全米の大半の州で，オバマ大統領の望む教育改革が進展したのだった．

　超党派的な合意に基づいて成立した全児童及び全生徒成功法は，まさに，こ
れまでオバマ大統領が立法によって実現したいと考え，結局，特区認可権を用
いて進めることになった改革を追認するものであった[114]．本書の議論と関係の
深い点に絞ると，三点指摘できる．第一に，同法は，州政府に共通到達目標も
しくはそれと類似する，大学進学や就職への備えのための挑戦的な学力基準を

---

111)　U.S. House of Representatives, "Final Vote Results for Roll Call 665," http://
　　　clerk.house.gov/evs/2015/roll665.xml.
112)　U.S. Senate, "Roll Call Vote 114th Congress: Conference Report to Accompany
　　　S.1177," https://www.senate.gov/legislative/LIS/roll_call_lists/roll_call_vote_cfm.
　　　cfm?congress=114&session=1&vote=00334.
113)　Letter, National Governors Association to Chairman Alexander, Chairman Kline,
　　　Senator Murray and Representative Scott, "Education & Workforce Committee
　　　Letters: Every Student Succeeds Act," November 30, 2015, https://www.nga.org/
　　　cms/nga-letters/every-student-succeeds-act.
114)　全児童及び全生徒成功法や，同法に至るまでの公教育政策については，ミカ（2016）が
　　　詳しい．

設定するよう義務付け，落ちこぼれ防止法の定めた，全ての児童及び生徒の学力を習熟水準に到達させなければならないとする規定を削除した．ただし，連邦政府は州政府による学力基準の設定に介入できないとされた．

第二に，全児童及び全生徒成功法は，年次教育改善指標に基づく学校評価制度を廃止した．その代わりに，州政府と地方政府が主体となって，試験の成績だけでなく，多様な観点から学校評価を実施するよう定めた．もし評価が振るわない学校があった場合，落ちこぼれ防止法が定めていたような連邦政府による介入は認められないとされ，その代わりに，州政府と地方政府が主体となって適切に支援することが義務付けられた．良い結果を出した学校に対する報奨制度も導入した．

第三に，全児童及び全生徒成功法は，それまで各州政府がオバマ政権の認可の下で実施していた特区事業の期限を，2016 年 8 月 1 日までと定めた．

以上のように，同法は，これまで特区事業を通じて全米で進展していた教育改革を引き継いだのだった．まさに，議会は，オバマ政権がこれまで特区認可権を用いて進展させてきた改革を，立法によって追認したといえよう．実際，上院の審議の中で，同法の成立によって，「特区認可権を介した教育政策の実施に終止符を打つことができ」，「従来の，特区事業の実施の許可を得るために，わざわざ州知事たちがワシントン DC を訪れざるを得なかった」状況が改善されるとの指摘があるように，同法は，事実上，特区認可権を通じて進展していた教育改革を立法化するものとして位置づけられていた[115]．

おわりに

本章では，教育政策にも特区認可権の制度変容が及び，特区認可権が大統領によって議会を介さない政策変更手段として用いられたことを明らかにした．また，2015 年の全児童及び全生徒成功法により，議会が大統領による特区認可権を用いた改革を追認していたことも示した．

---

115) Senate, "Student Success Act-Conference Report," December 8, 2015, *Congressional Record*, Vol. 161, No. 177, p. 8450.

おわりに 209

　教育政策についての既存研究は，立法による改革に主眼を置く一方で[116]，立法によらない政策変更についてはあまり注目しない．しかしながら，本章の分析からは，立法だけでは教育政策の変化を十分に捉えることはできないことがわかった．むしろ，特区認可権を通じた教育政策の変容こそが，オバマ政権期の教育政策の危機的な状況を打破し，ひいては，全児童及び全生徒成功法の成立の重要な要因にすらなっていた．その意味において，本章の知見は，教育政策研究にも新たな視角を提供しうるだろう．

---

116)　教育改革に着目した研究は数多く，代表的な研究として，Jennings (1998)，Debray (2006)，Manna (2006, 2010)，McGuinn (2006)，Henig, Kaestle, and Lodewick eds. (2007)，Vinovskis (2008)，Rebell and Wolff eds. (2009)，Hess and Kelly eds. (2012)，Henig (2013) などが挙げられる．邦語の文献としては，西村・戸瀬編訳 (2004)，松尾 (2010)，北野・大桃・吉良編 (2012) などがある．

第7章　特区認可権の射程

　本章では，特区認可権の射程を探る．どういった要素が，大統領による政策変更の成功の鍵となるのだろうか．オバマ以後の大統領も引き続き，特区認可権を用いて政策変更を試み，それに成功するのだろうか．前章までで論じてきたように，福祉政策，医療保険政策，教育政策における特区認可権の制度変容は，大統領が立法によらない政策実現を望んでおり，かつ州政府の協力があった場合に生じてきた．それにより，大統領の政策実現能力が拡大してきた．したがって，オバマ以後の大統領も，同様の条件が揃えば政策変更手段として特区認可権を利用することに成功すると推察される．本章では，まず，こうした推察が，これまでの議論とは異なる視点に立っても妥当であるか否かについて検討する．そのために，特区認可権の制度変容が試みられなかった事例と，運用目的の変更に失敗した事例を扱う．次に，トランプ政権一期目の特区認可権との関わりを明らかにしながら，特区認可権のポテンシャルを探る．

第1節　特区認可権による政策革新の成否を分ける要因

1.　運用目的の変更が試みられなかった事例

　特区認可権を政策変更手段として用いようとする試みが見られなかった事例としては，環境政策と，一部の政権での教育政策が挙げられる．

　環境政策における特区認可権は，「環境業績提携権（Performance Partnership Grants authority）」[1] である．環境業績提携権は，クリントン政権期の 1996

---

1)　William J. Clinton and Al Gore, "Reinventing Environmental Regulation," March 16, 1995, https://nepis.epa.gov/Exe/ZyPDF.cgi/9100TH76.PDF?Dockey=9100TH76. PDF.

年の予算法（Omnibus Consolidated Rescissions and Appropriations Act）によって導入されたもので，同法の中の環境業績提携補助金（Performance Partnership Grants: PPGs）の交付についての決定権を指す．環境業績提携権とは，州政府が望めば，連邦政府が定める水，空気，殺虫剤，ゴミ，有害物質などの特定の環境保護事業のために州政府に交付されている個々の連邦補助金を統合して環境業績提携補助金として与え，それらが本来，州政府に課している義務を免除する代わりに，州政府がこの環境業績提携補助金を自由に利用することを認めるという執政府の権限であった．

　具体的には，希望する州政府は，使用目的を限定されていた15もの紐付きの連邦政府からの特定補助金のうち二つ以上の補助金について，その州政府が最も重要だと考える環境保護事業のために用いることができるよう連邦法の義務が免除され，裁量が与えられる，というものであった．ただし，そうした新規の環境保護事業は，代替の対象となる既存の環境保護事業よりも高い成果を挙げると見込まれるものでなければならなかった．1998年度末には，実に45もの州政府が環境業績提携権の下，執政府から認可を得て各州政府が独自の環境保護事業を実施していた[2]．

　しかしながら環境業績提携権は，その後のG. W. ブッシュ政権やオバマ政権によって運用目的が変更されることはなく，今日までは導入意図と同じく，各州政府が自ら望んで独自の環境保護事業を実施するために用いられている[3]．

　環境業績提携権の運用目的が大統領によって変更されなかった理由として，環境政策についての執政府の権限が既に十分にあったことを指摘できる．ブッシュ政権は，環境保護に熱心ではなく，環境規制を緩和して市場を優先する政策方針をほぼ貫いた[4]．それに対してオバマ政権は，ブッシュ政権とは異なり，

---

2) General Accounting Office, "Environmental Protection: Collaborative EPA-State Effort Needed to Improve Performance Partnership System," T-RCED-00-163, May 2, 2000, pp. 1–5, http://gao.gov/assets/110/108411.pdf.

3) Environmental Protection Agency, "Performance Partnership Grants," June 18, 2014, http://www.epa.gov/ocirpage/nepps/pp_grants.htm.

4) Suzanne Goldenberg, "The Worst of Times: Bush's Environmental Legacy Examined," *The Guardian*, January 16, 2009. ブッシュ政権期の環境政策については，久保（2008）が詳しい．

環境保護に熱心であり，ブッシュ政権によって緩和された環境規制を再び強化する方針を採った．いずれの大統領も，環境規制を担う行政組織の長として，その権限の範囲内で大規模に政策を実現できたのであった[5]．そのため，ブッシュ政権もオバマ政権も，環境業績提携権の運用目的を変更する必要がなかったと考えられる．

環境政策以外に特区認可権の運用目的の変更が試みられなかった事例として，クリントン政権期やブッシュ政権期の教育政策が挙げられる．9401 条特区認可権は，既にクリントン政権期に導入されていた．また，1115 条特区認可権の運用目的の変更は，レーガン政権によって試みられており，既に特区認可権の活用には先例が存在していた．したがって，クリントン政権期とブッシュ政権期にも，9401 条特区認可権の運用目的の変更が生じうる条件が揃っていたと考えられる．それにもかかわらず，これらの政権は 9401 条特区認可権の運用目的の変更を試みず，オバマ政権が初めて運用目的の変更を試みたのだった．

その理由は，単純明快である．クリントン政権は 2000 年の目標法，学校から職業への移行機会法，アメリカ学校改善法といった教育改革法を立て続けに成立させ，自身の望む政策を実現していた．ブッシュ大統領もまた，落ちこぼれ防止法を成立させ，自身が望んでいた政策を達成できた．それに対して，オバマ大統領は，既存の落ちこぼれ防止法を改正するため，立法による教育改革を議会に強く訴えていたが，なかなか実現されず，痺れを切らし，9401 条特区認可権を政策変更手段として用いることで現状打破を試みたのだった．

したがって，クリントン政権やブッシュ政権は，立法によって自身の政策を達成できていたため，政策変更手段としての特区認可権に魅力を感じていなかったのに対して，オバマ政権は，立法による政策実現が困難であったため，特区認可権を政策変更手段として用いることを試みたといえよう．そのため，教育政策における特区認可権の運用目的の変更はオバマ政権期に初めて行われたと考えられる．

以上のように，特区認可権の運用目的の変更が試みられなかった事例からは，大統領が立法その他の手段で政策変更を実現できていたために，そうした手段

---

5) Richard Stevenson and John Broder, "Speech Gives Climate Goals Center Stage," *New York Times*, January 21, 2013.

を必要としていなかったことがわかる．これは，大統領が立法による政策変更が困難な中で，立法によらない有効な政策変更手段として特区認可権を利用してきたという本書の主張を裏付けるものである．

2. 運用目的の変更に失敗した事例

第5章で，オバマ政権期に成立した医療保険制度改革法によって，1115条特区認可権への議会による監視が強化されたことを指摘したように，近年，大統領が特区認可権を政策変更手段として用いることを妨げる動きが活発になってきている．中でも注目に値するのは，オバマ政権による福祉政策に関する特区認可権をめぐる動向である．以下で述べるように，実はオバマ政権は，1996年福祉改革以降，大統領の政策実現の手段として利用されていなかった特区認可権を再び利用しようと試みたが，特に共和党から強い反発を受け頓挫している．

2011年2月28日，オバマ大統領は行政機関に対して，州政府，地方政府などと密接に連携し，連邦補助金による事業の効果的な実施を妨げている諸々の障壁を特定するよう要請した[6]．その要請を受け，保健福祉省は全米の州の貧困家庭一時扶助の担当者たちとの会合の機会を設けた[7]．幾度かの会合を経て，保健福祉省は，5州が就労義務付けに関する特区事業の実施に関心を示しているとの結論に至り，州政府に課せられていた福祉受給者への就労義務付けを免除する特区事業の実施を認めるという判断を下したのだった．

2012年7月12日，保健福祉省家族支援局は1115条特区認可権による免除の範囲を拡大することを表明した．以下は，家族支援局が州政府へ宛てた書簡の一部である．

---

6) Office of the Press Secretary, "Presidential Memorandum – Administrative Flexibility," February 28, 2011, http://www.whitehouse.gov/the-press-office/2011/02/28/presidential-memorandum-administrative-flexibility.

7) Government Accountability Office, "Waivers Related to the Temporary Assistance for Needy Families Block Grant," GAO-12-1028R, September 19, 2012, pp. 1–5, https://www.gao.gov/assets/650/648582.pdf.

第 1 節　特区認可権による政策革新の成否を分ける要因　　　215

「社会保障法第 1115 条は同法第 402 条を免除する権限を規定している．…
（中略）…同法第 402 条では，州政府の事業が『その事業の支援を受けてい
る親と保護者に対して［就労義務付けを規定している］同法第 407 条を満
たす就労活動に従事することを保証するよう』義務付けている．したがっ
て保健福祉省は，この第 402 条が州政府に課している義務を免除し，また
第 407 条に定められている…（中略）…以外の［就労義務付けの］手法の効
果を州政府に検証させることを認める権限を有している．」[8]

　要するに，家族支援局は，就労義務付けに関しても特区認可権により州政府
の義務を免除することができ，州政府に既存の就労義務付け以外の方法を特区
事業として実施させることができるとの見解を述べたのだった．
　しかしながら，オバマ政権の見解は，就労義務付けを導入したクリントン政
権と当時の議会の意図と，真っ向からぶつかるものだった．第 4 章で言及した
ように，クリントン政権は，1996 年 10 月 11 日，今後の 1115 条特区認可権
の下での新規の特区事業の扱いについて，議会の代表者たちとの話し合いの場
で，就労義務付けを免除するための特区認可権の運用は望んでいないこと，州
政府がそうした特区事業を申請しても反対すること，そして，この点を確実な
ものにするために議会と協力する旨を述べている．
　したがって，議会がオバマ政権の新たな見解にすぐさま異を唱えることは当
然であった．オバマ政権が見解を示した当日，議会は反対の立場を明らかにし
た．下院歳入委員会委員長でミシガン州選出のデイヴ・キャンプ共和党下院議
員と，上院財政委員会委員でペンシルヴァニア州選出のオリン・ハッチ共和党
上院議員は，家族支援局が州政府へ宛てた書簡について，保健福祉省長官キャ
スリーン・セベリウスに対して次のように抗議した．

---

8)　Information Memoranda, Office of Family Assistance to States Administering the
　　Temporary Assistance for Needy Families（TANF）Program and Other Interested
　　Parties, "Guidance concerning Waiver and Expenditure Authority under Section
　　1115," July 12, 2012, http://www.acf.hhs.gov/programs/ofa/resource/policy/im-ofa/
　　2012/im201203/im201203（括弧内は筆者加筆）.

「この『指針』は，貧困家庭一時扶助事業における就労義務付けを，保健福祉省が免除する権限を有すると述べている．この免除権限は，貧困家庭一時扶助事業開始以来16年もの間，いずれの長官によっても主張されることがなかった権限である．我々は，この指針が貧困家庭一時扶助にも社会保障法の関連する条文にも根拠のないものだと確信している．…（中略）…端的に述べるならば，もし議会が貧困家庭一時扶助の就労義務付けの免除を認める意図を有していたとしたら，法にそのように定めていたはずである．しかしながら，議会はそうはしていない．…（中略）…我々は，あなた方が本日示した指針に重要な欠陥があり，また貧困家庭一時扶助や関連する条文に明確に反していると確信しているので，その指針の法的根拠についての詳細な説明を要求する．」[9]

　また，キャンプ下院議員は，2012年7月18日，「2012年福祉事業のための就労義務付け維持法（Preserving Work Requirements for Welfare Programs Act of 2012; H.R.6140）」案を提出し，就労義務付けに関する特区事業を認可するという家族支援局が示した方針を立法によって禁じようとした．この法案は下院での採決にまで至らなかったものの，後述するように同内容の法案が翌年，下院を通過することになる．

　2012年7月18日，保健福祉省は共和党議員らからの要請を受けて，次のように，新指針を打ち出した理由を説明した．

「長きにわたり共和党と民主党双方の州知事たちは，自身の州の実情に即した福祉改革を実施するために更なる裁量を要求してきた．2005年には29の共和党州知事たちが，より効果的に低所得者を支援するために，『特区事業の裁量拡大，適用可能な就労活動，そして部分的な就労期間の有用性の

---

9)　Dave Camp and Orrin Hatch to Kathleen Sebelius, "Deep Concern with the Information Memorandum Issued Today by Your Department," July 12, 2012, http://waysandmeans.house.gov/uploadedfiles/7.12.12_tanf_work_requirements_letter.pdf.

増大』を要求した．…（中略）…我々が示した提案は，福祉受給者の就業率を引き上げるためのものであり，他の何物でもない．福祉から就労へという目標を妨げる州政府のいかなる提案も，考慮されることも承認されることもない．」[10]

保健福祉省は，党派を超えた多数の州知事たちからの長年の要望に応えて，就業率を引き上げるべく，新たな指針を提示したと説明したのだった．実際，2005 年にマサチューセッツ州知事ミット・ロムニーをはじめ 28 の州知事たちが更なる裁量を立法府に求め，1115 条特区認可権の改革を訴えていた．2007 年にも，全米知事協会がこうした訴えを繰り返し行った[11]．

しかしながら，保健福祉省の主張は共和党州知事たちからの強い反発を招いた．前ミネソタ州知事ティム・ポーレンティーは，その問題について ABC ニュースで問われ，次のように答えている．

「確かに私や他の共和党知事らは更なる裁量を求めていたが，我々は皆，1990 年代の画期的な福祉改革で導入された就労義務付けの免除を決して要求しなかった．大統領がこの論争に終止符を打つのは非常に容易である．もし彼が，この件は就労義務付けを撤廃させるために彼が指示したものではないと主張したいならば，彼はそう明言すればよい．」[12]

このように，保健福祉省の主張は州知事たちによって真っ向から否定されたため，共和党議員たちの反対の声が静まることはなく，2012 年 7 月 31 日，キャンプ下院議員とハッチ上院議員はオバマ政権の新指針を妨げるべく立法以外に

---

10) Secretary of Health and Human Services, "The Honorable Orrin G. Hatch," July 18, 2012, http://www.washingtonpost.com/blogs/ezra-klein/files/2012/07/Sen-Hatch-TANF-7-18-.pdf.

11) Heidi Przybyla and William Selway, "Romney Gets Welfare Politics Right as Ad Misses on Facts," bloomberg, August 10, 2012, http://www.bloomberg.com/news/articles/2012-08-10/romney-gets-welfare-politics-right-as-ad-misses-on-facts.

12) White House, "Welfare, Work and America's Governors," August 12, 2012, http://www.whitehouse.gov/blog/2012/08/12/welfare-work-and-america-s-governors.

新たな行動を開始した．彼らはまず，行政活動検査院に，その新指針が 1996 年に制定された議会審査法（Congressional Review Act）の対象なのか否かを問い合わせた[13]．議会審査法は，議会が行政組織を監視するために，各省庁の制定する規則に対する審査手続きを定めている．もしその新指針が「規則」に該当する場合，議会審査法に基づき，上下両院の審議と承認が必要となる．

2012 年 9 月 4 日，行政活動検査院は，この新指針が議会審査法の下の「規則」に当たるとの見解を示した[14]．そこで同月 11 日，キャンプ下院議員とハッチ上院議員は，議会審査法の下で執政府の定めた規則を拒絶するための両院合同決議（joint resolution）[15] 案として，「2012 年 7 月 12 日現政権の福祉の就労義務付け免除に対する議会の不承認合同決議（Providing for Congressional disapproval of the Administration's July 12, 2012 Waiver of Welfare Work Requirements; H.J.Res.118）」案を提出した[16]．同月 20 日，この不承認決議案は 250 対 164 で下院を通過した[17]．

一般に両院合同決議案は，上下両院の承認の上，大統領の署名により法的な効力を持つものである．ところがこの決議案は，下院を通過した後，上院に付

---

13) Letter, Orrin Hatch and Dave Camp to Gene Dodaro, "The Honorable Gene Dodaro, Comptroller General, U.S. Government Accountability Office," July 31, 2012, https://waysandmeans.house.gov/UploadedFiles/GAO_TANF_waivers_letter. pdf.

14) Government Accountability Office, "Temporary Assistance for Needy Families: Information Memorandum Constitutes Rule for the Purposes of the Congressional Review Act," B-323772, September 4, 2012, pp. 1–6, https://www.gao.gov/assets/ 650/647778.pdf.

15) 両院共同決議（concurrent resolution）とは別であることに注意が必要である．両院合同決議は，本文中で後述するように法的な効力を持つものであるのに対して，両院共同決議は法的な効力を持つものではない．また，後者は，大統領の署名も不要である．

16) Report of the Committee on Ways and Means, *Report together with Dissenting Views*, September 18, 2012, p. 2.

17) The Committee on Ways and Means, "Waiving Work Requirements for Welfare Recipients: One Year Later, Just Another Law Ignored by the Obama Administration," July 12, 2013, https://waysandmeans.house.gov/waiving-work-requirements-for-welfare-recipients-one-year-later-just-another-law-ignored-by-the-obama-admini stration/.

第 1 節　特区認可権による政策革新の成否を分ける要因　　219

託されるだけに留まったので，法的拘束力はなかった[18]．それでも，オバマ政権に対する下院の強烈な反発を世論やオバマ政権に知らしめるのには十分であった．

　オバマ政権への反発は，共和党議員だけに留まらなかった．大統領選挙期間中でもあったため，再選を目指すオバマ大統領は対立候補である共和党のロムニーからも糾弾されたのだった．ロムニーの選挙広告は，次のようにオバマ大統領を非難した．

　　「オバマ大統領は，内密に就労義務付けを廃止させ，福祉改革を骨抜きにしようとしたのだ．…（中略）…オバマ案の下では福祉受給者は働く必要もなく，就労訓練をする必要もない．福祉受給者はただ給付金を受け取ることができる．就労のための福祉はただの福祉へと戻ってしまう．」[19]

　こうしたやや過大な広告は，オバマ陣営だけでなく就労義務付けの導入に尽力したクリントン元大統領からも，「くだらない」と一蹴されるものであった[20]．それでも，分極化状況にあるアメリカ政治において，この問題は共和党によって民主党に対する有力な攻撃手段として利用された．

　共和党の議員や大統領候補からの反発は増したが，2012 年 7 月 18 日に保健福祉省が新指針を提示した理由を説明して以来，オバマ政権が公式に意見を述べることはなかった．その間，共和党議員らはオバマ大統領と保健福祉省長官に新指針について説明するよう何度も要求していた．2013 年 2 月 4 日になり，ようやく保健福祉省長官セベリウスはそうした要求に応えたものの，共和党議員らを満足させることはなかった[21]．

---

18)　U.S. Congress, "All Actions H.J.Res.118 – 112th Congress (2011–2012)," https://www.congress.gov/bill/112th-congress/house-joint-resolution/118/all-actions.

19)　Tom Foreman and Eric Marrapodi, "Fact Check: Romney's Welfare Claims Wrong," CNN, August 30, 2012, http://edition.cnn.com/2012/08/23/politics/fact-check-welfare/.

20)　*Ibid.*

21)　The Committee on Ways and Means, "Waiving Work Requirements for Welfare Recipients."

2013 年 3 月に入ると，下院での「2013 年福祉事業のための就労義務付け維持法」案（Preserving Work Requirements for Welfare Programs Act of 2013; H.R.890）の審議が本格化し，保健福祉省の新指針を妨げるための立法が通過する可能性が濃厚となった．そうした中，同月 12 日にオバマ政権はようやく次のような声明を発表した．

　「『2013 年福祉事業のための就労義務付け維持法』案は，貧困家庭一時扶助事業を強化するために，［保健福祉省が新指針で示した新たな］州政府の裁量を制限しようとしている．しかしながらこの裁量は，超党派的な州知事たちからの要請に基づくものである．…（中略）…われわれ政権は，この法案が革新的な『福祉から就労へ』戦略を不必要に禁じていることを非常に残念に思う．」[22]

　2013 年 3 月 13 日，ついに下院が 2013 年福祉事業のための就労義務付け維持法案を通過させた．246 対 181（うち，共和党反対票 3，民主党賛成票 18）という非常に党派的な投票結果となった[23]．同年 6 月 27 日には，上院がオバマ政権の新方針を防ぐための提案を含む超党派的な移民法（S.744）を 68 対 32 で通過させた．ただし，これらの法案は上下両院で通過することはなかった[24]．

　その後，オバマ政権はこの新指針を撤回することはなかったものの，就労義務付けを免除するための特区事業の申請自体がなかった[25]．このようにしてオバマ政権は，福祉政策に関する 1115 条特区認可権の条文解釈を立法府が授権した際の意図から変更し，それにより 1115 条特区認可権の運用目的を変更し

---

22) Office of Management and Budget, "Statement of Administration Policy," March 12, 2013, http://www.whitehouse.gov/sites/default/files/omb/legislative/sap/113/saphr890r_20130312.pdf（括弧内は筆者加筆）.

23) Pete Kasperowicz, "House Votes 246–181 to Block Obama's Welfare-Work Waiver Rule," CNN, March 13, 2013, http://thehill.com/blogs/floor-action/house/288003-house-votes-to-block-obamas-welfare-work-waiver.

24) The Committee on Ways and Means, "Waiving Work Requirements for Welfare Recipients."

25) *Ibid.*

ようとする試みに失敗したのだった[26].

オバマ政権による福祉政策における1115条特区認可権の運用目的の変更の試みは，なぜ失敗したのだろうか．最も重要なこととして，オバマ政権による1115条特区認可権の運用目的の変更に対する州政府，特に共和党州知事からの強い反発が指摘できる．しかも2013年3月時点で，共和党州知事は30名もいた．特区認可権の運用目的の変更には，州政府との協力が不可欠である．なぜなら，特区事業を申請し，実施する主体は州政府だからである．それにもかかわらず，オバマ政権は全体の6割を占める共和党州知事から強い反発を受ける一方で，支持はほとんど得ることができなかったのだった．

それに対し，前章までで見てきた特区認可権の運用目的の変更は，州の次元においては，特定の党派からの強い反発も見られず，基本的には両党派からの支持を受け，州政府との協力の下で進められてきた．したがって，この事例では州政府の支持も，協力も得られなかったために，オバマ大統領は1115条特区認可権の制度変容を進展させることができなかったと推察される．このことは，特区認可権の制度変容は州政府の協力があった場合に生じてきたとする本書の主張を裏付けるものといえよう．

以上から，オバマ後の政権が特区認可権を政策変更手段として利用しようと試み，それに成功するかは，大統領が立法によらない政策実現を望んでいるか否かと，州政府と協力関係を構築できるか否かに大きく左右されうると考えられる．

---

26) なお，トランプ政権は，オバマ前政権が行った福祉政策についての1115条特区認可権に対する指示を明確に否定している．2017年8月30日，トランプ政権は，就労義務付けを免除する特区事業は一切認めないと通達し，前政権の指示を覆したのだった (Information Memoranda, Office of Family Assistance to State and Territorial Agencies Administering the Temporary Assistance for Needy Families (TANF) Program and Other Interested Parties, "Rescinding Guidance concerning Waiver and Expenditure Authority under Section 1115 of the Social Security Act," August 30, 2017, https://www.acf.hhs.gov/ofa/resource/tanf-acf-im-2017-01).

第 2 節　トランプ政権と特区認可権

1. オバマケアに導入された新たな特区認可権

第 5 章では詳しく触れなかったが，2010 年医療保険制度改革法には，新たな特区認可権が導入されていた．同法第 1332 条の特区認可権である．これは，希望する州政府に対して，医療保険制度改革法の特定の義務を免除する代わりに，特区事業を実施させることのできる執政府の権限である．ただし，特区事業は 2017 年 1 月 1 日より前には実施できないと定められている．州政府は 5 年間の特区事業を実施でき，希望すれば延長も可能である．州政府に課されている医療保険についての義務の免除対象は，以下の通りである．認定医療保険（qualified health plans）[27]，医療保険取引所（health benefit exchange）[28]，認定医療保険加入者に対する医療費の自己負担額軽減（cost-sharing reductions）[29] 並びに税控除（premium tax credits）[30]，雇用主の医療保険提供義務[31]，個人の保険加入義務[32]．このように，1332 条特区認可権は，医療保険制度改革の根幹をなす部分について特区事業を認める権限であるが，制限もある．特区事業の下で提供される医療保険が，同法の定めるものと比べ，以下の点で下回ってはならないという条件である．すなわち，必要最低限の保険保障範囲（essential health benefits package），医療保険や自己負担軽減保障の価格の手頃さ，提供される人数，である．また，特区事業の期間中，連邦政府の財政赤字を増やしてはならないとも定められた．

1332 条特区認可権は，オレゴン州選出のロン・ワイデン民主党上院議員が超党派的な協力の下で作成した原案に基づいて医療保険制度改革法に導入され

---

27)　医療保険制度改革法第 1301–1304 条.
28)　医療保険制度改革法第 1311–1313 条.
29)　医療保険制度改革法第 1402 条.
30)　内国歳入法（Internal Revenue Code）第 36B 条.
31)　内国歳入法第 4980H 条.
32)　内国歳入法第 5000 条.

た[33]．ワイデンによれば，社会保障法第1115条の特区認可権を参考に，州政府こそが革新的でよりよい医療保険政策を実施できるという信念から，州政府に裁量を与えるために，この特区認可権の導入を目指したという[34]．

　すなわち，教育政策に導入された9401条特区認可権と同様に，1332条特区認可権は，州政府に自由裁量を与えるための手段として導入されたのだった．革新的なアイデアの効果を検証するために導入された社会保障法第1115条の特区認可権とは異なる点に注意したい．そのため，州政府が新たに実施する政策の効果の検証を求められることはない．実験群や統制群は存在しないので，特区事業の対象地域とは，すなわち，既存の政策から新たな政策へと変更する対象地域を意味する．

　また，興味深いことに，1332条特区認可権には，既存の特区認可権を参考に，大統領による特区認可権の利用を監視する制度が取り入れられていた．それは，オバマ政権期の医療保険制度改革法によって導入された，メディケイドと州児童医療保険事業についての特区認可権に対する監視強化のための制度と同一のものであった．すなわち，執政府は，法に定められた手順に従って意見公募手続を実施し，透明性を追求することが要請され，また毎年，議会にその年の特区事業の審査に関する報告書を提出することが義務付けられた．議会は州政府に裁量を委ねることを期待して特区認可権を導入したものの，執政府に対する警戒は忘れていなかったのである．

　1332条特区認可権が一躍注目を集めたのは，2016年2月末のことだった．民主党公認候補を目指していたヒラリー・クリントンは，自身のウェブページで医療保険に関する政策方針を更新した．そこで，「医療保険制度改革法は，よ

---

33) 1332条特区認可権の導入過程については，McDonough (2014) が詳しい．実際に医療保険制度改革法の立法過程に携わった経験及び当事者からのインタビューを基に執筆された．

34) Ron Wyden, "Seven Wyden Amendments Adopted on First Day of Revision of America's Healthy Future Act," September 23, 2009, https://www.wyden.senate.gov/news/press-releases/seven-wyden-amendments-adopted-on-first-day-of-revision-of-americas-healthy-future-act; Ron Wyden, "Wyden, Brown Introduce Bill to Move up Date for Health Care Law's State Waiver Provision," November 18, 2010, https://www.wyden.senate.gov/news/press-releases/wyden-brown-introduce-bill-to-move-up-date-for-health-care-laws-state-waiver-provision.

り多くの人々に手ごろで良質な医療保険を提供したり，パブリック・オプションを可能にする手段を導入しているので，それに基づいて事に当たる」と力強く宣言した[35]．メディアや専門家たちは，2010 年医療保険制度改革法第 1332 条に定められている特区認可権が，そのための手段であると見抜いていた[36]．パブリック・オプションとは，連邦政府が提供する公的医療保険のことであり，オバマ政権や民主党が導入を求めていたものの，共和党からの強い反対を受けて実現できなかったものである．すなわち，ヒラリー・クリントンは，大統領になった暁には，議会を迂回して自身の望む政策を実現する手段として 1332 条特区認可権を用いることを示唆していた．ヒラリー・クリントンは選挙で敗北したが，1332 条特区認可権を利用した政策変更というアイデアは，トランプ新政権も目をつけていた．

2. トランプ政権と新たな特区認可権

トランプ政権は発足直後から，2010 年医療保険制度改革法を廃止するための立法を議会共和党に対して強く働きかけていた．2017 年 5 月 4 日，同法の改廃法案（American Health Care Act; H.R.1628）が僅差で下院を通過し，上院へと送られた．しかしながら，上院ではうまくまとまらず，法案の成立の見込みがなくなった．同年 10 月 12 日，苛立ちを募らせたトランプ大統領は，2010 年医療保険制度改革法を骨抜きにする措置を検討するよう行政組織に命じる行政命令 13813 号に署名した[37]．

その一方で，トランプ政権は，1332 条特区認可権の活用も視野に入れていた．時期は前後するが，2017 年 1 月 20 日，トランプ大統領は，就任して数時間後

---

35) The Office of Hillary Rodham Clinton, "Health Care," February 2016, https://www.hillaryclinton.com/issues/health-care/.

36) Michael Hiltzik, "Hillary Clinton Reveals Her Plan to Revise, Not Repeal or Replace, Obamacare," *Los Angels Times*, February 23, 2016; Scott Gottlieb, "The Public Option Hidden in the Affordable Care Act," American Enterprise Institute, September 14, 2016, http://www.aei.org/publication/the-public-option-hidden-in-the-affordable-care-act/.

37) Donald J. Trump, October 17, 2017, "Executive Order 13813 of October 12, 2017: Promoting Healthcare Choice and Competition across the United States," Federal Register, Vol. 82, No. 199, 48385–7.

に最初の行政命令に署名している．この行政命令 13765 号では，2010 年医療保険制度改革法の執行方法の見直しを関係省庁に命じ，財政負担となりうるいかなる行為についても延期等を求め，州政府に対してより大きな裁量を与えるよう命じていた[38]．同年 3 月 13 日，トランプ政権は，そうした州政府に対する裁量の付与の手段として，1332 条特区認可権を利用する旨を州政府に通達し，州政府に対して，積極的に特区事業を申請するよう求めた．具体的には，既往歴や現在の疾患のために医療保険会社からハイリスク群だとみなされる人々に対して，専用の医療保険を提供できるようにする特区事業の実施を促した[39]．

医療保険会社は，2010 年の医療保険制度改革により，既往歴や現在の疾患を理由に保険加入を拒否できなくなり，またそれを理由に保険料を増額することが禁じられた．トランプ政権はこうした条件が，被保険者の保険料を高額にし，医療保険市場を混乱に陥れ，消費者の選択を狭めてしまっているとして，1332 条特区認可権による改革を目指す方針を明らかにした[40]．

立法による改廃に失敗したトランプ政権は，1332 条特区認可権の活用に傾倒して不思議ではないが，そうはならなかった．むしろ，トランプ政権は1332 条特区認可権の活用をめぐって迷走し，州政府やその関係者を当惑させている[41]．

---

38) Donald J. Trump, January 24, 2017, "Executive Order 13765 of January 20, 2017: Minimizing the Economic Burden of the Patient Protection and Affordable Care Act Pending Repeal," Federal Register, Vol. 82, No. 14, 8351–2.

39) Thomas E. Price, "Rescinding Guidance concerning Waiver and Expenditure Authority under Section 1115 of the Social Security Act," March 13, 2017, https://www.cms.gov/CCIIO/Programs-and-Initiatives/State-Innovation-Waivers/Downloads/March-13-2017-letter_508.pdf.

40) *Ibid*.

41) Elizabeth Mann and Molly E. Reynolds, "Mixed Signals for States on Their Role in Obamacare Reform," Brookings Institution, October 12, 2017, https://www.brookings.edu/blog/fixgov/2017/10/12/mixed-signals-for-states-on-their-role-in-obamacare-reform/. 例えば，アイオワ州の提案した特区事業は，先述した改廃法案と類似した内容の事業を実施しようとするものだった．同法案に対しては，トランプ大統領は支持の姿勢を示していたので，審査の通過は間違いないと考えられていた．ところが，報道によれば，アイオワ州の特区事業の申請についての新聞記事を目にしたトランプ大統領が，突然，連邦政府の担当者に申請を却下するよう促したという（Juliet Eilperin, "As ACA Enrollment Nears, Administration Keeps Cutting Federal Support of the Law," *Washington Post*, October 5, 2017）．

2017 年末時点で，9 州が特区事業を申請し，4 州が認可を得ていたものの，トランプ政権は一部の特区事業に対して，他の連邦補助金の減額を示唆するなどして特区事業の実施を思いとどまらせている[42]．特区事業を主導した州知事たちに党派的な傾向はみられず，共和党州知事と民主党州知事がそれぞれ 4 州ずつで，残り 1 州は無所属であった．

このように，トランプ政権が 1332 条特区認可権の利用に関する指針を定めていないことが，トランプ政権において 1332 条特区認可権を利用した政策変更が生じるかどうかを見通すことを難しくしている．とはいえ，特区事業を実施したいと考えている州知事の所属政党に偏りがないことから，州政府と協調関係を構築できる余地は十分あると推察される．

3. トランプ政権と従来の特区認可権

トランプ政権は，社会保障法第 1115 条の特区認可権を通じて，二つの改革を目指している．一つは，2010 年の医療保険制度改革で拡大したメディケイドの受給対象の範囲の制限であり，もう一つは，蔓延する薬物中毒への対応である．

2017 年 3 月 14 日，トランプ政権は州知事たちに次のような通達を行った．すなわち，トランプ政権はまず，「医療保険制度改革によって，扶養児童もおらず，障碍もなく，就労可能な年齢の成人であっても，メディケイドを受給できるようになってしまった．これはメディケイドに課せられた歴史的使命からの明白な逸脱である」と述べた上で，特区事業の審査過程における透明性，効率性，利便性を高めることを表明し，また，メディケイド受給者に対して就労を促すために 1115 条特区認可権を活用する旨を伝えた．さらに，1115 条特区認可権に基づく薬物乱用治療のための特区事業の審査手続きを効率化するとも述

---

42) 認可を得た 4 州の内訳は，アラスカ州，ハワイ州，ミネソタ州，オレゴン州．申請したものの，取り下げたか認可を得られなかった 5 州の内訳は，カリフォルニア州，アイオワ州，マサチューセッツ州，オクラホマ州，ヴァーモント州 (Centers for Medicare and Medicaid Services, "Section 1332: State Innovation Waivers," https://www.cms.gov/CCIIO/Programs-and-Initiatives/State-Innovation-Waivers/Section_1332_State_Innovation_Waivers-.html).

べた[43].

　同年 11 月 7 日，改めてトランプ政権は，メディケイド受給者に対して就労を促す手段として 1115 条特区認可権を利用することを表明し，その要件の概略を示した[44]．そして翌 2018 年 1 月 11 日，具体的な内容を記した手引きを州政府に送付した．そこではまず，トランプ政権が就労義務付けによってメディケイド受給者の健康改善を目指すことと，そのために州政府との協力を惜しまないことが述べられていた．そして，政権が求める特区事業の具体的な制度設計や，認可を得るための諸条件が計 10 頁にわたって示されていた[45]．同日，トランプ政権は，既に 10 もの州から，政権の方針に沿った特区事業を実施したいという希望が寄せられていることも明らかにした．ただし，特区事業を主導している州知事たちには党派的な偏りがあり，共和党州知事が 9 州，民主党州知事が 1 州である[46].

　同じくトランプ政権が力を入れているのは，薬物中毒への対応である．時期を少し遡って，2017 年 10 月 26 日，トランプ大統領は，鎮痛剤（opioid）やその他の薬物の過剰摂取，依存，乱用等が公衆衛生上の緊急事態となっているとの見解を示した[47]．11 月 1 日，トランプ政権は，とりわけ貧困な人々の間に薬物中毒が蔓延しているにもかかわらず，既存の事業の下では，メディケイド受

---

43) Letter, Tom Price and Seema Verma to the Nation's Governors, "Affirm Partnership of HHS, CMS, and States to Improve Medicaid Program," March 14, 2017, https://www.hhs.gov/sites/default/files/sec-price-admin-verma-ltr.pdf.

44) Seema Verma, "Speech: Remarks by Administrator Seema Verma at the National Association of Medicaid Directors (NAMD) 2017 Fall Conference," November 7, 2017, https://www.cms.gov/Newsroom/MediaReleaseDatabase/Fact-sheets/2017-Fact-Sheet-items/2017-11-07.html.

45) Letter, Brian Neale to State Medicaid Director, "RE: Opportunities to Promote Work and Community Engagement among Medicaid Beneficiaries," January 11, 2018, https://www.medicaid.gov/federal-policy-guidance/downloads/smd18002.pdf.

46) Robert Pier, "Trump Administration Says States May Impose Work Requirements for Medicaid," *New York Times*, January 11, 2018. 10 州の内訳は，アリゾナ州，アーカンソー州，インディアナ州，カンザス州，ケンタッキー州，メイン州，ニューハンプシャー州，ノースカロライナ州，ユタ州，ウィスコンシン州．

47) Donald J. Trump, "President Donald J. Trump Is Taking Action on Drug Addiction and the Opioid Crisis," October 26, 2017, https://www.whitehouse.gov/briefings-statements/president-donald-j-trump-taking-action-drug-addiction-opioid-crisis/.

給者は適切な支援を得られずにいた，とこれまでの政権を非難した．その上で，メディケイドに対する 1115 条特区認可権を活用してこの問題に取り組むとして，州政府に対して 14 頁にもわたる詳細な申請書作成の手引きを送付した．また，申請に際しては，関係省庁が親身になって協力する旨も伝えていた．そこには，特区事業が目指すべき具体的な六つの目標，それらの目標を達成するための計画の仕様，事業の効果の測定方法などが記されていた[48]．また同日，トランプ政権はニュージャージー州とユタ州の特区事業の承認を伝えた[49]．

　このようにトランプ政権は，就労義務付けと薬物中毒の問題をめぐって積極的に特区認可権の活用を試みている．いずれにおいてもトランプ政権は，立法によらない政策実現を望んでいる．就労義務付けに関しては，トランプ政権は主に共和党知事が率いる州政府としか協調関係を構築できておらず，党派的な偏りがみられるので，オバマ政権期の福祉政策における特区認可権の活用の失敗に照らせば，特区事業を通じた政策変更の進展は難しいかもしれない．薬物中毒については，トランプ政権の今後の州政府との協調関係の構築が鍵となるだろう．

おわりに

　本章では，特区認可権の制度変容が生じなかった事例を通じて，今後の特区認可権の制度変容を考えるにあたって，大統領自身がそれを政策変更手段として利用したいか否かと，州政府の協力があるか否かが重要だということを再確認した．次に，トランプ政権が，2010 年医療保険制度改革法の改廃，メディケイド受給対象範囲の制限，薬物中毒の蔓延への対処のために特区認可権を用いようとしている点に言及し，それらの今後の展望を示した．

---

48)　Letter, Brian Neale to State Medicaid Director, "RE: Strategies to Address the Opioid Epidemic," November 1, 2017, https://www.medicaid.gov/federal-policy-guidance/downloads/smd17003.pdf.

49)　Centers for Medicare and Medicaid Services, "CMS Announces New Medicaid Policy to Combat the Opioid Crisis by Increasing Access to Treatment Options," November 1, 2017, https://www.cms.gov/Newsroom/MediaReleaseDatabase/Press-releases/2017-Press-releases-items/2017-11-01.html#.

また，本章の分析からは，医療保険政策において，ますます特区認可権が重要性を帯びるようになったことがわかる．2010 年の医療保険制度改革によって 1332 条特区認可権が導入されたからである．大統領は，医療保険政策に関与するにあたって，社会保障法第 1115 条の特区認可権だけでなく，この 1332 条特区認可権という，新たな有用な手段を手に入れた．医療保険政策において，大統領の力が強まる余地が広がったといえよう．

　そして，オバマ政権期に成立した医療保険制度改革法に 1332 条特区認可権が導入されたことの重要性は，医療保険政策に限ったものではない．なぜなら，同法への特区認可権の導入の経緯からは，今後，様々な政策分野で特区認可権が導入される可能性が示唆されているからである．医療保険制度改革法では，州政府に裁量を委ねることも大切だとして，超党派的に導入が目指された．州政府に裁量を付与するという特区認可権の目的は，民主，共和両党の議員を惹きつける旗印となりうるのである．今後も，州政府こそが政策の実施主体であると考えられている政策領域に連邦政府が乗り出す際に，特区認可権が導入される可能性は高い．これからの大統領が，そうした政策分野に導入された新たな特区認可権を用いて，政策実現能力を強化していくことは十分に起こりうるであろう．

結 論　三権分立制に作用する連邦制

　本論で述べてきたように，福祉政策や医療保険政策を定めた社会保障法に規定される1115条特区認可権も，教育政策を定めた初等中等教育法に規定される9401条特区認可権も，議会が立法によって執政府に授権した権限であった．それらを議会が導入した意図は，決して，大統領に対して，議会を迂回して政策を変更できるような手段を与える，というものではなかった．もちろん，大統領は憲法上，立法権を有さないので，本来は，独自に既存法の義務や罰則を取り除き，その代わりに新たな制度を導入するという，既存法を覆すような政策変更手段を持ちえない．しかしながら，レーガン以降の大統領は，党派を問わず，議会を迂回した政策変更手段として特区認可権を用いるようになった．

　なぜ大統領は，三権分立制の抑制均衡の下にありながらも，それを脅かすような手段を獲得し得たのだろうか．これが，本書の問いであった．この問いは次の二つの問いを集約したものである．第一に，なぜ大統領は，立法権を有さないにもかかわらず，独自に既存法の義務や罰則を取り除き，その代わりに新たな制度を導入するという，事実上，既存法を覆すような政策変更手段を獲得し得たのか．第二に，なぜ大統領は，本来，議会から授権されていないにもかかわらず，議会が想定していなかった新たな目的のために特区認可権を利用できるようになったのか．

　本書では，連邦制に着目し，特区認可権の制度変容を明らかにすることで，上記の問いに答えてきた．レーガン大統領は福祉政策を，クリントン大統領は医療保険政策を，オバマ大統領は教育政策を，それぞれ，立法によって改革しようとした．ところが，議会の党派対立もあり，立法による政策実現が困難な状況に直面した．そうした中で，各政権が目を向けたのが，特区認可権という制度と，州政府との協力であった．州政府と協力関係を構築した各政権は，議会が執政府に授権した当初の意図に反して，特区認可権を，議会を迂回した大

統領の政策実現のための手段として位置づけ，積極的に利用したのだった．多くの州政府も，大統領の政策方針に従った特区事業を積極的に申請し，実施した．

　しかも興味深いことに，各政権と手を結んだ州政府には，党派的な偏りは見られなかった．民主党と共和党のどちらに所属している州知事であっても，各政権と手を組んで，大統領の政策方針に従った特区事業を積極的に申請し，実施したのだった．

　福祉政策や医療保険政策については，その後の政権は，単に政策変更手段としての特区認可権の運用を継受するだけでなく，そうした運用の利便性を向上させ，また，より改革に適した運用ができるよう制度を整備することにも努めた．それにより，大統領による，特区認可権を通じた政策革新が進展していった．

　しばしば，大統領による特区認可権の利用は，議会から反発を受けたり訴訟を提起されたりしたが，各政権は，そうした圧力に屈することなく特区認可権の利用を進めていった．議会の抵抗は，いずれの政権に対してもほとんどが散発的なもので，大統領から特区認可権を取り上げるような立法にまでは発展しなかった．なぜなら，議会での党派対立が鮮明な中で，大統領が憲法上認められている拒否権を乗り越えるのに必要な上下両院それぞれ3分の2という議席数を，反対派が確保できなかったからである．中には，超党派的な合意に基づいて，大統領による特区認可権の利用について透明性の確保や議会への報告の義務付けなどの制約を課すことに成功したこともあったが，特区認可権そのものを修正することについては超党派的な支持は得られず，実現しなかったのである．むしろ本書の分析からは，特区認可権を通じた政策変更が，その後，議会の立法によって追認されうることが示されている．

　裁判所との関係では，例えば，クリントン政権は，G. H. W. ブッシュ前政権による福祉政策についての特区認可権の利用を問題視する裁判所の判断を受けて，州政府の申請書の作成段階に介入して，訴訟が提起されぬよう，なおかつ訴訟に敗北しないように努めた．レーガン政権以降の他の多くの政権も，特区認可権の利用に際しては，訴訟が提起されぬよう，なおかつ訴訟に敗北しないよう注意を払い，法の規定に沿った適切な運用にみえるよう慎重に振る舞っ

たのだった．その結果，レーガン政権以降の歴代政権は，政党を問わず，特区認可権の利用を通じて，州政府の協力の下で立法によらない政策革新に成功してきたのであった．

　以上から，大統領が，三権分立制の抑制均衡の下にありながらも，立法によらない政策変更という，三権分立制を脅かすような手段を獲得した理由は，次のようにまとめられる．すなわち，大統領が，州政府との協力関係の構築に基づいて，議会が執政府に授権した当初の意図に反して，特区認可権を，議会を迂回した政策変更手段として利用するのに成功したからである．

　これまでの議論を踏まえて，結論では，本書の意義について論じたい．第1章で述べたように，大統領の政策変更手段としての特区認可権という本書の視点は，大統領制研究や連邦制研究に新たな知見を提供し得る．さらには，その他の研究分野にも一定の貢献ができると思われる．これらの点に具体的に言及することで，本書がどのような形でアメリカ政治を理解する助けとなりうるかを示し，本書を閉じることとしたい．

連邦制と三権分立制の結びつき

　序論でも述べたように，建国以来のアメリカ政治に対する見方は，連邦制と三権分立制を切り離した視座に立つものであったが，そうした見方では，近年のアメリカ政治を十分に説明することができなくなってきている．本書が扱った特区認可権の台頭という政治現象は，連邦制と三権分立制に対する従来の理解では説明できない好例であった．大統領は，法が誠実に執行されることに責任を負っているので，一般に，大統領による法の条文の解釈の恣意的な変更は想定されていない．それにもかかわらず，大統領は，利害の一致した州政府と協力関係を構築することで，議会が想定していなかった新たな目的のために特区認可権を利用するようになった．しかも，その新たな目的は，立法権を有さない大統領が本来持ちえない，既存法を覆す政策変更であった．

　大統領が本来の法の意図に反して特区認可権を用いるようになったという点だけでなく，立法権を持たないはずの大統領が，立法によらずに既存法を覆すような政策変更手段として特区認可権を利用して政策革新に成功していたという点においても，三権分立制は揺るがされたのだった．そして重要なことに，

いずれの局面においても，大統領と州政府の協力関係が重要な役割を果たしていたという点で，連邦制が関与していた．

したがって，本書は，連邦制と三権分立制を関連づけるという，アメリカ政治に対する新しい見方を示したといえるのではなかろうか．本書では，大統領制研究に対して，大統領が，州政府と協力関係を構築して政策実現能力を強化しうることを示し，連邦制を射程に入れた新たな分析枠組みの可能性を示唆した．また本書は，連邦制研究に対して，連邦制が三権分立制に作用することを指摘し，連邦制が統治構造にも影響を与えうることを示した．加えて，連邦制に影響を受けた三権分立制の下で，福祉政策，医療保険政策，教育政策が大きく変化したことも示し，連邦制が政策に間接的に影響を及ぼす経路の存在も示唆できた．

興味深いことに，近年，本書がこれまで論じてきたような連邦制と三権分立制の関係とは異なる形での両者の結びつきも，台頭しつつある．本書では，大統領と州政府の協力関係により，三権分立制の抑制均衡の下にありながらもそれを脅かすような大統領の振る舞いが進展していったことを明らかにした．それに対して，近年，州政府が，大統領による議会を迂回した政策変更に対して，三権分立制を脅かすものであるとして異議を唱え，それを妨げるような事態もたびたび生じている．

オバマ政権やトランプ政権による大統領覚書や行政命令に対する，州司法長官たちの訴訟戦略である[1]．例えば，2014 年 11 月のオバマ大統領の大統領覚書[2]による移民制度改革の試み[3]は，26 もの州司法長官による訴訟[4]によって差

---

1) 州司法長官の訴訟戦略の台頭の理由については梅川葉菜（2018a）を，具体的な歴史については梅川葉菜（2018b）を参照．

2) Office of the Press Secretary, "Presidential Memorandum – Modernizing and Streamlining the U.S. Immigrant Visa System for the 21st Century," November 21, 2014, https://obamawhitehouse.archives.gov/the-press-office/2014/11/21/presidential-memorandum-modernizing-and-streamlining-us-immigrant-visa-s.

3) 以下の論考が詳しい．梅川健「アメリカ大統領権限分析プロジェクト：アメリカ大統領研究の現状と課題（2）」2016 年 9 月 23 日，https://www.tkfd.or.jp/research/america/cn2emh#_ftn2.

4) Texas v. United States, No. 15–40238, 5th Cir., 2015.

し止められた.

また，トランプ大統領による，いわゆる「入国禁止令 (travel ban)」についても，州司法長官たちの訴訟が重要な役割を果たしていた．2017 年 12 月末までに，トランプ大統領は，都合 3 度も入国禁止令を出している．2017 年 1 月 27 日の行政命令 13769 号[5]，3 月 6 日の行政命令 13780 号[6]，そして 9 月 24 日の大統領布告 (presidential proclamation)[7] である．いずれの入国禁止令に対しても，州司法長官たちはすぐさま訴訟を提起し，これらの入国禁止令の多くの部分の執行の一時差し止めの判断を裁判所から勝ち取っている．

もちろん，実際に大統領の試みを阻止しているのは三権分立制の枠内の司法であるが，その司法を巧みに利用しているのがまさに州司法長官であるから，単に三権分立制の枠内の政治現象として理解することは適切ではない．州司法長官による大統領の試みを阻止するための訴訟の台頭もまた，特区認可権と同様に，連邦制と三権分立制が交錯する現象として位置づけられる．

繰り返しになるが，連邦制と三権分立制を結びつけるという本書の視点は，決して突飛なものではない．建国者たちは，連邦制を，三権分立制に先んじて権力を分割する仕組みであると捉えていただけでなく，連邦制と三権分立制が共に人民から委譲された権力を抑制するための権力分立の装置として位置づけていたのであった．そのため，本書の指摘は，建国者たちの意図により即したアメリカ政治の理解につながると考えられる．

新たな政策決定過程の類型

本書が指摘する特区認可権を通じた政策変更は，従来の研究が想定していな

---

5)　Trump, "Executive Order 13769 of January 27, 2017."

6)　Donald J. Trump, March 9, 2017, "Executive Order 13780 of March 6, 2017: Protecting the Nation from Foreign Terrorist Entry into the United States," Federal Register, Vol. 82, No. 45, 13209–19.

7)　The White House Office of the Press Secretary, "Presidential Proclamation Enhancing Vetting Capabilities and Processes for Detecting Attempted Entry into the United States by Terrorists or Other Public-Safety Threats," September 24, 2017, https://www.whitehouse.gov/the-press-office/2017/09/24/enhancing-vetting-capabilities-and-processes-detecting-attempted-entry. 大統領布告については，梅川健 (2018c) が詳しい.

かった政策決定過程の類型といえる．すなわち，大統領が，州政府と協力し，議会を迂回して政策を実現するという政策決定過程である．こうした点から，本書が現代アメリカ政治や比較政治制度論に対してどのような知見を提供するのかについて，考察したい．

現代アメリカ政治に関しては，本書は，分極化について考える材料を提供する．本書からは，議会の深刻な分極化状況のために政治的停滞下にある現代アメリカにおいて，政策変更が生じる新たな可能性が読み取れるであろう．分極化とは，一方において共和党の内部で保守的な，他方において民主党の内部でリベラルなイデオロギー的凝集性が高まり，また同時に，共和党と民主党の間のイデオロギー的距離が遠く離れている政治現象のことである．こうした二大政党間の対立は，いわゆる「決められない政治」を生み出す．

分極化状況の下では，立法府は二大政党間の鋭い対立のために立法を成立させにくい．既存研究は，立法府こそが政策を決定する主体であるとする固定観念に縛られているために，そうした中で生じる立法府主導の政策変更のみを明らかにしようと試みてきた[8]．例えば第4章で紹介した「政策漂流」論も，その一つである．政策漂流を指摘する一連の研究は，議会が立法にほとんど成功していないという事実をもって，政策が変更されていないと推論した上で，議論を展開している（Hacker and Pierson 2010）．しかしながら，こうした研究の多くは，議会以外による政策変更に目を向けない．

それに対して，本書は，大統領と州政府が協力して，立法によらずに政策を変化させる可能性を示し，新たな政策変更の類型がありうること，政策を決定する主体として立法府以外にも目を向ける必要があることを示唆した．

また，本書の分析からは，特区認可権を通じた政策変更が，その後，議会の立法によって追認されうることも示されている．アメリカ政治研究は，立法過程や連邦の次元での政治ばかりに着目する傾向がある．それに対して，本書では，1996年福祉改革法，2010年医療保険制度改革法，2015年教育改革法のいずれもが，大統領と州政府によって進められていた特区認可権の利用を通じ

---

8) 分極化についての代表的な研究として，Fiorina, Abrams, and Pope (2005), McCarty, Poole, and Rosenthal (2006), Nivola and Brady (2006), Brownstein (2008), Fiorina and Abrams (2009) など．

結 論　三権分立制に作用する連邦制

た改革を，議会が追認するものであったことを示した．もちろん，立法過程や連邦レベルでの政治のみに焦点を合わせることは，アメリカ政治の理解を容易にするという利点はあるものの，本書からは，そうした単純化によって見落としてしまう事柄がいかに重要かが読み取れるだろう．

　そして，本書は，比較政治制度論研究にも知見を提供できるかもしれない．例えば，ブルース・アッカーマンは，アメリカのような三権分立制の類型が，他の国の三権分立制の類型と比べて決して望ましいものではないと断じている．彼によれば，アメリカでは大統領制を採用しているため，大統領と議会がそれぞれ無関係に異なる権力基盤から選出される結果，政治停滞が生じやすいと指摘する（Ackerman 2000）．

　本書は，こうした研究が想定していない重要な政策決定の経路の解明につながる可能性がある．本書の分析からは，大統領と議会が対立しているために立法が実現されない時でも，連邦制が，議会を迂回して州政府のような中央政府より下位の政府を介して政策実現を果たす選択肢を大統領に与えていることが示唆されている．したがって，各国の政治制度を比較する上で三権分立制のみを考慮するのでは，不正確な分析になってしまうおそれがあるだろう．

　また，ジョージ・ツェベリスは，比較政治制度論の立場から，連邦制が政策の安定性を高めると主張する．彼によれば，連邦制国家は二院制を採用することが多く，概して上院が重要法案について拒否権を有するか特定多数決方式で決定するために，中央集権的な国家と比べ政策の変更が難しく，結果として政策の安定性が高いと指摘する．ただし，彼は，そうした政策の安定性が原因で政策変更による問題解決ができないため，連邦制国家はその解消を軍事体制の樹立，官僚や裁判所の積極的もしくは自立的な活動などに求め，中央政府の不安定化を招くと論じる（Tsebelis 2002）．

　本書の知見は，こうした主張に疑問を投げかける．立法による政策変更を通じた問題解決ができない時でも，連邦制が議会を迂回して，中央政府より下位の政府を介して政策決定に介入する選択肢を大統領や首相に与えるとすれば，大統領や首相主導の政策変更によって問題解決は可能となり，その結果，中央政府の安定につながると考えられるからである．

　そして，アレント・レイプハルトは，多数派の規模を最大化しようとする「コ

ンセンサス型民主主義」の方が，単純過半数の多数派による統治を採用する「多数決型民主主義」よりも優れていると指摘する．彼は，連邦制を「コンセンサス型民主主義」を支える仕組みの一つとみなしている．彼によれば，連邦制は少数派の意見を尊重するので，多元的で人口規模の大きい国であるほど，より望ましい仕組みであるという．彼は，少数派の諸集団の最大多数を政策決定過程に参加させることの重要性を説く (Lijphart 2012)．

　本書の立場は，こうした主張と相反するものである．本書の分析からは，大統領や首相は，「コンセンサス型民主主義」が陥りやすい議論の停滞の際，議会を迂回して中央政府より下位の政府を介して政策を決定するという選択肢を連邦制によって与えられうることが示唆されている．したがって，本書は，少数派の諸集団の最大多数を政策決定過程に参加させずに政策を決定するという，少数派の意見を尊重しない仕組みが，連邦制によってもたらされる可能性を指摘しているといえる．そのため，本書は，「コンセンサス型民主主義」が望ましい仕組みだというレイプハルトの主張に疑問を呈するものといえよう．

　以上のように，既存の比較政治制度論の研究とは異なり本書は，連邦制が必ずしも政策の安定性を高めるわけではなく，また少数派の意見を尊重するわけでもないことを明らかにした．本書の視点からは，むしろ，連邦制が大統領の政策実現能力を高める可能性を秘めているといえる．

特区認可権の制度変容

　本書は，特区認可権が，そもそも政策変更手段として導入されたわけではなかったことや，特区認可権を通じて事実上，立法によらずに既存法が覆されるような政策変化が生じたことを明らかにした．

　序論で述べたように，特区認可権について論じる既存研究は，政策変更の過程における特区認可権の重要性については指摘するものの，それ自体の制度変容に関心を示すことはなかった．それゆえに，そもそも特区認可権がどのように導入され，なぜ制度変容が生じたのかは明らかにされてこなかった．

　それに対して本書は，特区認可権が議会の授権意図に反して，大統領の政策変更手段として用いられるようになった過程を明らかにした．特区認可権は，何としても政策を実現したい大統領の目に留まり，大統領と州政府の協力の下，

政策変更手段へと変貌を遂げたのだった．議会は，大統領の拒否権を乗り越えるのに必要な議席数を確保できなかったために，大統領による特区認可権の利用を立法によって阻止できなかった一方で，超党派的な支持を背景に，大統領による特区認可権の利用の一部について，透明性の確保や議会への報告の義務付けなどの制約を課すことには成功したのだった．

　このような本書の指摘は，歴史制度論の研究が前提とする政治制度の硬直性に疑問を投げかけるものでもある．歴史制度論は従来，政治制度を固定的で粘着性の高いものと捉え，制度変化を例外的なものと位置づけてきた（真渕 1987; 河野 2002; Pierson 2004）．そこでは，制度変化は，戦争や経済状況の変化といった外生的な要因が均衡状態を崩すことで急激に生じるとされた（Krasner 1989; Collier and Collier 1991）．

　そうした研究状況の中で，従来の研究に自省を促す研究が台頭した．それによると，それまでの研究は外生的な要因に起因する瞬間的な変化にばかり目を向けているため，内生的で漸進的な変化が見落とされてきたという（Streeck and Thelen 2005; Mahoney and Thelen eds. 2009）．例えば，先述の「政策漂流」や，既存の制度をそのままにして新たな要素を付け加える「重層化（layering）」（Schickler 2001），ある制度についてその導入意図とは異なる目的でその制度を利用する形で生じる「転用（conversion）」（Thelen 2003）などが知られている．

　翻って，本書の指摘する特区認可権の運用目的の変更は，既存の歴史制度論研究が指摘する内生的な制度変容の一つである「転用」に当たるようにみえるかもしれないが，そうした位置づけは適切ではない．本書では，特区認可権の運用目的の変更という制度変容だけでなく，特区認可権を介して，福祉制度，医療保険制度，教育制度が事実上，緩やかに変化していったことも明らかにしている．本書が指摘した緩やかな変化は，歴史制度論が自明視する政治制度の硬直性や制度変化の例外性とは相容れない．

　したがって，政治制度の硬直性を前提とした分析枠組みは本書の問題関心にはそぐわず，その意味で，「転用」という概念を本書の分析に適用することはできないのである．むしろ本書は，既存の歴史制度論の研究の前提である，制度の硬直性や制度変化の例外性に疑問を投げかけている．すなわち本書は，「転用」の新しい例を紹介する研究ではなく，歴史制度論が前提としている政治制

度に対する見方そのものに一石を投じる研究といえるかもしれない.

結びに代えて

「そもそも政府とはいったい何なのであろうか. それこそ, 人間性に対する
省察の最たるものでなくして何であろう. 万が一, 人間が天使ででもある
というならば, 政府などもとより必要としないであろう. またもし, 天使
が人間を統治するというならば, 政府に対する外部からのものであれ, 内
部からのものであれ, 抑制など必要とはしないであろう. しかし, 人間が
人間の上に立って政治を行うという政府を組織するにあたっては, 最大の
難点は次の点にある. すなわち, まず政府をして被治者を抑制しうるもの
としなければならないし, 次に政府自体が政府自身を抑制せざるをえない
ようにしなければならないのである.」(ハミルトン・ジェイ・マディソン 1999,
238)

　上記は,『ザ・フェデラリスト』の第51篇「抑制均衡の理論」の一部である.
マディソンは, 連邦制と三権分立制を設計した理念をこのように説明したのだっ
た. それに対して, 三権分立制に動揺を与えるような, 大統領による法の条文
解釈の変更という試みが, 大統領と州政府の協力関係の構築に支えられた結果,
特区認可権の台頭に至ったと本書は結論付けた.
　したがって, 特区認可権の制度変容からは, 二つの含意が引き出せる. 一つ
は, 特区認可権の制度変容が, 建国者たちの想定していたのとは正反対の形で
の政治制度の利用によって生じた, というものである. 建国者たちは, 本来,
権力抑制の機構として連邦制と三権分立制を導入した. ところが, 本書を通じ
て明らかになったのは, 民主党であれ共和党であれ, リベラルであれ保守であ
れ, レーガン以降の大統領は皆等しく, 連邦制と三権分立制を巧みに利用して
権力を追求していったことで, 特区認可権を変容させ, 権限を拡大してきたと
いうことである.
　もう一つの含意は, 特区認可権の制度変容が, 建国者たちの想定していたも
のでもある, ということである. 建国者たちは, 権力を追求する人間の本性を
鋭く見抜き, それを抑制しようと努めたのだった. その意味では, 特区認可権

の制度変容は，建国者たちが想定していた政治エリートたちの「人間性」の現れに過ぎないだろう．

　実際，本書は，発露した「人間性」が，建国者たちの期待通り，ある程度は是正されていることを示唆している．本書を通じて，オバマ政権期に導入された，医療保険政策についての執政府による1115条特区認可権の行使に対する意見公募手続の義務化や立法府への報告の義務付けの導入のように，議会が対抗手段を講じることで，大統領の恣意的な条文解釈の変更に基づく政策変更手段としての特区認可権の運用の一部に一定の制約が課されるようになったことが明らかとなった．建国者たちの想定通り，権力の抑制均衡はそれなりに機能している，という評価を下すことは可能かもしれない．

　そのことは，権力を追求する人間の本性を鋭く見抜き，それを抑制しようと努めた建国者たちの視座が，今なお，党派を問わず，イデオロギーを問わず，現代のアメリカ政治を考察する上で不可欠だということを示唆している．

参考文献

英　文

Ackerman, Bruce, 2000, "The New Separation of Powers," *Harvard Law Review*, Vol. 113, No. 3, pp. 633–729.

Andersen, Elizabeth, 1994, "Administering Health Care: Lessons from the Health Care Financing Administration's Waiver Policy-Making," *Journal of Law and Politics*, Vol. 10, No. 2, pp. 215–62.

Arsneault, Shelly, 2000, "Welfare Policy Innovation and Diffusion: Section 1115 Waivers and the Federal System," *State & Local Government Review*, Vol. 32, No. 1, pp. 49–60.

Barron, David J., and Todd D. Rakoff, 2013, "In Defense of Big Waiver," *Columbia Law Review*, Vol. 113, No. 2, pp. 265–345.

Belco, Michelle, and Brandon Rottinghaus, 2017, *The Dual Executive: Unilateral Orders in a Separated and Shared Power System*, Stanford: Stanford University Press.

Bell, Daniel, 1960, *The End of Ideology: On the Exhaustion of Political Ideas in the Fifties*, Glencoe: Free Press（岡田直之訳, 1969, 『イデオロギーの終焉: 1950 年代における政治思想の涸渇について』東京創元新社）.

Bensel, Richard, 2016, "Political Economy and American Political Development," in Richard Valelly, Suzanne Mettler, and Robert Lieberman eds., *The Oxford Handbook of American Political Development*, New York: Oxford University Press, pp. 69–95.

Berry, William D., Evan J. Ringquist, and Richard C. Fording, 2003, "Reassessing the'Race to the Bottom' in State Welfare Policy," *Journal of Politics*, Vol. 65, No. 2, pp. 327–49.

Binder, Sarah A., 2003, *Stalemate: Causes and Consequences of Legislative Gridlock*, Washington, D.C.: Brookings Institution Press.

Bolton, Jonathan. R., 2003, "The Case of the Disappearing Statute: A Legal and Policy Critique of the Use of Section 1115 Waivers to Restructure the Medicaid Program," *Columbia Journal of Law and Social Problems*, Vol. 38, pp. 91–179.

Brownstein, Ronald, 2008, *The Second Civil War: How Extreme Partisanship Has Paralyzed Washington and Polarized America*, New York: Penguin.

Busch, Andrew E., 2001, *Ronald Reagan and the Politics of Freedom*, Maryland: Rowman & Littlefield Publishers.

Calabresi, Steven G., and Saikrishna B. Prakash, 1994, "The President's Power to Execute the Laws," *Yale Law Journal*, Vol. 104, pp. 541–665.

Cameron, Charles M., 2000, *Veto Bargaining: Presidents and the Politics of Negative Power*, New York: Cambridge University Press.

Canes-Wrone, Brandice, 2005, *Who Leads Whom? Presidents, Policy, and the Public*, Chicago: University of Chicago Press.

Carey, Jane Perry Clark, 1938, *The Rise of a New Federalism*, New York: Columbia University Press.

Carpenter, Daniel, 2001, *The Forging of Bureaucratic Autonomy: Reputations, Networks, and Policy Innovation in Executive Agencies, 1862–1928*, Princeton: Princeton University Press.

Collier, Ruth Berins, and David Collier, 1991, *Shaping the Political Arena: Critical Junctures, the Labor Movement, and Regime Dynamics in Latin America*, Princeton: Princeton University Press.

Conlan, Timothy J., 1988, *New Federalism: Intergovernmental Reform from Nixon to Reagan*, Washington, D.C.: Brookings Institution Press.

——, 1998, *From New Federalism to Devolution: Twenty-Five Years of Intergovernmental Reform*, Washington, D.C.: Brookings Institution Press.

Corwin, Edward, 1934, *Twilight of the Supreme Court: A History of Our Constitutional Theory*, New Haven: Yale University Press.

——, 1950, "The Passing of Dual Federalism," *Virginia Law Review*, Vol. 36, pp. 1–24.

Crowe, Justin, 2012, *Building the Judiciary: Law, Courts, and the Politics of Institutional Development*, Princeton: Princeton University Press.

Debray, Elizabeth H., 2006, *Politics, Ideology and Education: Federal Policy during the Clinton and Bush Administrations*, New York: Teachers College Press.

Dobson, Allen, Donald Moran, and Gary Young, 1992, "The Role of Federal Waivers in the Health Policy Process," *Health Affairs*, Vol. 11, No. 4, pp. 72–94.

Edwards III, George C., 2009, *The Strategic President: Persuasion and Opportunity in Presidential Leadership*, Princeton: Princeton University Press.

——, 2014, "Presidential Power Is Not the Power to Persuade," in Richard J. Ellis and Michael Nelson eds., *Debating the Presidency: Conflicting Perspectives on the*

American Executive, 3rd edition, Washington, D.C.: CQ Press.

Elazar, Daniel J., 1962, *The American Partnership*, Chicago: University of Chicago Press.

——, 1972, *American Federalism: A View from the States*, New York: Harper and Row.

Ericson, David F., 2016, "Liberalism and American Political Development," in Richard Valelly, Suzanne Mettler, and Robert Lieberman eds., *The Oxford Handbook of American Political Development*, New York: Oxford University Press, pp. 96–111.

Evans, Peter B., Dietrich Rueschemeyer, and Theda Skocpol eds., 1985, *Bringing the State Back In*, Cambridge: Cambridge University Press.

Ferguson, Margaret R., 2006, "Introduction to State Executives," in Margaret R. Ferguson ed., *The Executive Branch of State Government: People, Process, and Politics*, Santa Barbara: ABC-CLIO, pp. 1–75.

Fiorina, Morris P., and Samuel J. Abrams, 2009, *Disconnect: The Breakdown of Representation in American Politics*, Norman: University of Oklahoma Press.

Fiorina, Morris P., Samuel J. Abrams, and Jeremy C. Pope, 2005, *Culture War? The Myth of a Polarized America*, 2nd edition, New York: Pearson Longman.

Fishman, Michael E., and Daniel H. Weinberg, 1992, "The Role of Evaluation in State Welfare Reform Waiver Demonstrations," in Charles F. Manski and Irwin Garfinkel eds., *Evaluating Welfare and Training Programs*, Cambridge: Harvard University Press, pp. 115–42.

Gais, Thomas, and James Fossett, 2005, "Federalism and the Executive Branch," in Joel D. Aberbach and Mark A. Peterson eds., *The Executive Branch*, New York: Oxford University Press, pp. 486–522.

Galvin, Daniel J., 2009, *Presidential Party Building: Dwight D. Eisenhower to George W. Bush*, Princeton: Princeton University Press.

——, 2016, "Qualitative Methods and American Political Development," in Richard Valelly, Suzanne Mettler, and Robert Lieberman eds., *The Oxford Handbook of American Political Development*, New York: Oxford University Press, pp. 207–27.

Garasky, Steven, and Burt S. Barnow, 1992, "Demonstration Evaluations and Cost Neutrality: Using Caseload Models to Determine the Federal Cost Neutrality of New Jersey's REACH Demonstration," *Journal of Policy Analysis and Management*, Vol. 11, No. 4, pp. 624–36.

Gerring, John, 2003, "APD from a Methodological Point of View," *Studies in*

American Political Development, Vol. 17, No. 1, pp. 82–102.

Gilens, Martin, 1999, *Why Americans Hate Welfare: Race, Media, and the Politics of Antipoverty Policy*, Chicago: University of Chicago Press.

Goertz, Gary, and James Mahoney, 2012, *A Tale of Two Cultures: Qualitative and Quantitative Research in the Social Sciences*, Princeton: Princeton University Press（西川賢・今井真士訳，2015，『社会科学のパラダイム論争：2つの文化の物語』勁草書房）.

Greenberg, David H., and Mark Shroder, 2004, *The Digest of Social Experiments*, Washington, D.C.: Urban Institute Press.

Grodzins, Morton, 1960, "The Federal System," in President's Commission on National Goals eds., *Goals for Americans: The Report of the President's Commission on National Goals*, Englewood Cliffs: Prentice-Hall, pp. 77–91.

――, 1966, *The American System: A New View of Government in the United States*, Chicago: Rand McNally.

Hacker, Jacob S., 2002, *The Divided Welfare State: The Battle over Public and Private Social Benefits in the United States*, New York: Cambridge University Press.

――, 2004, "Privatizing Risk without Privatizing the Welfare State: The Hidden Politics of Social Policy Retrenchment in the United States," *American Political Science Review*, Vol. 98, No. 2, pp. 243–60.

――, 2006, *The Great Risk Shift: The Assault on American Jobs, Families, Health Care, and Retirement and How You Can Fight Back*, New York: Oxford University Press.

――, 2008, *The Great Risk Shift: The New Economic Insecurity and the Decline of the American Dream*, New York: Oxford University Press.

Hacker, Jacob S., and Ann O'Leary eds., 2012, *Shared Responsibility, Shared Risk: Government, Markets, and Social Policy in the Twenty-First Century*, New York: Oxford University Press.

Hacker, Jacob S., and Paul Pierson, 2010, "Winner-Take-All Politics: Public Policy, Political Organization, and the Precipitous Rise of Top Incomes in the United States," *Politics & Society*, Vol. 38, No. 2, pp. 152–204.

Hall, Peter, and Rosemary C. R. Taylor, 1996, "Political Science and the Three New Institutionalisms," *Political Studies*, Vol. 44, No. 5, pp. 936–57.

Hamburger, Philip, 2014, *Is Administrative Law Unlawful?* Chicago: University of Chicago Press.

Hartz, Louis, 1955, *The Liberal Tradition in America: An Interpretation of Ameri-*

can Political Thought since the Revolution, New York: Harcourt, Brace (有賀貞訳, 1994, 『アメリカ自由主義の伝統』講談社学術文庫).

Henig, Jeffrey R., 2013, *The End of Exceptionalism in American Education: The Changing Politics of School Reform*, Cambridge: Harvard Education Press.

Henig, Jeffrey R., Carl F. Kaestle, and Alyssa E. Lodewick eds., 2007, *To Educate a Nation: Federal and National Strategies of School Reform*, Lawrence: University Press of Kansas.

Hess, Frederick M., and Andrew P. Kelly eds., 2012, *Carrots, Sticks, and the Bully Pulpit: Lessons from a Half-Century of Federal Efforts to Improve America's Schools*, Cambridge: Harvard Education Press.

Hobbs, Charles, 1978, *The Welfare Industry*, Washington, D.C.: Heritage Foundation.

Howard, A. E. Dick, 1982, "Judicial Federalism: The States and the Supreme Court," in Robert B. Hawkins ed., *American Federalism: A New Partnership for the Republic*, California: Institute for Contemporary Studies, pp. 215–38.

Howard, Christopher, 1997, *The Hidden Welfare State: Tax Expenditures and Social Policy in the United States*, Princeton: Princeton University Press.

——, 2007, *The Welfare State Nobody Knows: Debunking Myths about U.S. Social Policy*, Princeton: Princeton University Press.

Howell, William G., 2003, *Power without Persuasion: The Politics of Direct Presidential Action*, Princeton: Princeton University Press.

Hurley, Robert E., Deborah A. Freund, and John E. Paul, 1993, *Managed Care in Medicaid: Lessons for Policy and Program Design*, Ann Arbor: Health Administration Press.

Inman, Robert, and Daniel Rubinfeld, 1992, "Fiscal Federalism in Europe: Lessons from the United States Experience," *European Economic Review*, Vol. 36, pp. 654–60.

Jacobs, Lawrence R., and Theda Skocpol, 2010, *Health Care Reform and American Politics: What Everyone Needs to Know*, New York: Oxford University Press.

Jacobs, Meg, and Julian E. Zelizer, 2003, "The Democratic Experiment: New Directions in American Political History," in Meg Jacobs, William J. Novak, and Julian E. Zelizer eds., *The Democratic Experiment: New Directions in American Political History*, Princeton: Princeton University Press, pp. 1–19.

Jennings, John F., 1998, *Why National Standards and Tests? Politics and the Quest for Better Schools*, Thousand Oaks: SAGE Publications.

John, Richard, 2016, "American Political Development and Political History," in

Richard Valelly, Suzanne Mettler, and Robert Lieberman eds., *The Oxford Handbook of American Political Development*, New York: Oxford University Press, pp. 185–206.

Kernell, Samuel, 1997, *Going Public: New Strategies of Presidential Leadership*, Washington, D.C.: CQ Press.

Kincaid, John, 1990, "From Cooperative to Coercive Federalism," *The Annals of the American Academy of Political and Social Science*, Vol. 509, pp. 139–52.

King, Desmond S., and Rogers M. Smith, 2011, *Still a House Divided: Race and Politics in Obama's America*, Princeton: Princeton University Press.

Krasner, Stephen D., 1989, "Sovereignty: An Institutional Perspective," in James A. Caporaso ed., *The Elusive State: International and Comparative Perspectives*, Newbury Park: SAGE Publications, pp. 69–96.

Krehbiel, Keith, 1998, *Pivotal Politics: A Theory of U.S. Lawmaking*, Chicago: University of Chicago Press.

Laski, Harold J., 1939, "The Obsolescence of Federalism," *The New Republic*, Vol. 98, No. 3, pp. 367–9.

Leach, Richard, 1970, *American Federalism*, New York: W. W. Norton.

Lijphart, Arend, 2012, *Patterns of Democracy: Government Forms and Performance in Thirty-Six Countries*, 2nd edition, New Haven: Yale University Press（粕谷祐子・菊池啓一訳，2014，『民主主義対民主主義：多数決型とコンセンサス型の36ヶ国比較研究（原著第2版）』勁草書房）.

Lipset, Seymour Martin, 1960, *Political Man: The Social Bases of Politics*, New York: Doubleday（内山秀夫訳，1963，『政治のなかの人間：ポリティカル・マン』東京創元新社）.

Lowande, Kenneth S., 2014, "The Contemporary Presidency after the Orders: Presidential Memoranda and Unilateral Action," *Presidential Studies Quarterly*, Vol. 44, No. 4, pp. 724–41.

Macmahon, Arthur Whittier, 1972, *Administering Federalism in a Democracy*, New York: Oxford University Press.

Mahoney, James, and Kathleen Thelen eds., 2009, *Explaining Institutional Change: Ambiguity, Agency, and Power*, Cambridge: Cambridge University Press.

Manna, Paul, 2006, *School's In: Federalism and the National Education Agenda*, Washington, D.C.: Georgetown University Press.

——, 2010, *Collision Course: Federal Education Policy Meets State and Local Realities*, Washington, D.C.: CQ Press.

March, James G., and Johan P. Olsen, 1984, "The New Institutionalism: Organizational Factors in Political Life," *American Political Science Review*, Vol. 78, No. 3, pp. 734–49.

Mayhew, David R., 2002, *Electoral Realignments: A Critique of an American Genre*, New Haven: Yale University Press.

McCarty, Nolan M., Keith T. Poole, and Howard Rosenthal, 2006, *Polarized America: The Dance of Ideology and Unequal Riches*, Cambridge: MIT Press.

McDonough, John E., 2014, "Wyden's Waiver: State Innovation on Steroids," *Journal of Health Politics, Policy and Law*, Vol. 39, No. 5, pp. 1099–111.

McGuinn, Patrick J., 2006, *No Child Left Behind and the Transformation of Federal Education Policy, 1965–2005*, Lawrence: University Press of Kansas.

McGuinn, Patrick, and Frederick Hess, 2005, "Freedom from Ignorance? The Great Society and the Evolution of the Elementary and Secondary Education Act of 1965," in Sidney M. Milkis and Jerome M. Mileur eds., *The Great Society and the High Tide of Liberalism*, Amherst: University of Massachusetts Press, pp. 289–319.

Mettler, Suzanne, 1998, *Divided Citizens: Gender and Federalism in New Deal Public Policy*, Ithaca: Cornell University Press.

——, 2011, *The Submerged State: How Invisible Government Policies Undermine American Democracy*, Chicago: University of Chicago Press.

Mettler, Suzanne, and Richard Valelly, 2016, "Introduction: The Distinctiveness and Necessity of American Political Development," in Richard Valelly, Suzanne Mettler, and Robert Lieberman eds., *The Oxford Handbook of American Political Development*, New York: Oxford University Press, pp. 1–23.

Milkis, Sidney M., 1993, *The President and the Parties: The Transformation of the American Party System since the New Deal*, New York: Oxford University Press.

——, 1999, *Political Parties and Constitutional Government: Remaking American Democracy*, Baltimore: Johns Hopkins University Press.

——, 2016, "The Presidency and American Political Development: The Advent and Illusion of an Executive-Centered Democracy," in Richard Valelly, Suzanne Mettler, and Robert Lieberman eds., *The Oxford Handbook of American Political Development*, New York: Oxford University Press, pp. 286–308.

Miller, Nancy, Sarah Ramsland, and Charlene Harrington, 1999, "Trends and Issues in the Medicaid 1915 (c) Waiver Program," *Health Care Financing Review*, Vol. 20, No. 4, pp. 139–60.

Minkovitz, Cynthia, Elizabeth Holt, Nancy Hughart, William Hou, Larry Thomas, Eugene Dini, and Bernard Guyer, 1999, "The Effect of Parental Monetary Sanctions on the Vaccination Status of Young Children: An Evaluation of Welfare Reform in Maryland," *Archives of Pediatrics and Adolescent Medicine*, Vol. 153, No. 12, pp. 1242–7.

Mosher, Frederick C., 1968, *Democracy and the Public Service*, New York: Oxford University Press.

Musgrave, Richard Abel, 1959, *The Theory of Public Finance: A Study in Public Economy*, New York: McGraw-Hill.

Neustadt, Richard, 1960, *Presidential Power: The Politics of Leadership*, New York: Wiley.

——, 1990, *Presidential Power and the Modern Presidents: The Politics of Leadership from Roosevelt to Reagan*, New York: Free Press.

Nivola, Pietro S., and David W. Brady, 2006, *Red and Blue Nation? Characteristics and Causes of America's Polarized Politics*, Volume 1, Washington, D.C.: Brookings Institution Press.

Nugent, John Douglas, 2009, *Safeguarding Federalism: How States Protect Their Interests in National Policymaking*, Norman: University of Oklahoma Press.

Oates, Wallace E., 1972, *Fiscal Federalism*, New York: Harcourt Brace Jovanovich.

——, 1999, "An Essay on Fiscal Federalism," *Journal of Economic Literature*, Vol. 37, No. 3, pp. 1120–49.

Orren, Karen, 1992, *Belated Feudalism: Labor, the Law, and Liberal Development in the United States*, New York: Cambridge University Press.

Orren, Karen, and Stephen Skowronek, 1986, "Editors' Preface," *Studies in American Political Development*, Vol. 1, No. 1, pp. vii–viii.

——, 2004, *The Search for American Political Development*, New York: Cambridge University Press.

Panizza, Ugo, 1999, "On the Determinants of Fiscal Centralization: Theory and Evidence," *Journal of Public Economics*, Vol. 74, pp. 97–139.

Peterson, Paul E., 1995, *The Price of Federalism*, Washington, D.C.: Brookings Institution Press.

Peterson, Paul E., and Mark C. Rom, 1990, *Welfare Magnets: A New Case for a National Standard*, Washington, D.C.: The Brookings Institution.

Pierson, Paul, 1994, *Dismantling the Welfare State? Reagan, Thatcher and the Politics of Retrenchment*, New York: Cambridge University Press.

—— ed., 2001, *The New Politics of the Welfare State*, New York: Oxford University Press.

——, 2004, *Politics in Time: History, Institutions, and Social Analysis*, Princeton:

Princeton University Press (粕谷祐子訳, 2010, 『ポリティクス・イン・タイム：歴史・制度・社会分析』勁草書房).

Piven, Frances Fox, and Richard A. Cloward, 1971, *Regulating the Poor: Functions of Public Welfare*, New York: Pantheon Books.

――, 1977, *Poor People's Movements: Why They Succeed, How They Fail*, New York: Pantheon Books.

Posner, Paul, 2007, "The Politics of Coercive Federalism in the Bush Era," *Publius: The Journal of Federalism*, Vol. 37, No. 3, pp. 390–412.

Reagan, Michael D., 1972, *The New Federalism*, New York: Oxford University Press.

Reagan, Ronald, and Charles Hobbs, 1976, *Ronald Reagan's Call to Action*, New York: Warner Books.

Rebell, Michael A., and Jessica R. Wolff eds., 2009, *NCLB at the Crossroads: Re-examining the Federal Effort to Close the Achievement Gap*, New York: Teachers College Press.

Rice, Richard, William Bullough, and Richard Orsi, 1988, *The Elusive Eden: A New History of California*, New York: Knopf.

Riker, William H., 1964, *Federalism: Origin, Operation, Significance*, Boston: Little, Brown and Company.

Robertson, David Brian, 2011, *Federalism and the Making of America*, New York: Routledge.

Rodden, Jonathan, 2002, "The Dilemma of Fiscal Federalism: Grants and Fiscal Performance around the World," *American Journal of Political Science*, Vol. 46, No. 3, pp. 670–87.

――, 2004, "Federalism and Decentralization: On Meaning and Measurement," *Comparative Politics*, Vol. 36, No. 4, pp. 481–500.

――, 2006, *Hamilton's Paradox: The Promise and Peril of Fiscal Federalism*, New York: Cambridge University Press.

Rose, Shanna, 2013, *Financing Medicaid: Federalism and the Growth of America's Health Care Safety Net*, Ann Arbor: University of Michigan Press.

Rowland, Diane, and Kristina Hanson, 1996, "Medicaid: Moving to Managed Care," *Health Affairs*, Vol. 15, No. 3, pp. 150–2.

Sanford, Terry, 1967, *Storm over the States*, New York: McGraw Hill.

Sawer, Geoffrey, 1939, *Modern Federalism*, London: Watts & Co.

Schickler, Eric, 2001, *Disjointed Pluralism: Institutional Innovation in the U.S. Congress*, Princeton: Princeton University Press.

Schlesinger, Joseph, 1965, "The Politics of the Executive," in Herbert Jacob and

Kenneth N. Vines eds., *Politics in the American States*, Boston: Little, Brown and Company, pp. 207–37.

Schneider, Saundra K., 1997, "Medicaid Section 1115 Waivers: Shifting Health Care Reform to the States," *Publius: The Journal of Federalism*, Vol. 27, No. 2, pp. 89–109.

Schram, Sanford F., and Samuel H. Beer eds., 1999, *Welfare Reform: A Race to the Bottom?* Washington, D.C.: Woodrow Wilson Center Press.

Shelly, Bryan, 2012, "Flexible Response: Executive Federalism and the No Child Left Behind Act of 2001," *Educational Policy*, Vol. 26, No. 1, pp. 117–35.

——, 2013, "The Bigger They Are: Cross-State Variation in Federal Education and Medicaid Waivers, 1991–2008," *Publius: The Journal of Federalism*, Vol. 43, No. 3, pp. 452–73.

Skocpol, Theda, 1992, *Protecting Soldiers and Mothers: The Political Origins of Social Policy in the United States*, Cambridge: Harvard University Press.

——, 1995, *Social Policy in the United States: Future Possibilities in Historical Perspective*, Princeton: Princeton University Press.

Skowronek, Stephen, 1982, *Building a New American State: The Expansion of National Administrative Capacities, 1877–1920*, New York: Cambridge University Press.

Sky, Theodore, 2008, *To Provide for The General Welfare: A History of the Federal Spending Power*, Newark: University of Delaware.

Smith, David G., and Judith D. Moore, 2007, *Medicaid Politics and Policy: 1965–2007*, New Brunswick: Transaction Publishers.

Smith, Rogers M., 1993, "Beyond Tocqueville, Myrdal, and Hartz: The Multiple Traditions in America," *American Political Science Review*, Vol. 87, No. 3, pp. 549–66.

——, 1997, *Civic Ideals: Conflicting Visions of Citizenship in U.S. History*, New Haven: Yale University Press.

Soss, Joe, Jacob S. Hacker, and Suzanne Mettler eds., 2007, *Remaking America: Democracy and Public Policy in an Age of Inequality*, New York: Russell Sage Foundation.

Stanley, Harold W., and Richard G. Niemi, 2009, *Vital Statistics on American Politics 2009–2010*, Washington, D.C.: CQ Press.

Streeck, Wolfgang, and Kathleen Thelen, 2005, "Introduction: Institutional Change in Advanced Political Economies," in Wolfgang Streeck and Kathleen Thelen eds., *Beyond Continuity*, New York: Oxford University Press, pp. 1–39.

斎藤　眞著	アメリカ政治外交史 [第2版]	A5・3200円
古矢　旬		
斎藤　眞編	アメリカ政治外交史教材 [第2版]	A5・2800円
久保文明		
斎藤　眞著	アメリカ革命史研究	A5・7500円
古矢　旬編	アメリカ的価値観の変容 史料で読む　アメリカ文化史5	A5・4500円
五十嵐武士編	アメリカ現代政治の構図	A5・5600円
久保文明		
西山隆行著	アメリカ型福祉国家と都市政治	A5・6500円
梅川　健著	大統領が変えるアメリカの三権分立制	A5・5200円
宮田智之著	アメリカ政治とシンクタンク	A5・4200円

ここに表示された価格は本体価格です．ご購入の
際には消費税が加算されますのでご了承ください．

著者略歴

1984 年　福井県福井市に生まれる.
2008 年　東京大学教養学部卒業.
2016 年　東京大学大学院法学政治学研究科博士課程修了, 博士 (法学).
現　　在　駒澤大学法学部政治学科専任講師.

主要業績

「ティーパーティ運動を理解するためのフレームワーク」久保文明他編『ティーパーティ運動の研究: アメリカ保守主義の変容』(NTT 出版, 2012 年)

「アメリカにおける福祉縮減のメカニズム: 96 年福祉改革へと至るウェイバー条項の制度変容を中心に」(『年報政治学』2013–II, 2014 年)

「大統領権限の拡大と州政府の対抗」「州司法長官たちによる訴訟戦略と大統領」久保文明他編『アメリカ大統領の権限とその限界: トランプ大統領はどこまでできるか』(日本評論社, 2018 年)

アメリカ大統領と政策革新
連邦制と三権分立制の間で

2018 年 5 月 21 日　初　版

［検印廃止］

著　者　梅川　葉菜

発行所　一般財団法人　東京大学出版会

代表者　吉見　俊哉

153-0041 東京都目黒区駒場 4-5-29
http://www.utp.or.jp/
電話 03-6407-1069　Fax 03-6407-1991
振替 00160-6-59964

印刷所　研究社印刷株式会社
製本所　誠製本株式会社

© 2018 Hana Umekawa
ISBN 978-4-13-036269-6　Printed in Japan

JCOPY 〈(社)出版者著作権管理機構 委託出版物〉
本書の無断複写は著作権法上での例外を除き禁じられています. 複写される場合は, そのつど事前に, (社)出版者著作権管理機構 (電話 03-3513-6969, FAX 03-3513-6979, e-mail: info@jcopy.or.jp) の許諾を得てください.

事項索引

包括予算調整法 (1989 年) 116, 117
包括予算調整法 (1990 年) 117
保健教育福祉省 38, 40–42, 54, 61, 118
保健教育福祉省長官 41, 50, 51
保健福祉省 61, 64, 88, 90, 126, 145, 146, 148, 149, 156, 162, 163, 216, 217, 219, 220
——医療保険財政管理局 126, 127, 130, 133, 140, 145, 146, 156, 162, 163
——家族支援局 214, 215
——児童家庭局 133
——メディケア及びメディケイド支援課 140
保健福祉省長官 83, 84, 102, 151, 152, 160, 161
保険料 122, 144
補習教育支援 188
保守派 54, 58, 122, 192
ボス政治 36
補足的所得保障 (SSI) 116
ホワイトハウス 47, 59

マ 行

マサチューセッツ・モデル 164, 165
マネジドケア 119, 125, 134
マネジドケア型保険提供会社 135
民間医療保険 144
民主主義の実験場 37, 39, 40
民主党 60, 65, 71, 72, 85, 102, 122, 134, 137, 138, 145, 154, 176, 178, 180, 192, 202
無保険児童 123
無保険者削減 123, 136, 141, 145, 155, 165
メディケア 34
メディケア及びメディケイド支援課 →保健福祉省
メディケイド 34, 35, 50, 51, 115–118

ヤ 行

薬物中毒 226–228
要扶養児童家庭扶助 (AFDC) 32, 34, 49, 50, 55,

要扶養児童扶助 (ADC) 32
抑制均衡 6, 7, 241
予備選挙 16, 21, 36
世論 16, 105, 107, 202, 203
世論動員戦略 16, 18

ラ 行

立法 16, 17
立法過程 16
立法権 6, 15, 31, 71
立法府 203, 236 (「議会」も参照)
リベラル派 192
両院合同決議 218
累進課税制 36
例外規定 3
歴史制度論 239
連邦官報 18, 109, 129
連邦規則 123, 133
連邦主義 19
　新—— 19
　創造的—— 19, 34
連邦制 6–10, 19–25, 28, 233–235, 237, 238, 240
　寛大な—— 22
　強制的—— 22
　競争的—— 23
　協調的—— 21, 22
　二元的—— 20, 21
連邦政府 20–24, 27–35
連邦貧困基準 117, 124, 125, 135, 162–164
連邦補助金 22, 29, 58, 63, 66, 116, 125, 137, 142, 144, 145, 148, 153, 163, 180, 184–189
連邦補助金譲渡制 189
労働省長官 179
老齢年金 30
ロビー活動 53

事項索引 271

同居男性規則 32–34, 66
統制群 42, 49, 50, 70, 76, 77, 82, 83, 91
統治構造 24, 25
党派対立 195, 231, 232
党派的 227, 228
特定補助金 153, 186, 212
特区事業 4, 5, 7, 41, 42, 45–48, 58–64, 68, 77, 79, 87,
　　88, 95–98, 103–108, 134–136, 142, 145, 146, 148,
　　156–158, 162, 163, 183–186, 190, 197–200, 204–206,
　　226
　　――の審査 61, 63, 64, 76, 89, 126, 130, 133, 139,
　　160
特区事業構想（医療保険の柔軟性及び結果責任
　　のための特区事業構想）140–142, 144–146
特区認可権 2–7, 15, 18, 19, 38–42, 45–48, 57–64, 117,
　　195–197
　　1115条――（社会保障法）119, 177, 213, 215, 217,
　　220, 221, 226–228, 231
　　1332条――（医療保険制度改革法）222–226
　　1915条（b）項――（社会保障法）118
　　1915条（c）項――（社会保障法）119, 125
　　9401条――（初等中等教育法）3, 167, 180, 182,
　　183, 190, 195, 204, 213, 231
　　医療の選択の自由に関する―― 118
　　在宅地域密着医療に関する―― 118
　　実験―― 4
　　代替―― 4
　　超―― 112
奴隷制 29

ナ 行
内生的で漸進的な変化 239
南北戦争 8, 9, 20, 29
2000年の目標：アメリカを教育する法（2000
　　年の目標法）175–177
入国禁止令（入国の一時禁止措置）18, 235
ニューディール 29
ニュー・デモクラット 85
ニュートン－ネイションズ対ベトラッチ事件判
　　決 151
任意提供群 124, 142–144, 163
　　――の上限設定 145, 146
人間性 240, 241

認定医療保険 222
年次教育改善指標 188, 191, 193, 194, 198, 199, 208
農業調整法（1933年）31

ハ 行
パブリック・オプション 224
反トラスト法 29
比較政治制度論 237, 238
非公式な権力 16
必要最低限の保険保障範囲 222
ビーノ対シャレーラ事件（ビーノ判決）83, 94,
　　130
100時間規定 123, 124
費用中立性 62, 63, 77, 78, 131, 137, 139, 148–150
貧困家庭一時扶助（TANF）96, 105, 108–111, 124
「貧困との戦い」37
フィリバスター 71
福祉
　　――依存 61, 62, 67
　　――改革 22, 104
　　――受給期間制限 93, 96, 97, 104
　　――受給資格拡大 146, 163
　　――受給資格剝奪 66
　　――受給者数の上限設定 158
　　――縮減 45–48, 56, 58, 59, 61–63, 66–69, 71, 73,
　　80, 85, 96, 113
福祉改革作業部会 99
福祉改革法（1996年，個人責任及び就労機会調
　　整法）96, 98, 104–109, 124, 236
福祉権運動 49
福祉国家 112, 113
福祉磁石論 23
扶養児童増員に対する追加支援の撤廃 79, 80,
　　96, 97, 104
ブラウン事件判決 35
プレッシー対ファーガソン事件判決 33
分極化 17, 153, 219, 236
分権的価値観（分権主義的発想）57, 66, 168
分権的な政治制度 28, 39, 40
「分離すれども平等」33
ヘリテージ財団 45
包括予算調整法（1981年）55
包括予算調整法（1986年）116

就業支援 72

州際通商法 29

州児童医療保険事業 125, 142, 145, 147–150, 153, 160, 161

州司法長官 234, 235

習熟水準 1, 2, 188, 192–194, 198, 208

州政府 4, 5, 7, 20–24, 27–29, 31–35, 65–67, 72

重層化 239

州知事 8, 52, 53, 60, 67, 122, 126–128, 139, 140, 145, 146, 154, 159, 168–170, 196, 207, 216, 217, 221, 226, 227

州知事選挙 107

柔軟な教育提携実証事業（Ed-Flex） 177, 186

柔軟な教育のための連携法 186

柔軟な実証事業 189

州民皆保険 164

就労機会基本技能訓練（JOBS） 61

——の対象拡大 92, 96, 97

就労（就労訓練，就学）の義務付け 46, 47, 49, 58, 69, 79, 92, 96, 97, 104, 214–217, 219, 221, 227, 228

就労促進 60, 61

就労促進事業（WIN） 61

上院規則 71

上院健康教育労働年金委員会 201

上院財政委員会 136, 147, 149, 215

——貧困家庭のためのメディケイド及び保健医療小委員会 136

障碍年金 30

少人数学級事業 185, 186

初等中等教育法（1965 年） 33, 35, 168, 180

——第 14401 条 180, 190

所得税の課税 29

署名時声明 17, 18

審議打ち切り 71

人種差別 33, 35

人体実験の被験者保護 41, 54, 118

人的資源及び州間関係小委員会（下院政府運営委員会） 100–102

進歩主義 36

政権移行チーム 89, 173

政策革新 3, 6, 7, 18

政策決定過程 16, 236

政策漂流 112, 236, 239

政治制度の硬直性 239

政治（的）停滞 236, 237

「成長に基づいた評価」 190, 191

政党リーダー 21

制度変化 239

政府 240

説得 16, 18

世話役 16, 18

全学事業 184, 190

全児童及び全生徒成功法　→教育改革法（2015 年）

専占 22

全米学力基準 171, 172, 174

全米教育目標会議 170, 173–175

全米共通学力基礎 194

全米州知事教育シンポジウム 192

全米知事協会 53, 67, 68, 85, 86, 88, 89, 112, 122, 127, 128, 139, 140, 153, 155, 156, 207, 217

訴訟戦略 234

タ　行

大恐慌 29

対照実験 42

大統領 2, 3, 5–7, 15–19, 70, 237

大統領覚書 17, 18, 234

大統領選挙 75, 89, 168, 219

大統領府 55, 63, 64, 99

大統領布告 235

多数決型民主主義 238

小さな政府 54, 55, 65, 71, 138, 175

治験審査委員会 41, 54

地方政府 23, 27, 28, 32

チャーター・スクール 188

中間選挙 122

長期医療 119

超党派 150, 151, 153, 192, 201, 206, 222, 229, 232

低所得機会作業部会 59

ティーパーティ 201

「底辺への競争」 23

適格家庭要件 32, 34

出来高払い 134

転用 239

事項索引　269

関係省庁低所得機会諮問委員会　63–65, 88
患者保護及び医療費負担適正化法　→医療保険
　　制度改革法（2010 年）
環太平洋パートナーシップ協定（TPP）　17
既往歴　121, 225
議会　2, 5, 16–18, 31, 70–72, 99, 101–103, 136–138,
　　147–151, 160, 161, 200–202, 215, 216（「立法府」
　　も参照）
　　──の機能不全　66, 67
議会審査法　218
議会調査局　199, 200, 203
企画・計画・予算制度　37
『危機に立つ国家』　168
議事妨害　71
規則制定過程　148
基礎的医療保険制度　164
義務的提供群　124, 143, 144, 163
「決められない政治」　236
教育委員会　33
教育改革法（2015 年，全児童及び全生徒成功法）
　　206–208, 236
教育サミット　168–170, 172
教育支援　176, 179
教育省　61, 183, 186, 199
教育省長官　171, 175–177, 179, 182
行政活動検査院　64, 218
行政管理予算局（OMB）　130, 131
行政協定　17
行政権　10, 11
行政組織　17
行政命令　17, 18, 89, 224, 225, 234, 235
共通到達目標　194, 198, 207
共和党　65, 71, 72, 102, 122, 125, 137, 138, 174–176, 178,
　　180, 181, 192, 200–202, 216, 217, 219, 221
居住要件　32–34
拒否権　3, 15, 16, 71, 105, 151, 202, 232
拒否権交渉戦略　16, 18
キング対スミス事件判決　66
クレーン対マシューズ事件（クレーン判決）　50,
　　51, 72, 82
クローチャー　71
権限委譲（州政府への）　56, 58, 59, 61, 68, 71, 73,
　　80, 85, 97

権力分立　7, 9, 24
公聴会　100, 102, 106, 136, 137, 156, 178
公的児童医療保険　125
公的福祉修正法（1962 年）　32, 37–39
公民権運動　34
公民権法　35
公務員数　52, 53
国内政策会議　55–59, 99
国民皆保険　121, 122, 154
個人責任及び就労機会調整法　→福祉改革法
　　（1996 年）
国家教育目標　169–173, 175
コンセンサス型民主主義　237, 238

サ　行

財源付与なしの執行命令　22
財産権　29
財政赤字　55
財政赤字削減法（1984 年）　118
財政赤字削減法（2005 年）　150
財政均衡法（1997 年）　124
裁判所　2, 73, 82, 83, 151, 152, 203, 232, 235（「司法
　　府」も参照）
里親制度　34, 124
『ザ・フェデラリスト』　9, 28, 31, 240
三権分立制　2, 3, 5–10, 24, 25, 233–235, 237, 240
自己負担（保険料や医療費の）　50, 51, 137, 139, 143,
　　145, 146, 151, 152, 158, 163, 165
実験群　42, 49, 50, 69, 70, 76, 77, 82, 83, 91
執行権　10, 11
実証試験　72
執政権　6, 10, 11, 17
執政府　4, 5
児童家庭局　→保健福祉省
司法府　28, 29, 31, 48, 66, 67, 72, 82, 85, 94, 152
　　（「裁判所」も参照）
社会工学　37, 39, 40, 54, 77, 81, 172
社会保障法（1935 年）　29, 32
　　──改正（1950 年）　32
　　──改正（1961 年）　34, 66
　　──改正（1965 年）　33, 34, 115
　　──第 1115 条　3, 37, 160, 161, 215
州教育改善計画　175–177

事項索引

ア 行

アグアヨ対リチャードソン事件（アグアヨ判決）　48, 49, 51, 72, 82

アメリカ学校改善法　180-182

アメリカ政治発展論　25

意見公募手続　148-150, 160, 223, 241

『依存からの脱却』　56, 59, 64, 67

「偉大な社会」政策　34, 37

一括補助金　58, 153, 187, 189

一般教書演説　59, 76, 122, 170

「一般の福祉」　30, 31, 34

イデオロギー的凝集性　236

違反への制裁（罰則）　69, 79, 93, 96, 97, 104

「今ある福祉を終わらせる」　75, 76

移民制度改革　234

「医療支援が必要な者」　116, 144

医療支援の制限　137, 143, 145, 146, 158, 163, 164

医療保険会社　122

医療保険財政管理局　→保健福祉省

医療保険制度改革　115, 120-122, 139, 147, 153, 159

医療保険制度改革法（2010年，患者保護及び医療費負担適正化法）　156-165, 222, 224, 225, 236

──修正法　159

──第1331条　163

──第10201条　160, 161

医療保険制度改革問題特別専門委員会　120

医療保険取引所　222

医療保険の柔軟性及び結果責任のための特区事業構想　→特区事業構想

医療保障法案　121, 122

ウェイバー　3

大きな政府　41, 65, 85

落ちこぼれを作らないための初等中等教育法（落ちこぼれ防止法）　1, 187-195

温室効果ガス排出規制政策　17

カ 行

「改革への青写真」　194, 199

会計検査院　64, 72, 147-150

外生的な要因　239

下院教育労働委員会　180, 200, 201

下院歳入委員会　215

下院予算委員会　101

革新的アイデア　40, 42, 54, 73, 77, 80-82, 87, 92, 94, 101, 126, 127, 132, 144

革新的教育のための戦略事業　189

学力基準　180, 181, 188, 194, 208

学力測定　180, 181, 188

家族計画　143

家族支援計画　47

家族支援法（1988年）　53, 60, 61

学校から職業への移行機会法　177-179

学校区　33, 184, 185, 188, 189, 198

合衆国憲法　2, 3, 6, 7, 15-17, 28, 30, 31

──課税権条項　31

──州際通商条項　29

──修正第10条　28, 31

──修正第13条　29

──修正第14条　29, 49, 50

──修正第15条　29

──修正第16条　29

──前文　30

──第1条　28, 30, 31

──第2条　6, 11

──デュープロセス条項　29

──平等保護条項　49, 50

合衆国控訴裁判所　49, 83-85

合衆国最高裁判所（最高裁）　31, 34, 66

合衆国対バトラー事件判決　31

合衆国地方裁判所　51

カリフォルニア州福祉改革法　46

環境業績提携権　211, 213

環境業績提携補助金（PPGs）　212

人名索引　　　267

J.）23
ルビオ，マルコ（Rubio, Marco Antonio）2,
　200
レイプハルト，アレント（Lijphart, Arend）
　237, 238
レーガン，マイケル（Reagan, Michael D.）22
レーガン，ロナルド（Reagan, Ronald Wilson）
　19, 20, 45-48, 55, 56, 59, 60, 67
ロキータ，トッド（Rokita, Todd）202
ローズヴェルト，フランクリン（Roosevelt,
　Franklin Delano）29-31

ロックフェラー，ジョン（Rockefeller IV, John
　Davison "Jay"）137, 138
ロバートソン，デイヴィッド・ブライアン
　（Robertson, David Brian）23
ロム，マーク（Rom, Mark C.）22, 23
ロムニー，ミット（Romney, Willard Mitt）
　217, 219

ワ　行
ワイデン，ロン（Wyden, Ron）222, 223

Hubbard）138

ツェベリス, ジョージ（Tsebelis, George）237

トクヴィル, アレクシ・ド（Tocqueville, Alexis de）8

トランプ, ドナルド（Trump, Donald John）17, 224

ドール, ボブ（Dole, Robert Joseph "Bob"）60

トンプソン, トミー（Thompson, Tommy George）68, 108

ナ 行

ニクソン, リチャード（Nixon, Richard Milhous）19, 20, 45, 47

ニュージェント, ジョン・ダグラス（Nugent, John Douglas）52

ニュースタット, リチャード（Neustadt, Richard）16

ハ 行

ハッカー, ジェイコブ（Hacker, Jacob S.）112

ハッチ, オリン（Hatch, Orrin Grant）215, 217, 218

ハットフィールド, マーク（Hatfield, Mark Odom）178

ハミルトン, アレクサンダー（Hamilton, Alexander）9, 28, 31

ピーターソン, ポール（Peterson, Paul E.）22–24

ファーガソン, マーガレット（Ferguson, Margaret R.）52

フォーディング, リチャード（Fording, Richard C.）23

フォード, ウィリアム・D.（Ford, William David）176

ブッシュ, ジョージ・H. W.（Bush, George Herbert Walker）75, 76, 110, 168, 170, 171

ブッシュ, ジョージ・W.（Bush, George Walker）141

ブランダイス, ルイス（Brandeis, Louis Dembitz）36, 37

フリッポ, ロニー（Flippo, Ronnie Gene）72

ベリー, ウィリアム（Berry, William D.）23

ベル, ダニエル（Bell, Daniel）37

ボーウェン, オーティス（Bowen, Otis Ray）68

ボーカス, マックス（Baucus, Max Sieben）149, 150, 161

ポズナー, ポール（Posner, Paul）22

ホッブズ, チャールズ（Hobbs, Charles D.）45–48, 56–59, 61–63, 65, 86

ホール, ジェームズ（Hall, James）47

ボルトン, ジョナサン（Bolton, Jonathan R.）6

ポーレンティー, ティム（Pawlenty, Timothy James "Tim"）217

マ 行

マイカ, ジョン・L.（Mica, John Luigi）101

マディソン, ジェームズ（Madison, Jr., James）9, 31, 240

ミラー, ジョージ（Miller III, George）175

メトラー, スザンヌ（Mettler, Suzanne）23

モーズリー・ブラウン, キャロル（Moseley Braun, Carol Elizabeth）138

ラ 行

ライカー, ウィリアム（Riker, William H.）23

ライト, デイル（Wright, Deil S.）24

ライリー, リチャード（Riley, Richard Wilson）173, 174

ラスキ, ハロルド（Laski, Harold Joseph）20

ラスコ, キャロル（Rasco, Carol）99, 103, 126, 173

ラフォレット, ロバート（La Follette, Robert Marion）36

リチャードソン, エリオット（Richardson, Elliot Lee）47

リチャードソン, サリー（Richardson, Sally）137

リード, ブルース（Reed, Bruce）126

リビコフ, アレクサンダー（Ribicoff, Abraham Alexander）38, 39

リプセット, シーモア（Lipset, Seymour Martin）37

リングクイスト, エヴァン（Ringquist, Evan

人名索引

ア 行

アイゼンハワー, ドワイト (Eisenhower, Dwight David) 21

アーセノルト, シェリー (Arsneault, Shelly) 22

アッカーマン, ブルース (Ackerman, Bruce) 237

アレクサンダー, ラマー (Alexander, Jr., Andrew Lamar) 171, 201

ウィリアムズ, ルーシー (Williams, Lucy A.) 6

ウェイ, キャシー (Way, Kathi) 99, 103

ウォーカー, デイヴィッド (Walker, David Bradstreet) 24

ヴォルデン, クレイグ (Volden, Craig) 23

エドワーズ 3 世, ジョージ・C. (Edwards III, George C.) 16

エルウッド, デイヴィッド (Ellwood, David T.) 99

オーウェンズ, メジャー (Owens, Major Robert Odell) 175

オバマ, バラク (Obama, Barack) 1-3, 158, 159, 195-197, 202, 214

カ 行

カーニー, ジェイ (Carney, James "Jay") 196

カーネル, サミュエル (Kernell, Samuel) 16

キャメロン, チャールズ (Cameron, Charles M.) 16

キャンプ, デイヴ (Camp, Dave Lee) 215-218

キャンベル・ジュニア, キャロル (Campbell, Jr., Carroll A.) 173

キンケイド, ジョン (Kincaid, John) 22

グッドリング, ウィリアム・F. (Goodling, William Franklin "Bill") 175

クライン, ジョン (Kline, John) 2, 200-202

グラスリー, チャック (Grassley,Chuck) 149,

150

クリントン, ヒラリー (Clinton, Hillary Rodham) 120, 223, 224

クリントン, ビル (Clinton, William Jefferson "Bill") 53, 75, 85-89, 100, 105, 120, 122, 126, 127, 130, 169, 172, 178, 219

グロッジンス, モートン (Grodzins, Morton) 21, 22

ケネディ, ジョン・F. (Kennedy, John Fitzgerald) 38, 39

コーウィン, エドワード (Corwin, Edward) 20, 21, 23

コンラン, ティモシー・J. (Conlan, Timothy J.) 19

サ 行

サンフォード, テリー (Sanford, Terry) 24

ジェイ, ジョン (Jay, John) 9

ジェファソン, トマス (Jefferson, Thomas) 31

シャレーラ, ドナ (Shalala, Donna Edna) 128, 130

シュレジンジャー, ジョセフ (Schlesinger, Joseph) 52

ジョンソン, リンドン (Johnson, Lyndon Baines) 19, 33, 34

スコッチポル, シーダ (Skocpol, Theda) 30

セベリウス, キャスリーン (Sebelius, Kathleen) 215, 219

タ 行

タウンズ, エドルフス (Towns, Jr., Edolphus "Ed") 100-102

ダンカン, アーン (Duncan, Arne Starkey) 193, 195, 196, 201

ダンカン, ジョン (Duncan, John James) 60

チェイフィー, ジョン (Chafee, John Lester

て，切磋琢磨し合う同業者として，良き理解者として，そして人生の善きパートナーとして，頼りない筆者と共に歩んでくれている．ありがとう．これからも公私ともに互いに助け合い，手を取り合って歩みを続けたい．父の満は，筆者が大学院生の頃，高価な学術書を手当たり次第に購入するのを嫌な顔一つせず見守ってくれた．今でも良き理解者である．母の眞知子は，常日頃から筆者の健康を気遣い，気を配ってくれている．祖母の久子は，いつも筆者のことを気にかけてくれ，筆者に良いことがあるたびに大いに喜んでくれる．最後に，亡き祖父の春司は，研究者を志した筆者の将来を大変楽しみにしていた．本書を見せられないのは残念だが，きっと天国で本書の刊行を一番喜び，周囲に自慢しているに違いない．

2018 年 3 月

梅川　葉菜

ショナル・プログラムの創設者である故 Joseph Carrère Fox 氏に対して，深く感謝申し上げるとともに，ご冥福をお祈り申し上げる．それから，Frances Rosenbluth 先生，Julia Adams 先生，Julia Muravnik 氏にも大変お世話になった．多忙な中で赤字のびっしり入ったレポートを返却して下さった David Mayhew 先生にも感謝したい．共に学んだ仲間の中でも，特に，Ashkhen Kazaryan，Marisol Ruiz，Salvador Santino Regilme，Anastasia Okorochkova，清水麻友美の各氏には感謝したい．

本書の論証を支える一次資料は，極めて有能かつ親切なアーキビストたちのご助力によって得られたものである．特に，ロナルド・レーガン大統領図書館の Katey Suhosky と Diane Barrie の両氏は，不慣れな資料調査に四苦八苦する筆者に懇切丁寧にアドバイスを授けて下さった．記して感謝申し上げる．

本書の執筆作業は，2016 年 4 月に着任した駒澤大学法学部政治学科にて行われた．未熟な筆者をあたたかく迎えて下さった素晴らしい先生方の中でも，大山礼子先生，三船恵美先生，内海麻利先生，塩入みほも先生，逢坂巌先生，富樫景子先生にはいつも世話になっており，深く感謝申し上げる．

様々な財政的支援も，本書が刊行に至るまでの過程において不可欠なものだった．日本学術振興会には，特別研究員（DC2）に採用していただき，科学研究費補助金（特別研究員奨励費，課題番号 12J00347）の支給を受けた．また，本書は，特別研究員（PD）に採用していただき，支給を受けた科学研究費補助金（特別研究員奨励費，課題番号 15J00086）による成果の一部である．そして，本書を出版するにあたり，アメリカ研究振興会のアメリカ研究図書出版助成を受けた．審査員の方々には，多岐にわたる有意義なコメントを多数いただいた．この場を借りて御礼申し上げる．

本書の刊行は，東京大学出版会の奥田修一氏の身を粉にしたご尽力抜きには語れない．目を皿のようにして注意深く拙稿を読み解いた上で，膨大な問題点を的確に明るみにして下さった．奥田氏の物腰の柔らかさと丁寧な物言いに助けられ，筆者は，拙稿の数々の粗と向き合うことを苦とせず，むしろ拙稿が改善されていく様子を楽しむように嬉々として執筆を進めることができた．改めて感謝申し上げる．

最後に，私事になるが家族に感謝を伝えたい．夫の健は，尊敬する先輩とし

その他にも，多くの方々にお世話になった．久保先生主催の門下の研究会の際には，山岸敬和先生，菅原和行先生，宮田智之先生から，忌憚のないご指摘を数多くいただいた．日本比較政治学会やアメリカ学会で博士論文の一部を報告させていただいた際には，前嶋和弘先生，西山隆行先生，西川賢先生をはじめ，多くの先生から，拙論の課題を炙り出す重要なコメントをいただいた．東京財団の研究プロジェクトの場では，阿川尚之先生や松岡泰先生から，深い見識に基づくアドバイスを賜った．松本礼二先生，会田弘継先生，中山俊宏先生，細野豊樹先生，渡辺将人先生は，現代アメリカ研究会などの場で各分野の最先端の知見を授けて下さった．川崎修先生と中野勝郎先生からは，軽妙な語り口から知的好奇心をくすぐられる様々な知識を授かった．松尾文夫氏には，同郷のよしみから，有り難いことにいつも気にかけて下さり，学問を追求していく姿勢を学んだ．

大学院時代，多くの非凡な学友に恵まれたことも，大きな支えとなった．この場で全ての方々のお名前を挙げることはできないが，特に公私ともにお世話になった方々に御礼申し上げたい．飯田連太郎，小濱祥子，平松彩子，松井孝太の各氏は，アメリカ政治学はおろか政治学の初学者である筆者を優しく導いて下さった．杉野綾子，新田紀子の両氏とは，博士論文の執筆で切磋琢磨し合い，数多くの議論を交わした．それから，石田由莉香，小野田拓也，上英明，作内由子，田中佐代子，前田健太郎の各氏には，専門分野の垣根を越え，多くの知的刺激を与えていただいた．特に前田健太郎氏には，博士論文のテーマ設定に右往左往していた時期から大変お世話になった．博士論文の草稿にも目を通して下さり，多くの労力を割いて非常に示唆に富むコメントを下さったことは忘れられない．大変助けられた．知的関心を最大限引き出す巧みな手腕には，いつも驚かされるとともに，感謝の気持ちで一杯である．

博士課程在籍中の 2013 年 8 月から 2015 年 3 月にかけて，筆者はイェール大学への留学の機会を得た．留学前半は東京大学とイェール大学の留学生交換事業であるフォックス・インターナショナル・プログラムの交換留学生として，後半は末延財団の在外研究支援奨学生の助成を受けて，政治学部客員研究員として，アメリカ政治を学ぶことができた．心より感謝申し上げる．

留学の際にお世話になった方々の中でも，まずは，フォックス・インターナ

樋渡展洋先生にも深く感謝申し上げたい．修士課程に入って間もない筆者は，大量の課題文献と向き合う熱の籠った授業によって，ポリティカル・サイエンスの魅力に惹きつけられていった．また，微力ながらも先生の研究の手伝いをしたことで，データの収集や加工などといった実践的手法を習得するにとどまらず，ひた向きに研究に取り組む研究者の姿を間近で拝見する機会にも恵まれた．留学に際しても，先生には多くのご助力を賜った．有意義な留学生活を送れたのは，ひとえに先生のご尽力の賜物である．

それから，アメリカでの在外研究中にもかかわらず，博士論文の主査を務めて下さった御恩は，忘れられない．口述審査のためだけに，筆者の審査に必要な多数の文献とともに，文字通り遠路はるばる一時帰国して下さった．拙論に丹念に目を通した上での，先生の深い洞察に基づくご指摘は，本書の執筆の大きな指針となっている．研究者としても教育者としても真摯に取り組む姿勢こそが，先生から最も学ばせていただいたことだと確信している．

学部時代，古矢旬先生にもお世話になった．先生は覚えておられないだろうが，筆者は先生との出会いを今でも覚えている．教養学部での先生の授業の第1回目で，丸山眞男の話になった．しかし，受講生は誰一人，丸山の名前を知らなかった．今の学生は丸山眞男も知らないのか，と思わず口をついた先生の驚愕の言葉に恥じ入り，授業後，すぐさま生協の購買部に走った記憶がある．大学院に進学する際には，『政治学への道案内』（高畠通敏著）や『アメリカとは何か』（斎藤眞著）などを読むようアドバイスもいただいた．

大学院時代には，多くの先生のお世話になった．特に五十嵐武士先生からは，短い期間ながら，緊張感のある授業を通じて濃密な学びの機会を得た．先生が退職される際，大変有り難いことに，先生の貴重な蔵書の一部を頂いた．様々な分野の本を頂戴したが，いずれにも多くの書き込みがあり，飽くなき学びの姿勢に筆者はただただ圧倒されたものである．先生に本書をお見せできないのが残念でならない．

また，博士論文の審査をお引き受けいただいた金井利之先生，中川淳司先生，両角吉晃先生にも，感謝申し上げる．特に副査を務めて下さった金井先生からは，行政学のみならずアメリカ政治学的観点からの重要な指摘も頂戴した．いただいたご指摘は，本書の執筆のための道標となった．

を結ぶ機会や，研究プロジェクトに関わる機会も下さった．イェール大学への留学に際しては，慣れない諸々の手続きに戸惑う筆者を導いて下さった．本書の刊行に際しても，お力添えして下さった．きめ細やかなご支援は，未熟な筆者が研究者として歩んでいくのに不可欠であった．

　研究者，教育者，そして社会人としての振る舞い方も学ばせていただいた．不躾な振る舞いの多い未熟な筆者に対して，いつも穏やかに論して下さった．先生の行き届いた心配りに，不甲斐ない筆者は甘えてばかりで，しばらくしてからそのお気遣いに気づくことが多々あった．筆者が曲がりなりにも一大学教員として振る舞えるのは，ひとえに先生のご指導の賜物である．書き出すときりがないほどの，返しきれないほどの学恩を受けた．

　本書の執筆を進めている中で，先生からは，研究者は二作目が重要である，との有り難いお言葉を頂戴した．一作目の完成が近づきつつある中で気の緩みかけていたことにはたと気づいた筆者は，思わず冷や汗をかいた．ご指導賜ったことを忘れず，独り立ちできるよう気を引き締めていきたい．

　次に感謝申し上げたいのは，岡山裕先生である．筆者が初めてアメリカ政治に触れたのは，東京大学教養学部での先生の講義においてであった．その当時，G. W. ブッシュ大統領は大統領拒否権を行使していなかったので，筆者はそれに関するレポートを書いた．拙いレポートに対しても，先生が丁寧にコメントを下さり，とても嬉しかったことを覚えている．卒業論文もご指導賜り，先生が慶應義塾大学に移られてからもいつも朗らかにご相談に応じて下さった．筆者が身の程を弁えずに政治学者を志したいと相談した際にご提案していただいたのが，東京大学大学院法学政治学研究科への進学であった．

　修士課程と博士課程では，慶應義塾大学で開講されていた先生の授業を聴講させていただいた．先生の緊張感ある授業を通じて，歴史的視座に立ったアメリカ政治研究の醍醐味を味わうことができた．留学からの帰国後には，日本学術振興会の特別研究員（PD）の受入教員を引き受けて下さった．先生は筆者の研究環境を大変気にかけて下さったので，帰国後すぐに博士論文の執筆に取り掛かることができた．博士論文に対しては，核心を突くご指摘を多く賜り，一層，研究に励むことができた．こうして振り返ってみると，先生との出会いなくして今の私がないと言っても過言ではない．

あとがき

　本書は，筆者が 2015 年 9 月に東京大学大学院法学政治学研究科に提出した博士学位請求論文「アメリカ大統領による政策実現能力の強化と連邦制：法解釈の変更，州政府との協力，および議会の迂回」を大幅に加筆修正したものである．また，第 3 章，第 4 章については，『年報政治学』の 2013 年 II 号に投稿した「アメリカにおける福祉縮減のメカニズム：96 年福祉改革へと至るウェイバー条項の制度変容を中心に」を大幅に加筆修正したものである．厳しくも丁寧なコメントをして下さった査読者の方々に御礼申し上げたい．

　筆者が政治学者を志したきっかけは，マディソンの洗練された表現を借りれば，天使ではない人間を，天使ではない人間が統治するにはどうすればよいのか，という素朴な疑問にあった．筆者にとって幸運なことに，この疑問に真っ向から立ち向かって設計された国があった．アメリカ合衆国である．アメリカの聡明な建国者たちが導き出した答えは，連邦制と三権分立制による抑制均衡であった．本書の執筆は，果たして抑制均衡が，建国者たちの意図した通りに機能しているのだろうか，という問題意識の下で進められた．

　筆者の疑問が研究として結実するには，多くの方々のご助力を必要とした．最も感謝しなければならないのは，指導教員の久保文明先生である．政治学の素養もなく，先生との面識もない筆者を大学院に受け入れて下さったことには，ただただ感謝の言葉しかない．修士課程から博士課程の間の長い期間にわたってなかなか研究成果があがらず，研究テーマの設定に悪戦苦闘していた時期にも，優しく，急かすことなく，辛抱強く見守って下さった．挫けずにモチベーションを保ち続け，なんとか研究テーマを見つけることができた．先生の研究室や門下の研究会の場で，重要かもしれない，面白いかもしれない，といった言葉を先生から引き出せるよう努力していた日々が懐かしい．

　他にも様々な面で格別のご高配を賜った．同分野の優れた諸先輩方とのご縁

古矢旬，2002，『アメリカニズム：「普遍国家」のナショナリズム』東京大学出版会．

益田直子，2010，『アメリカ行政活動検査院：統治機構における評価機能の誕生』木鐸社．

待鳥聡史，2016，『アメリカ大統領制の現在：権限の弱さをどう乗り越えるか』NHKブックス．

松井茂記，2012，『アメリカ憲法入門』第7版，有斐閣．

松尾知明，2010，『アメリカの現代教育改革：スタンダードとアカウンタビリティの光と影』東信堂．

松本俊太，2017，『アメリカ大統領は分極化した議会で何ができるか（MINERVA人文・社会科学叢書）』ミネルヴァ書房．

松本礼二，1991，『トクヴィル研究：家族・宗教・国家とデモクラシー』東京大学出版会．

松本礼二・三浦信孝・宇野重規（編），2009，『トクヴィルとデモクラシーの現在』東京大学出版会．

真渕勝，1987，「アメリカ政治学における『制度論』の復活」『思想』第761号，126–54頁．

ミカ，ローラー，2016，「アメリカ初等中等教育法の改正：教育における連邦の役割」『レファレンス』第790号，49–74頁．

宮沢俊義（編），1983，『世界憲法集』第4版，岩波文庫．

宮田智之，2017，『アメリカ政治とシンクタンク：政治運動としての政策研究機関』東京大学出版会．

山岸敬和，2014，『アメリカ医療制度の政治史：20世紀の経験とオバマケア』名古屋大学出版会．

山岸敬和・西川賢（編），2016，『ポスト・オバマのアメリカ』大学教育出版．

渡辺将人，2016，『現代アメリカ選挙の変貌：アウトリーチ・政党・デモクラシー』名古屋大学出版会．

題』第 572 号，33–45 頁.

久保文明・東京財団「現代アメリカ」プロジェクト（編），2012,『ティーパーティ運動の研究：アメリカ保守主義の変容』NTT 出版.

久保文明・松岡泰・西山隆行・東京財団「現代アメリカ」プロジェクト（編），2012,『マイノリティが変えるアメリカ政治：多民族社会の現状と将来』NTT 出版.

河野勝，2002,『制度（社会科学の理論とモデル）』東京大学出版会.

小松茂久，2006,『アメリカ都市教育政治の研究：20 世紀におけるシカゴの教育統治改革（神戸学院大学人文学部人間文化研究叢書）』人文書院.

斎藤眞，1992,『アメリカ革命史研究：自由と統合』東京大学出版会.

――，1995,『アメリカとは何か』平凡社ライブラリー.

渋谷博史，1986,『現代アメリカ財政論』御茶の水書房.

渋谷博史，チャールズ・ウェザーズ（編），2006,『アメリカの貧困と福祉（アメリカの財政と福祉国家）』日本経済評論社.

渋谷博史・中浜隆（編），2010a,『アメリカ・モデル福祉国家〈1〉競争への補助階段（シリーズ・アメリカ・モデル経済社会）』昭和堂.

――，2010b,『アメリカ・モデル福祉国家〈2〉リスク保障に内在する格差（シリーズ・アメリカ・モデル経済社会）』昭和堂.

渋谷博史・渡瀬義男・樋口均（編），2003,『アメリカの福祉国家システム：市場主導型レジームの理念と構造』東京大学出版会.

杉野綾子，2017,『米国大統領の権限強化と新たな政策手段：温室効果ガス排出規制政策を事例に』日本評論社.

高梨文彦，2002,「福祉政策と連邦主義：アメリカの公的扶助法におけるウェイバー条項」『早稲田政治公法研究』第 69 号，357–84 頁.

トクヴィル，アレクシ・ド，松本礼二訳，2005–2008,『アメリカのデモクラシー』第 1 巻（上）（下）・第 2 巻（上）（下），岩波文庫.

中野勝郎，1993,『アメリカ連邦体制の確立：ハミルトンと共和政』東京大学出版会.

西川賢，2015,『分極化するアメリカとその起源：共和党中道路線の盛衰』千倉書房.

西村和雄・戸瀬信之（編訳），2004,『アメリカの教育改革』京都大学学術出版会.

西山隆行，2006,「アメリカの福祉国家再編［続］クリントン政権期における社会福祉改革と連邦主義」『甲南法学』第 47 巻第 2 号，129–57 頁.

――，2008,『アメリカ型福祉国家と都市政治：ニューヨーク市におけるアーバン・リベラリズムの展開』東京大学出版会.

――，2016,『移民大国アメリカ』ちくま新書.

根岸毅宏，2006,『アメリカの福祉改革（アメリカの財政と福祉国家）』日本経済評論社.

ハミルトン，アレクサンダー，ジョン・ジェイ，ジェイムズ・マディソン，斎藤眞・中野勝郎訳，1999,『ザ・フェデラリスト』岩波文庫.

参考文献　255

梅川健，2011，「レーガン政権における大統領権力の拡大：保守的法律家の憲法解釈と署名見解の制度化」『年報政治学』第59巻第1号，247–70頁．

―――，2015，『大統領が変えるアメリカの三権分立制：署名時声明をめぐる議会との攻防』東京大学出版会．

―――，2016，「大統領制：議会との協調から単独での政策形成へ」山岸敬和・西川賢 (編)『ポスト・オバマのアメリカ』大学教育出版，20–42頁．

―――，2018a，「大統領権限の変遷：建国期から革新主義の時代にかけて」東京財団政策研究所 (監修)，久保文明・阿川尚之・梅川健 (編)『アメリカ大統領の権限とその限界：トランプ大統領はどこまでできるか』日本評論社，29–42頁．

―――，2018b，「協調的大統領制からユニラテラルな大統領制へ」東京財団政策研究所 (監修)，久保文明・阿川尚之・梅川健 (編)『アメリカ大統領の権限とその限界：トランプ大統領はどこまでできるか』日本評論社，45–60頁．

―――，2018c，「乱発される『大統領令』」東京財団政策研究所 (監修)，久保文明・阿川尚之・梅川健 (編)『アメリカ大統領の権限とその限界：トランプ大統領はどこまでできるか』日本評論社，61–73頁．

梅川 (石川) 葉菜，2014，「アメリカにおける福祉縮減のメカニズム：96年福祉改革へと至るウェイバー条項の制度変容を中心に」『年報政治学』第64巻第2号，181–207頁．

―――，2018a，「大統領権限の拡大と州政府の対抗」東京財団政策研究所 (監修)，久保文明・阿川尚之・梅川健 (編)『アメリカ大統領の権限とその限界：トランプ大統領はどこまでできるか』日本評論社，103–14頁．

―――，2018b，「州司法長官たちによる訴訟戦略と大統領」東京財団政策研究所 (監修)，久保文明・阿川尚之・梅川健 (編)『アメリカ大統領の権限とその限界：トランプ大統領はどこまでできるか』日本評論社，133–45頁．

岡山裕，2005，『アメリカ二大政党制の確立：再建期における戦後体制の形成と共和党』東京大学出版会．

加藤美穂子，2013，『アメリカの分権的財政システム (アメリカの財政と分権)』日本経済評論社．

川瀬憲子，2012，『アメリカの補助金と州・地方財政：ジョンソン政権からオバマ政権へ (人文学部研究叢書)』勁草書房．

北野秋男・大桃敏行・吉良直 (編)，2012，『アメリカ教育改革の最前線：頂点への競争』学術出版会．

木下武徳，2007，『アメリカ福祉の民間化 (アメリカの財政と福祉国家)』日本経済評論社．

久保文明，2002，「米国民主党の変容：『ニュー・デモクラット・ネットワーク』を中心に」『選挙研究』第17号，71–83頁．

―――，2008，「G. W. ブッシュ政権の環境保護政策：地球温暖化問題を中心に」『国際問

ington, Chatham: Chatham House Publishers.

Weaver, R. Kent, 2000, *Ending Welfare as We Know It*, Washington, D.C.: Brookings Institution Press.

Weir, Margaret, Ann Shola Orloff, and Theda Skocpol eds., 1988, *The Politics of Social Policy in the United States*, Princeton: Princeton University Press.

Whittington, Keith E., 2007, *Political Foundations of Judicial Supremacy: The Presidency, the Supreme Court, and Constitutional Leadership in U.S. History*, Princeton: Princeton University Press.

Williams, Lucy A., 1994, "The Abuse of Section 1115 Waivers: Welfare Reform in Search of a Standard," *Yale Law & Policy Review*, Vol. 12, No. 1, pp. 8–37.

Winston, Pamela, 2002, *Welfare Policymaking in the States: The Devil in Devolution*, Washington, D.C.: Georgetown University Press.

Wiseman, Michael, 1993, "Welfare Reform in the States: The Bush Legacy," *Focus*, Vol. 15, No. 1, pp. 18–36.

Wright, Deil S., 1978, *Understanding Intergovernmental Relations*, Belmont: Duxbury Press.

Zelizer, Julian E., 2003, "Stephen Skowronek's *Building a New American State and the Origins of American Political Development*," *Social Science History*, Vol. 27, No. 3, pp. 425–41.

和　文

阿川尚之，2013，『憲法で読むアメリカ史（全）』ちくま学芸文庫．

――，2016，『憲法改正とは何か：アメリカ改憲史から考える』新潮選書．

――，2017，『憲法で読むアメリカ現代史』NTT 出版．

阿部斉・五十嵐武士（編），1991，『アメリカ現代政治の分析』東京大学出版会．

天野拓，2006，『現代アメリカの医療政策と専門家集団』慶應義塾大学出版会．

――，2013，『オバマの医療改革：国民皆保険制度への苦闘』勁草書房．

新井光吉，2002，『アメリカの福祉国家政策：福祉切捨て政策と高齢社会日本への教訓』九州大学出版会．

――，2005，『勤労福祉政策の国際展開：アメリカからイギリス，カナダへ』九州大学出版会．

五十嵐武士，1984，『アメリカの建国：その栄光と試練』東京大学出版会．

――，1992，『政策革新の政治学：レーガン政権下のアメリカ政治』東京大学出版会．

五十嵐武士・久保文明（編），2009，『アメリカ現代政治の構図：イデオロギー対立とそのゆくえ』東京大学出版会．

宇野重規，2007，『トクヴィル：平等と不平等の理論家』講談社選書メチエ．

Sunstein, Cass R., 1993a, "Article II Revisionism," *Michigan Law Review*, Vol. 92, No. 1, pp. 131–8.

——, 1993b, "The Myth of the Unitary Executive," *Adminstrative Law Journal*, Vol. 7, No. 297, pp. 299–308.

Sunstein, Cass R., and Lawrence Lessig, 1994, "The President and the Administration," *Columbia Law Review*, Vol. 94, No. 1, pp. 1–123.

Superfine, Benjamin M., 2005, "The Politics of Accountability: The Rise and Fall of Goals 2000," *American Journal of Education*, Vol. 112, No. 1, pp. 10–43.

Swift, Elaine K., 1996, *The Making of an American Senate: Reconstitutive Change in Congress, 1787–1841*, Ann Arbor: University of Michigan Press.

Teles, Steven M., 1996, *Whose Welfare? AFDC and Elite Politics*, Kansas: University Press of Kansas.

Thelen, Kathleen, 2003, "How Institutions Evolve: Insights from Comparative Historical Analysis," in James Mahoney and Dietrich Rueschemeyer eds., *Comparative Historical Analysis in the Social Sciences* (Cambridge Studies in Comparative Politics), New York: Cambridge University Press, pp. 208–40.

Thompson, Frank J., 2013, "The Rise of Executive Federalism," *The American Review of Public Administration*, Vol. 43, No. 1, pp. 3–25.

Thompson, Frank J., and Courtney Burke, 2007, "Executive Federalism and Medicaid Demonstration Waivers: Implications for Policy and Democratic Process," *Journal of Health Politics, Policy and Law*, Vol. 32, No. 6, pp. 971–1004.

Tsebelis, George, 2002, *Veto Players: How Political Institutions Work*, Princeton: Princeton University Press.

Tulis, Jeffrey K., 1987, *The Rhetorical Presidency*, Princeton: Princeton University Press.

Valelly, Richard M., 2004, *The Two Reconstructions: The Struggle for Black Enfranchisement*, Chicago: University of Chicago Press.

Valelly, Richard, Suzanne Mettler, and Robert Lieberman eds., 2016, *The Oxford Handbook of American Political Development*, New York: Oxford University Press.

Vinovskis, Maris A., 2008, *From a Nation at Risk to No Child Left Behind: National Education Goals and the Creation of Federal Education Policy*, New York: Teachers College Press.

Volden, Craig, 2002, "The Politics of Competitive Federalism: A Race to the Bottom in Welfare Benefits?" *American Journal of Political Science*, Vol. 46, No. 2, pp. 352–63.

Walker, David Bradstreet, 1995, *The Rebirth of Federalism: Slouching toward Wash-*